A LINGUAGEM SECRETA DO
CARISMA

VANESSA VAN EDWARDS

A LINGUAGEM SECRETA DO CARISMA

Aprenda a dominar a comunicação verbal e não verbal para cativar as pessoas e atingir seus objetivos

SEXTANTE

Título original: *Cues*
Copyright © 2022 por Vanessa Van Edwards
Copyright da tradução © 2023 por GMT Editores Ltda.

Todos os direitos reservados. Nenhuma parte deste livro pode ser utilizada ou reproduzida sob quaisquer meios existentes sem autorização por escrito dos editores.

Publicado mediante acordo com Portfolio, um selo do Penguin Publishing Group, uma divisão da Penguin Random House LLC.

tradução: Beatriz Medina
preparo de originais: Sheila Louzada
revisão: Ana Grillo e Luis Américo Costa
capa e diagramação: Natali Nabekura
imagens de capa: OneLineStock/Shutterstock
imagens de miolo: páginas 18, 20, 26, 28, 38, 46, 62, 65, 79, 84, 112, 140, 144, 171, 218, 226, 232, 233, 239, 240, 242, 250/Science of People; página 51/Brian Dean; páginas 72, 73, 75, 77, 78, 96, 113, 117, 120, 135, 136, 162, 164, 166/ Maggie Kirkland; páginas 126, 183, 184, 208, 251, 252/Vanessa Van Edwards
impressão e acabamento: Associação Religiosa Imprensa da Fé

CIP-BRASIL. CATALOGAÇÃO NA PUBLICAÇÃO
SINDICATO NACIONAL DOS EDITORES DE LIVROS, RJ

E26L
    Edwards, Vanessa Van
       A linguagem secreta do carisma / Vanessa Van Edwards ; tradução Beatriz Medina. - 1. ed. - Rio de Janeiro : Sextante, 2023.
       304 p. ; 23 cm.

       Tradução de: Cues
       ISBN 978-65-5564-611-5

    1. Carisma (Traço da personalidade). 2. Linguagem corporal. 3. Comunicação interpessoal. I. Medina, Beatriz. II. Título.

23-82233   CDD: 153.6
                                    CDU: 316.47

Meri Gleice Rodrigues de Souza - Bibliotecária - CRB-7/6439

Todos os direitos reservados, no Brasil, por
GMT Editores Ltda.
Rua Voluntários da Pátria, 45 – 14º andar – Botafogo
22270-000 – Rio de Janeiro – RJ
Tel.: (21) 2538-4100
E-mail: atendimento@sextante.com.br
www.sextante.com.br

A meu marido, Scott,
e a minha filha, Sienna.
Amo seus sinais.

Sinais
substantivo plural
poderosas informações verbais, não verbais e vocais que os seres humanos enviam uns aos outros.

SUMÁRIO

Introdução Os sinais que nos moldam secretamente 11
Capítulo 1 Sinais de carisma 18
Capítulo 2 Como funcionam os sinais 31

PARTE 1

Sinais não verbais
Capítulo 3 A linguagem corporal dos líderes 43
Capítulo 4 O fator Uau 82
Capítulo 5 Como parecer poderoso 108
Capítulo 6 Como identificar "vilões"… e não ser um deles 143

PARTE 2

Sinais vocais, verbais e visuais
Sinais vocais
Capítulo 7 Soe poderoso 177
Capítulo 8 Simpatia vocal 197

Sinais verbais
Capítulo 9 Como se comunicar com carisma   223

Sinais visuais
Capítulo 10 Como criar uma presença visual poderosa   249
Conclusão As melhores práticas com sinais   275

Agradecimentos   286
Notas   288

INTRODUÇÃO

OS SINAIS QUE NOS MOLDAM SECRETAMENTE

Alguma vez você já revelou uma grande ideia para um grupo e simplesmente ninguém entendeu?

Pois você não é o único.

Foi o que aconteceu com o empreendedor Jamie Siminoff, fundador da Ring, uma empresa de campainhas inteligentes. A Ring foi manchete de jornais ao ser adquirida pela Amazon, em 2018, por mais de 1 bilhão de dólares. Porém, antes de ser instalada em milhões de portas do mundo inteiro, a Ring quase afundou por conta do mau desempenho de Siminoff no programa de TV *Shark Tank*, em que empresários tentam convencer uma banca de investidores a injetar capital em sua empresa.

Em 2013, quando Siminoff foi ao programa para apresentar sua empresa (na época chamada Doorbot), em 2013, *todos os investidores a descartaram*, apesar de o negócio já ter bons números e forte potencial de crescimento.[1]

Como isso aconteceu?

O problema não foram as informações que Jamie Siminoff apresentou, mas *como* as apresentou. Todas as minúsculas mensagens, isto é, os *sinais* que ele transmitiu – pela linguagem corporal, a modulação da voz e o discurso –, minaram sua credibilidade. Ele praticamente mandou os investidores embora.

Siminoff tinha uma ótima ideia com imenso potencial, mas os sinais errados colocaram tudo a perder. Esses sinais falaram mais alto do que sua incrível ideia.

Vamos examinar passo a passo o discurso de Siminoff para que você veja exatamente o que houve de errado.

Siminoff começou sua apresentação com uma batidinha na porta do Shark Tank.

– Quem é? – perguntou Mark Cuban, investidor em tecnologia.

De trás da porta fechada, veio a resposta:

– É o Jamie?

Foi o primeiro (mau) sinal. Em vez de *afirmar*, ele *perguntou* o próprio nome. Esse é um exemplo de **inflexão interrogativa**, em que a entonação da voz sobe no fim da frase. Pesquisas constataram que usar a entonação interrogativa numa frase afirmativa passa uma mensagem de insegurança.[2] Quando a entonação interrogativa é usada numa frase positiva, o cérebro do ouvinte questiona a credibilidade de quem fala:[3] "Se você não tem confiança no que acabou de dizer, por que eu teria?"

Para piorar, Siminoff logo depois usou a entonação interrogativa outra vez:

– Vim vender minha ideia?

Repetir esse sinal reforçou a falta de autoconfiança – e ele ainda nem tinha começado o discurso! Não foi uma primeira impressão das melhores.

Quando a porta finalmente se abriu, foi a vez de o empresário canadense Robert Herjavec dar um sinal: um sorriso falso. Um sorriso genuíno chega à parte superior da bochecha e ativa as pequenas rugas no canto dos olhos, enquanto um sorriso falso só aparece na parte inferior do rosto. O sorriso falso de Herjavec deveria ter sido suficiente para que Siminoff mudasse sua postura. Se tivesse percebido isso, ele poderia ter se esforçado para estabelecer uma conexão com Herjavec. Como ele não percebeu, o investidor se fechou para sua ideia.

Ao iniciar a apresentação, a situação aparentemente ficou favorável. Siminoff informou tudo que os investidores quiseram saber, desde preços até o tamanho do mercado. Mark Cuban até comentou "Que ótimo!" quando Siminoff revelou que já tinha vendido mais de 1 milhão de dólares. No entanto, ao longo de toda a sua participação, os sinais trocados entre ele e a banca apontavam para um desfecho bem diferente.

Após três minutos ouvindo Siminoff, Cuban curvou os cantos da boca para baixo e franziu a testa, uma expressão que pode parecer desagrado mas na verdade é um **esgar de desdém**. Esse sinal indica descrença ou dúvida, mostrando que a pessoa se sente desconectada ou indiferente. Pesquisadores acreditam que esse contrair da boca tenha essa conotação porque impossibilita a fala.[4] É um modo não verbal de indicar falta de interesse em responder e, portanto, uma tentativa de encerrar a conversa. Cuban estava dizendo a Siminoff: "Pra mim, já deu."

Shark Tank

Em vez de aproveitar esse momento para abordar a descrença de Cuban, Siminoff continuou em frente, alheio ao sinal enviado. Ele poderia ter revertido a situação com um simples "Mark, notei que você está cético, então vou lhe mostrar alguns dados". Mas Siminoff só ouviu as palavras "Que ótimo!" e não captou a mensagem não verbal. Alguns minutos depois, Cuban rejeitou a proposta.

Além de não notar os sinais negativos recebidos, Siminoff também *enviou* dezenas. Por exemplo, quando mencionou o preço do produto, ele **fez um dar de ombros unilateral**, mais um sinal de pouca confiança. Dali a cinco minutos, questionado a respeito de um ponto fundamental sobre o futuro dos dispositivos inteligentes, Siminoff **engoliu em seco**, sinal de nervosismo. Embora tudo isso seja perfeitamente compreensível – quem não ficaria nervoso na hora de defender anos de trabalho diante de bilionários céticos num programa de TV? –, esses sinais corroeram por completo as palavras claras e confiantes que ele disse. **Uma ideia forte não se sustenta sozinha. Precisa ser acompanhada por sinais fortes.**

Siminoff escorregou mais uma vez quando tentou convencer os investidores de que não enfrentava nenhuma forte concorrência no setor. Sua resposta começou bem, mas então ele fez uma **pausa**. "Não temos nenhum concorrente direto. Quando digo direto [pausa], somos [pausa] a primeira campainha de vídeo conectada a dispositivos móveis." Como se pode ver, esse sinal são pausas fora do lugar, acrescentadas no meio de uma frase. Fazemos essas pausas quando mentimos.[5] E quando estamos muito nervosos. Como o cérebro não sabe a diferença, instintivamente tememos que a pessoa não esteja sendo sincera. As pausas também ocorrem quando passamos da fala espontânea para algo ensaiado. Provavelmente, foi o que aconteceu com Siminoff. Ao perceber, no meio da resposta, que tinha se preparado para a pergunta, ele acionou o roteiro. Embora o que dizia fosse impecável, sua fala entrecortada foi mais um golpe em sua credibilidade.

Siminoff cometeu o erro clássico de muita gente inteligente: **concentrou-se de mais no *conteúdo* e de menos nos *sinais*.** Os sinais corretos teriam reforçado sua mensagem, mas os errados a prejudicaram. No fim, foi o despreparo de Siminoff como comunicador, não como empreendedor, que o fez voltar para casa de mãos vazias.

De que adianta uma ideia brilhante se ninguém a ouve?

Todo dia encontro pensadores brilhantes, criativos e estratégicos que, sem saber, são prejudicados por seus sinais. São aspirantes a líderes, profissionais ambiciosos e empreendedores como Siminoff que não enviam os sinais certos e também não veem os que lhes são enviados.

Eles têm boas ideias, mas não sabem se expressar de forma persuasiva. São mal pagos e não sabem provar seu valor ao chefe ou aos clientes. Saem das reuniões sentindo que foram mal, mas sem saber por quê... ou, pior, acham que foram bem, mas depois se surpreendem com o feedback negativo.

Enviamos centenas de sinais sutis todos os dias.[6] Os seres humanos são animais sociais. Evoluímos para viver em grupo e telegrafamos informações o tempo todo – sobre nosso status social, nosso potencial como parceiros e nossas intenções. Do mesmo modo, estamos sempre atentos às informações sociais que os outros nos enviam.

Quando você descobre os sinais *enviados*, tudo fica mais claro. Passa a perceber as emoções ocultas. Sabe em quem e em quais informações confiar. Consegue se comunicar de forma autêntica e assertiva.

Quando aprende a *enviar* os sinais certos, as pessoas começam a lhe dar ouvidos, a achar você envolvente e a se interessar mais pelo que tem a dizer. Você se sente mais confiante em suas interações com elas.

Com os sinais certos, uma conversa, reunião ou interação morna pode se tornar memorável. Mas, se enviar os sinais errados, você poderá perder oportunidades, distorcê-las ou não enxergá-las.

Os pesquisadores conhecem há tempos o poder dos sinais e a maioria das pessoas tem alguma ideia de que a linguagem corporal é importante, mas o que a maioria *não* sabe é que esses sinais permitem prever comportamentos, personalidades e realizações com precisão surpreendente. Por exemplo:

- Podemos avaliar o carisma de um líder depois de observá-lo em ação por apenas cinco segundos.[7]
- Quer saber quem vai se divorciar? Um único sinal é capaz de indicar com 93% de precisão que um casal vai se separar, às vezes com anos de antecedência.
- Podemos prever quais médicos serão mais processados observando determinados sinais em seu tom de voz.
- Quando os jurados enviam determinado sinal não verbal, podem mudar completamente o destino do réu em julgamento.[8]
- Ao observar sinais não verbais em eventos de *speed dating* (em que pessoas solteiras conversam em duplas por alguns minutos para conhecer um parceiro romântico), pesquisadores conseguem prever quem vai trocar telefones no fim da noite.
- Quer saber quem vencerá uma eleição? Pesquisadores descobriram que os eleitores percebem qual é o candidato mais dominante em apenas um minuto de debate e que isso permite prever seu voto.[9]

Se os sinais são usados para prever o resultado de eventos importantes como eleições, casamentos e processos judiciais por imperícia médica, imagine o que eles podem fazer por você no dia a dia.[10] Com este livro, pretendo tornar visíveis esses sinais normalmente ocultos, seja em encontros, em telefonemas, videoconferências e até em e-mails e chats. Munido do conhecimento de como esses sinais funcionam, você será capaz de amplificar sua mensagem e aumentar seu impacto. E nunca mais será subestimado, ignorado ou mal interpretado.

Por que sinais?

Doze anos atrás, fiz uma descoberta que transformou o modo como me comunico. Descobri que se falava uma linguagem invisível à minha volta, uma linguagem que explicava por que tantas das minhas ideias eram ignoradas, por que eu tinha dificuldade de construir relacionamentos profissionais e pessoais, por que me sentia tão desconfortável e entediada em tantas interações sociais.

Eu enviava os sinais errados. E não percebia os que as pessoas me enviavam. Aprender a decodificar e *controlar* meus sinais mudou minha vida e minha carreira. Agora vou dividir esse conhecimento com você.

Tive o privilégio de liderar centenas de workshops em empresas como Amazon, Microsoft, PepsiCo, Intel e Google, para citar apenas algumas. Tive a honra de ajudar milhões de pessoas a desenvolver e aprimorar suas habilidades pessoais em meus cursos, e outros 36 milhões através dos meus tutoriais sobre comunicação no YouTube. E agora fico muito, *muito* feliz em trazer esse conhecimento diretamente a você neste livro.

Meu segredo é associar as pesquisas mais recentes (inclusive pesquisas que minha equipe realizou no meu instituto Science of People) e estudos de casos de sucesso reais a exemplos fascinantes de personalidades como Lance Armstrong, Oprah Winfrey, Richard Nixon e Britney Spears, com estratégias práticas que você pode aplicar imediatamente.

Classifico os sinais em quatro canais: **não verbais, vocais, verbais e visuais**. E é assim que o livro é organizado.

Primeiro aprenderemos os sinais não verbais. Pesquisadores constataram que esses sinais respondem por 65% a 90% de toda a nossa comunicação, mas a maioria das pessoas não faz ideia de como usar a linguagem corporal para se comunicar melhor.[11] Essa é a maior seção do livro, porque constitui nosso maior canal de comunicação. Você aprenderá a projetar segurança sem ter que dizer uma única palavra (o que também o ajuda a se *sentir* mais seguro), a gerar confiança em si rapidamente e a ter presença em qualquer contexto. Vou lhe ensinar quais gestos fazem você parecer inteligente e como identificar emoções ocultas.

Em seguida, em Sinais Vocais, você aprenderá a falar de um modo que transmita força e segurança. Acredite ou não, os líderes usam sinais vocais para influenciar os outros. Também veremos por que o cérebro associa carisma vocal a liderança e aprenderemos a transmitir confiança em telefonemas, videoconferências e pessoalmente.

Em Sinais Verbais, vou lhe mostrar como tornar suas mensagens, e-mails e quaisquer conversas via texto mais impactantes. Já se perguntou por que determinadas pessoas demoram para lhe responder? Vamos ver como ser mais cativante verbalmente e como se comunicar com carisma on-line e off-line.

Por fim, você aprenderá que os Sinais Visuais são mais importantes do que pensa. Vou lhe esclarecer o que suas roupas, sua mesa e as cores que você usa dizem a seu respeito... quer você queira, quer não.

Vamos lá!

CAPÍTULO 1
SINAIS DE CARISMA

Q uem é a pessoa mais carismática que você conhece?
Essa é uma das minhas perguntas preferidas para fazer ao público. As pessoas logo respondem "Meu pai!", "Meu professor!" ou "Meu melhor amigo!".

É na pergunta seguinte que tudo fica mais interessante: "O que *torna* alguém carismático?"

Silêncio. As pessoas vasculham o cérebro para encontrar a resposta. Elas tentam: "Ah, é o... Hã... Aquela sensação..." **Por que é tão difícil definir carisma, embora seja tão fácil reconhecê-lo?**

Num estudo inovador da Universidade Princeton, pesquisadores verificaram que as pessoas muito carismáticas, sedutoras e cativantes exibem uma combinação especial de duas características: amabilidade e competência.[1] É uma equação simples:

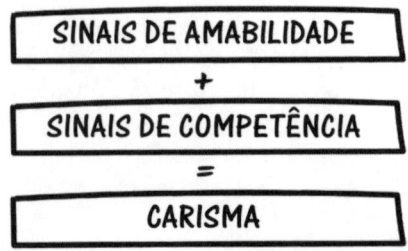

Essa fórmula é um mapa poderoso de qualquer interação. E pode mudar completamente seu modo de se comunicar, se você souber usá-la.

De acordo com a pesquisa, os sinais de amabilidade e competência constituem 82% das impressões que formamos dos outros.[2]

Primeiro avaliamos rapidamente a amabilidade de alguém, respondendo à pergunta: **Posso confiar em você?**

Depois buscamos competência e respondemos à pergunta: **Posso contar com você?**

Essa fórmula não é responsável só pela primeira impressão. Todo mundo, em todas as interações sociais, está sempre absorvendo sinais para avaliar sua amabilidade e sua competência. E você faz o mesmo. Numa reunião de negócios ou num encontro romântico, falando com seu chefe ou com novos amigos, gerenciar esses dois traços é essencial.[3]

Pessoas muito carismáticas exibem a combinação perfeita de amabilidade e competência. Transmitem segurança e credibilidade imediatamente. São vistas como amistosas e inteligentes, marcantes e prestativas. Elas conquistam respeito e admiração.

O problema é que **a maioria de nós tem um desequilíbrio entre essas duas características.** Essa é a principal causa de dificuldades sociais, potencial desperdiçado e problemas de comunicação.

Precisamos desse equilíbrio para progredir na vida e na carreira. As pessoas muito carismáticas usam os sinais de amabilidade e de competência para se comunicarem. Adoramos ficar perto de pessoas que nos fazem sentir que estamos em mãos seguras *e* capazes. Gostamos que nossos líderes sejam extremamente competentes *e* muito acessíveis. Procuramos parceiros a quem possamos confiar nossos segredos mais profundos *e* recorrer em emergências. Queremos trabalhar com pessoas que sejam gentis *e* produtivas.

Estamos sempre em busca de pessoas que tenham o equilíbrio certo dessas duas características. A Escala do Carisma, apresentada a seguir, nos ajuda a mapear nossa forma de comunicação. As pessoas carismáticas se posicionam no quadrante que tem a estrela.

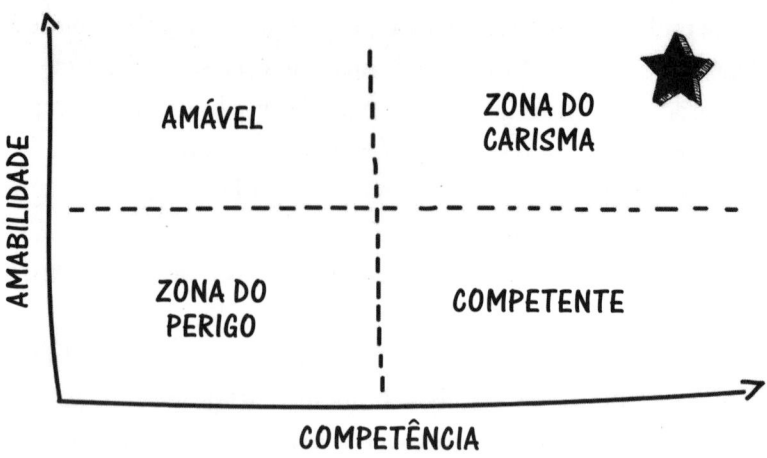

Onde você acha que está nessa escala? Você tem mais amabilidade (quadrante superior esquerdo), mais competência (quadrante inferior direito) ou consegue o equilíbrio perfeito e fica na Zona do Carisma? Não sabe? Talvez você não envie sinais suficientes e fique na Zona do Perigo.

Agora, pense onde *os outros* colocariam você nessa escala. Faça um teste rápido, escolhendo qual coluna desta tabela o descreve melhor:

COMPETENTE	AMÁVEL
Marcante	Confiável
Poderoso	Prestativo
Inteligente	Gentil
Capaz	Compreensivo
Especialista	Sabe trabalhar em equipe
Eficiente	Aberto

Mais amabilidade

Se seu ponto forte é a amabilidade, você tem um desejo grande de ser amado. Isso pode ser bom – você se esforça para ser amistoso e acolhedor –, mas também traz alguns desafios. Pessoas muito amáveis em geral têm uma forte necessidade de agradar e dificuldade para dizer não e estabelecer limites. **Seu desejo de ser amado pode atrapalhar a necessidade de ser respeitado.**

Você pode ser visto como:

- Confiável, mas nem sempre poderoso
- Compreensivo, mas nem sempre competente
- Amistoso, mas nem sempre marcante

Se você for assim, é provável que tenha boas relações com seus colegas mas ache difícil se vender ou se fazer ouvir. Talvez até seja interrompido em reuniões ou se sinta desvalorizado, mesmo dando tudo de si. Em contextos sociais ou casuais, as pessoas gostam de conversar com você, mas talvez não se interessem por seu trabalho ou sua empresa.

Você provavelmente é mais forte em amabilidade caso esteja acostumado a ouvir coisas como:

- Sempre me sinto tão à vontade perto de você!
- Você é um fofo.
- Parece que a gente se conhece há séculos.
- Você inspira confiança.

Steve Wozniak é um bom exemplo de líder corporativo famoso por ser gentil e jovial, mas não recebe tanto crédito por suas realizações quanto o ex-sócio Steve Jobs, famoso pela elevada competência.

Mais competência

Se seu ponto forte é a competência, você tem um forte desejo de ser considerado capaz e admirado. Você é levado a sério e ouvido, mas talvez ache difícil lidar com as pessoas. Talvez você seja visto como:

- Inteligente, mas nem sempre acessível
- Eficiente, mas nem sempre solícito
- Admirável, mas nem sempre gentil

As pessoas podem até se sentir intimidadas na sua presença. Talvez comentem que é difícil conversar com você ou que você é frio. No ambiente profissional, isso costuma ser uma faca de dois gumes: você é levado a sério como líder, mas tem dificuldade em lidar com equipes.

Clientes e colegas provavelmente confiam no seu trabalho mas não se sentem à vontade para lhe revelar todas as suas necessidades. A pesquisadora Susan Fiske constatou que **"competência sem amabilidade tende a nos deixar desconfiados"**.[4] Em ambientes sociais, isso significa que você é percebido como uma pessoa marcante, mas leva mais tempo para construir relações profundas e fazer amigos.

É provável que você seja mais forte em competência se costuma ouvir coisas como:

- Nunca sei o que você está pensando.
- Você intimida um pouco!
- É difícil entender você.
- Você deve ser o gerente aqui.

Os líderes de empresas Mark Zuckerberg, Anna Wintour e Elon Musk são exemplos de pessoas que tiveram sucesso com muita competência, mas foram criticadas por serem ríspidas, imprevisíveis e indiferentes.

Talvez você já tenha notado que é comum pessoas muito competentes estabelecerem uma parceria com pessoas muito amáveis, para equilibrar. Muitas duplas famosas são assim, ilustrando bem como essas características compensam uma à outra.

- Capitão Kirk (amável) e Spock (competente), de *Star Trek*
- Os megainvestidores Warren Buffett (competente) e Charlie Munger (amável)
- Sherlock Holmes (competente) e Dr. Watson (amável)

Duplas como essas costumam alcançar o ponto de equilíbrio.

A Zona do Perigo

O último quadrante é o que precisamos evitar: a Zona do Perigo.

Pesquisadores constataram que pessoas fracas tanto em amabilidade quanto em competência têm probabilidade maior de serem ignoradas, desprezadas, desvalorizadas e vítimas de pena.

É na Zona do Perigo que eu colocaria Jamie Siminoff em sua apresentação no *Shark Tank*. A ideia de sua empresa não era ruim, mas ele não transmitiu sinais suficientes de competência nem de amabilidade. Por isso os investidores não confiaram no potencial dele.

É possível ter o melhor *conteúdo* do mundo, mas, se não for transmitido com os *sinais* certos de carisma, não vai convencer.

Os sinais de pouca competência e pouca amabilidade de Siminoff prejudicaram sua mensagem. Ele deu respostas coerentes a todas as perguntas dos investidores, mas não percebeu seus importantíssimos sinais não verbais de feedback. Preparou números e criou uma apresentação útil, mas os sinais da Zona do Perigo sabotaram sua credibilidade a cada passo do caminho.

A questão é: você pode ser a pessoa mais amável e competente do mundo, mas, se não demonstrar que é tudo isso, não adianta nada.

Felizmente, mesmo que caia na Zona do Perigo, você não precisa ficar lá. A empresa de Siminoff deu tão certo que, cinco anos depois, ele foi convidado a voltar ao *Shark Tank* – como *investidor*! Nessa sua segunda participação, quando ele surgiu no palco, parecia outra pessoa.[5] Seus sinais o transformaram. Ele entrou a passos largos, fez gestos amplos, sorriu e apertou a mão dos outros investidores. Até sua voz estava diferente.

Sim, Siminoff fez uma péssima apresentação, mas deu a volta por cima. Todo mundo pode aprimorar seus sinais.

Por que carisma é importante

A premiada atriz Goldie Hawn é conhecida por sua beleza, seu humor e seu talento diante das câmeras. Em 2003, ela decidiu se dedicar a algo muito diferente: criar um programa de mindfulness (atenção plena) em escolas. O programa se chamaria MindUp e teria um programa de "boa forma mental" para crianças que pudesse ser usado em sala de aula. Mas havia um problema: ela corria o risco de que ninguém levasse o projeto a sério.

Goldie sabia muito bem que era conhecida pela simpatia, mas não necessariamente pela competência. Em suas próprias palavras: "Já é bastante difícil sendo eu, sendo Goldie, conhecida há décadas por ser engraçada e, às vezes, cabeça de vento."[6]

Para dar credibilidade à ideia, ela convidou neurocientistas e psicólogos e iniciou um grande estudo de validação do programa. Intuitivamente, Goldie sabia que precisava equilibrar sua amabilidade com competência para que as pessoas *confiassem* nela e *apoiassem* o projeto. E deu certo![7]

O programa ajudou mais de 7 milhões de alunos de 14 países e treinou mais de 175 mil professores. Das crianças que passaram pelo programa MindUp, 86% afirmaram que seu bem-estar aumentou e 83% apresentaram melhoras no comportamento social.

Goldie Hawn não é a única a incorporar o equilíbrio de amabilidade e competência. Se visitar o site do MindUp, você verá a combinação poderosa de sinais de amabilidade (crianças sorridentes, Goldie sorridente e ótimas histórias) e de competência (dados, estatísticas e provas sociais). Marcas, sites, perfis em redes sociais e empresas também precisam encontrar o equilíbrio perfeito entre simpatia e eficiência.

Não importa quem você é nem o que já realizou: equilibrar amabilidade e competência é o segredo do sucesso. Um estudo famoso publicado no periódico especializado *Journal of the American Medical Association* examinou como os pacientes classificavam a amabilidade e a competência dos médicos.[8] Os pesquisadores se perguntavam se *ambas* as percepções eram importantes. A competência não seria mais importante para os médicos? Os muitos anos de estudo não deveriam ser suficientes?

Não.

Foi constatado que os médicos que tinham mais probabilidade de serem processados por imperícia eram aqueles que tinham sido avaliados com amabilidade baixa, não os que haviam cometido mais erros. Os médicos que não enviam sinais suficientes de amabilidade não conseguem transmitir competência e são processados com mais frequência.

Se você não demonstrar amabilidade, ninguém vai acreditar na sua competência.[9]

Sempre vejo pessoas presas num ponto da escala. Conheço engenheiros brilhantes que se concentram tanto no conhecimento técnico que não são apreciados como pessoas; todos os evitam no escritório; não conseguem apoio para suas ideias inovadoras; se sentem deslocados na equipe e se perguntam por que sempre fazem o trabalho pesado nos projetos.

Conheço também gerentes generosos que se preocupam tanto em ser amados que não se posicionam nas reuniões nem obtêm o respeito que merecem. Eles precisam de mais assertividade para conseguir dizer não a pessoas tóxicas e defender os próprios interesses.

Em geral, temos a impressão de que quanto mais bondosa e amável a pessoa, menos admirada e respeitada ela é. Por outro lado, quanto mais competente, maior sua dificuldade em lidar com colegas e equipes.

Para começar um novo projeto, convencer uma equipe de uma ideia ou mudar sua reputação no trabalho, é preciso contar com a simpatia e *também* com o respeito alheios. Enviar os sinais certos de carisma ajuda.

> **Princípio**: É preciso equilibrar sinais de competência e de amabilidade para ser carismático.

Tons de carisma

Quando peço ao público que cite as pessoas mais carismáticas que conhecem, dois nomes aparecem com frequência: a rainha das entrevistas Oprah Winfrey e a ex-primeira-ministra britânica Margaret Thatcher.

Essas duas mulheres são consideradas bem-sucedidas, respeitáveis e carismáticas. Mas são tipos de carisma completamente distintos um do outro. Como isso é possível?

Um estudo analisou o estilo de comunicação de Oprah e Thatcher e constatou que as duas usam sinais muito diferentes.[10]

Thatcher era famosa pelo controle. Ela "se apoiava na tribuna do Parlamento, os cotovelos para fora, como se fosse dona do lugar. A cabeça ficava erguida. A voz era forte, alta e com pausas controladas [...] O corpo e o rosto se mantinham imóveis", detalham os pesquisadores.

Já Oprah é famosa pela expressividade. Ela "se movimenta com entusiasmo; seus braços são longos e os gestos, amplos. Suas expressões faciais transmitem todo tipo de sentimento: ela chora, ri [...] Ela se senta, se levanta e se mexe o tempo todo", explicam os pesquisadores.

Tanto Oprah quanto Thatcher estão na Zona do Carisma, mas têm inclinações diferentes. E isso é bom! Não queremos que todo mundo seja igual nem que reproduza os mesmos sinais como robôs.

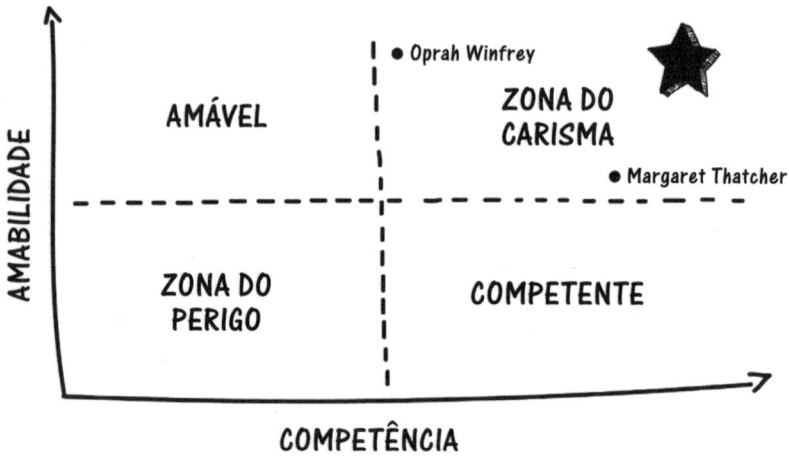

Winfrey tende a ser amável e calorosa, mas embasa isso em sinais de competência para ser levada a sério. Isso fica claro em todos os seus programas. Ela chora com as pessoas, toca o braço delas, mas também escuta atentamente e faz perguntas desafiadoras. Ri abertamente e alterna histórias tocantes com opiniões contundentes.

Thatcher se aproxima mais da competência, mas mostra sinais suficientes de amabilidade para ser considerada confiável. Em seus discursos, ela falava com clareza e precisão e raramente usava linguagem floreada, mas imbuía suas palavras de paixão. Seu gestual era mais contido, mas às vezes ela erguia a cabeça, demonstrando calor humano e otimismo. Surpreende que a "Dama de Ferro" mostrasse sinais de amabilidade? É possível se mostrar amável e ainda ser levado a sério. Na verdade, os dois elementos são necessários para se comunicar bem.

Sim, há uma fórmula do carisma: sinais de amabilidade + sinais de competência. Mas cada um de nós tem um equilíbrio próprio e especial. Desde que esteja na Zona do Carisma, não importa em que ponto, você vai exibir amabilidade e competência suficientes para ser percebido como confiável e digno de crédito.

Compare os chefs e apresentadores Jamie Oliver (mais amável) e Gordon Ramsay (mais competente). Ambos são considerados muito carismáticos, mas em sintonias diferentes.

Meu objetivo é lhe dar toda a gama de cores dos sinais, de modo que você possa *escolher* a dose necessária de cada ingrediente e assim encontrar sua nuance exclusiva de carisma. É assim que nos comunicamos de forma autêntica dentro da Zona do Carisma. Você pode acrescentar os sinais que forem necessários.

E sabe o que é melhor? As pessoas mais carismáticas transitam com flexibilidade pela Zona do Carisma. Precisa de um pouco mais de amabilidade numa situação? Use mais sinais desse tipo. Precisa injetar competência numa interação? Acrescente sinais de competência. Podemos usar a Escala do Carisma como um dial.

O dial do Carisma

Nosso carisma alcança o ponto máximo quando ajustamos a amabilidade e a competência de acordo com a situação e o interlocutor, sem sair da Zona do Carisma. Vejamos, por exemplo, o bilionário Jeff Bezos, fundador da Amazon. Numa antiga entrevista ao programa *60 Minutes Australia*, Bezos usa sinais de amabilidade enquanto conduz casualmente o repórter pelo escritório da empresa. Ri, sorri e gesticula livremente.[11] O repórter chega a dizer: "O que mais chama a atenção em Jeff Bezos é sua risada." Ele é incrivelmente agradável nessa entrevista porque se inclina para a amabilidade, sem abrir mão dos sinais de competência: entre uma risada e outra, fala com credibilidade sobre o crescimento da empresa e cita estatísticas e metas impressionantes.

Numa entrevista posterior à *Business Insider*,[12] Bezos encara perguntas mais sérias sobre seu legado como líder.* Em resposta, ele gira o dial para os sinais de competência. Senta-se com uma postura expansiva e faz conta-

---

* Você pode assistir às duas entrevistas (em inglês) em scienceofpeople.com/bonus.

to visual proposital com o entrevistador. Se prestar atenção, você vai notar que Bezos chega a usar um tom de voz mais grave do que na outra entrevista que mencionei. Mas ainda usa sinais de amabilidade suficientes para se manter na Zona do Carisma (sua famosa risadinha faz o público rir com ele mais de uma vez).

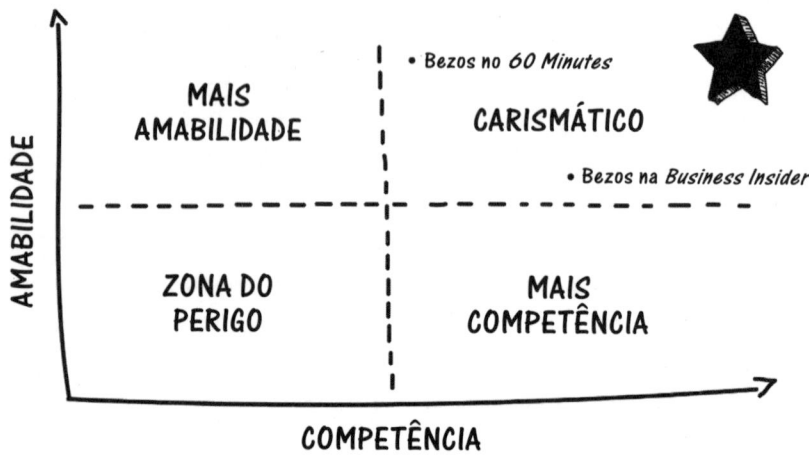

A maneira mais eficaz de melhorar suas interações é enviar sinais claros de acordo com seus objetivos naquele contexto.

Quando precisar transmitir mais credibilidade ou ser levado a sério – em negociações, vendas e entrevistas importantes –, sintonize mais competência. Faça o mesmo quando estiver com alguém que aprecia pessoas extremamente inteligentes, capazes e eficientes.

Já se quiser promover mais colaboração e projetar um ar confiável, sintonize mais a amabilidade. Se estiver com alguém que valoriza conexão, afinidade e empatia, gere sinais de amabilidade.

> **Princípio:** As pessoas mais carismáticas transitam com flexibilidade pela Zona do Carisma.

Como resolver descompassos de carisma

Todo dia interagimos com pessoas de zonas diferentes na Escala do Carisma, o que pode criar todo tipo de desconexão e mal-entendido. Digamos, por exemplo, que você seja um pouco mais forte em amabilidade mas seu cliente (ou chefe, ou colega de trabalho) seja um pouco mais forte em competência. Isso pode causar um problema de conexão entre vocês.

Você, como pessoa altamente amável, valoriza a afinidade. Ao começar uma reunião, você sente que o bate-papo é essencial para uma interação bem-sucedida. Ao apresentar uma ideia, valoriza grandes histórias, exemplos e estudos de caso. Quando toma decisões, costuma seguir o instinto. Você confia em indicações e recomendações.

Seu cliente, porém, competente que é, ama informações objetivas. Quando começa uma reunião, quer ir direto ao assunto, não gosta de perder tempo com amenidades. Ele prefere apresentações com muitos dados, pesquisas e fatos. Se duvidar do que você diz, não hesita em conferir no Google. Não se importa com provas sociais (é só a opinião dos outros!) e prefere números. Ah, e nada o deixa mais irritado do que se desviar da pauta. Costuma dizer coisas como "Preciso fazer minha própria avaliação".

O que acontece nessa situação? Você tenta criar laços e ele tenta ser produtivo. Você tenta estabelecer confiança, ele tenta obter informações. Você sente que sua apresentação é inspiradora, ele a acha desorganizada. Você traz depoimentos para convencê-lo a fechar a venda, mas ele quer mais provas e dados. Você tenta cultivar amabilidade, ele tenta colher competência.

Nenhum desses estilos e preferências está certo ou errado, são apenas *diferentes*. Lembre-se, as pessoas têm seus tons exclusivos de carisma, e isso é bom. Pessoas amáveis e calorosas não têm os mesmos talentos que pessoas competentes, e precisamos de *ambos* os estilos na equipe. Vou lhe ensinar a perceber essas diferenças e, mais do que isso, a revertê-las a seu favor.

Descompassos de carisma explicam muitos problemas que você pode encontrar. Exemplos:

- Por que você não consegue se entender com seu chefe.
- Por que suas apresentações ou ideias às vezes não são aceitas.

- Por que você foi preterido numa promoção ou esnobado por um amigo.
- Por que às vezes você se sente inapto socialmente ou ignorado.

Sabe que precisa de mais confiança, colaboração e abertura com alguém? Aumente seus sinais de amabilidade.

Sabe que vai interagir com alguém mais forte em competência? Aumente seus sinais de competência, em sinal de respeito.

Podemos usar esses sinais para ter mais sucesso em todas as áreas da vida e todo tipo de contexto e plataforma: conversas presenciais, perfis de redes sociais, mensagens de voz, apresentações de slides e até no dia a dia do ambiente de trabalho. Vou lhe ensinar os sinais de cada área da Escala do Carisma para que você possa usá-los intencionalmente, nas situações certas e com as pessoas certas.

DESAFIO DO CAPÍTULO

Faça um teste on-line e descubra exatamente onde você se encontra na Escala do Carisma. O teste (em inglês) é gratuito e está disponível em: scienceofpeople.com/bonus.

CAPÍTULO 2
COMO FUNCIONAM OS SINAIS

Em 1498, Leonardo da Vinci terminou de pintar *A última ceia*, que viria a ser um dos quadros mais famosos do mundo. É uma bela obra de arte histórica, mas, quando se olha com mais atenção, pode-se ver uma nova dimensão. Da Vinci embutiu diversos sinais não verbais na cena.

O quadro retrata a última refeição de Jesus Cristo com os 12 apóstolos, antes de descobrir que foi traído por Judas.

Que sinais Da Vinci revela? Primeiro dê uma olhada nas mãos de Jesus. Ele é representado de braços abertos, as palmas das mãos viradas para o observador. Esse é um sinal universal de abertura. Ver a palma das mãos de uma pessoa diz a nosso cérebro que ela não tem nada a esconder. Mas uma das mãos de Jesus está virada para baixo, o que é incomum. Em geral, Cristo é representado com ambas as palmas das mãos abertas para o espectador. Por que essa diferença?

A **palma da mão para cima** é um sinal que indica abertura e confiança. É um sinal forte de amabilidade para usar quando se quer que as pessoas sejam também mais abertas e se disponham a colaborar. Nas minhas apresentações, quando chego à parte de perguntas e respostas, sempre faço o gesto de erguer a palma das mãos para abrir para perguntas.

A palma da mão para baixo é um sinal que indica poder e dominância. É um forte sinal de competência.

O sinal da palma da mão para baixo deve ser usado quando damos orientações, ordens ou instruções em situações em que não caibam perguntas ou feedback. É mais usado por pessoas em posição de poder.

Cristo é representado exibindo os dois sinais. Juntos, eles atingem a combinação perfeita de amabilidade e competência.*

Outro sinal é a postura de Cristo, comparada à dos 12 apóstolos. Cristo é mostrado na pose mais expansiva de todos os personagens do quadro, o que indica sua importância muito maior em relação aos outros à mesa. E é mais um sinal de competência. Quanto mais espaço alguém ocupa, mais confiante parece. Da Vinci conseguiu transmitir a importância de Cristo com esse **sinal de expansão**.

Esse sinal de competência é equilibrado com o sinal supremo de amabilida-

---

* Alguns estudiosos acreditam que o sinal com uma palma da mão para cima e outra para baixo também pode representar o julgamento após a morte. Pode ser um sinal adicional para observadores religiosos.

de: a inclinação da cabeça, um sinal universal de que a pessoa está prestando atenção. Inclinamos a cabeça de lado quando tentamos escutar melhor alguém, pois a posição dá a um dos ouvidos uma posição melhor para captar os sons.

Você vai notar que alguns apóstolos apresentam sinais de expansão sem inclinação da cabeça ou inclinação da cabeça sem sinais de expansão. **Cristo é o único personagem que equilibra os dois.** Conscientemente ou não, Da Vinci usou o equilíbrio perfeito de sinais para que Cristo fosse visto tanto como muito competente (poderoso) quanto como muito amável (confiável).

O oposto natural do sinal de expansão é o **sinal de contração**. Pessoas que contraem o corpo e ocupam o mínimo espaço possível transmitem baixa autoconfiança. E quem tem a postura mais contraída em *A última ceia*? Judas, é claro. O apóstolo que traiu Cristo.

Judas também exibe um **sinal de bloqueio**: está com o braço na frente do tronco. O bloqueio protege o corpo, pois coloca algo entre nós e o outro. Pode ser algo simples como cruzar os braços ou segurar algum objeto à nossa frente, como um laptop, uma prancheta ou a almofada do sofá. Enquanto Cristo está completamente aberto, sem nada para bloquear nossa visão, Judas é o único apóstolo numa postura contraída de bloqueio. Os outros estendem as mãos com inocência, apontam ou gesticulam, mas só Judas bloqueia. É um modo inteligente de mostrar a sua culpa. Uma pessoa culpada de um crime tem mais probabilidade de sentir a necessidade de se proteger de forma não verbal.

Judas também está olhando para trás. Por que será? Esse é um interessante **sinal de distanciamento**. Quando tentamos nos afastar de algo ou alguém, precisamos nos distanciar em termos físicos. É comum que, ao mentir, as pessoas joguem a cabeça para trás, recuem ou afastem o olhar quando confrontadas com sua culpa. O fato de estar olhando para trás é outro sinal da traição e da vergonha de Judas.

Para completar, Judas está com o punho direito cerrado. Além de esconder de nós a palma de uma das mãos (o que o faz parecer mais fechado), ele exibe esse sinal de que esconde alguma coisa. O punho fechado é um sinal não verbal peculiar:[1] às vezes é positivo, indicando determinação inabalável, mas outras vezes é negativo, indicando raiva e dissimulação. Pesquisadores descobriram que nossa capacidade de cerrar a mão e dar socos foi desenvolvida ao longo da evolução humana. Esse é mais um sinal inteligente da raiva de Judas e de seu ato contra Jesus.

Os sinais nos mostram o quadro completo por trás da pintura. O uso magistral dos sinais permite a Da Vinci contar uma história mais rica em uma única imagem. **Quando lemos sinais, descobrimos significados ocultos, entendemos melhor as situações e vemos tudo com mais clareza.**

Por sorte, nosso cérebro é programado para buscar significado oculto nos sinais. Ele está sempre examinando em tempo real nossas interações para nos dar mais informações sociais. Provavelmente você captou alguns desses sinais de *A última ceia* sem nem perceber. Vamos aprimorar esse poder.

Seu superpoder secreto

Imagine só: você está numa entrevista de emprego. A vaga parece perfeita e o entrevistador parece satisfeito com as suas respostas. Mas, no meio da entrevista, você tem a sensação incômoda de que não vai ser contratado. Por quê?

Ou então você faz uma apresentação e tem a sensação desanimadora de que as pessoas não estão prestando muita atenção. O que deu errado?

Ou seu parceiro diz que está tudo bem, mas você tem certeza absoluta de que, na verdade, a situação não está *nada* bem.

Aposto que você já passou por algo assim. Essas sensações costumam vir sob a forma de "intuição" ou "pressentimento". Mas o que está realmente acontecendo é que seu cérebro provavelmente detectou um sinal da Zona do Perigo da Escala do Carisma e não gostou. Essa percepção é nosso superpoder secreto. **Aprender a decodificar os sinais dá nome a seus acertos intuitivos.**

Mesmo que você não tenha consciência disto, você tem na sua mente uma sofisticada máquina de leitura de sinais. Nosso cérebro conta com ferramentas neuronais dedicadas a manusear e gerenciar sinais sociais.[2] Uma área do cérebro lê e identifica as emoções exibidas no rosto dos outros em 30 milissegundos.[3]

Embora nosso cérebro seja incrivelmente habilidoso para captar esses sinais sutis, esse superpoder costuma ser desperdiçado.[4] Seu cérebro reptiliano é ótimo para captar sinais sociais, mas o cérebro humano tem dificuldade de processar tudo.

Culturalmente, enfatizamos a fala como comunicação e ensinamos as crianças a se exprimirem verbalmente, ou seja, nossa habilidade de decifrar sinais se atrofia. Mas os sinais continuam a ser um dos mecanismos de comunicação mais poderosos que temos. Neste capítulo vou lhe mostrar as regras fundamentais de como e por que eles funcionam.

Sinais são contagiosos

"Estou ficando ansioso só por estar aqui", admitiu Karamo Brown, um dos cinco apresentadores do programa *Queer Eye*, um sucesso da Netflix. Ele estava trabalhando na transformação da "ativista ansiosa" Abby Leedy. Depois de algumas horas, Brown admite estar sendo "contaminado" pela ansiedade dela.

No programa, os apresentadores (apelidados de Fab Five, os cinco fabulosos) ajudam a transformar a vida de um participante renovando sua aparência e o imbuindo de autoconfiança. Leedy precisava mesmo desse incentivo! Não há um instante na câmera em que ela não esteja na Zona do Perigo. Ela deixa escapar vários sinais de nervosismo: torce as mãos, curva os ombros, anda de um lado para o outro e rói as unhas.

O apresentador Antoni Porowski chega a perguntar:

– Por que você está ansiosa em sua própria cozinha? – E depois: – Você é uma pessoa ansiosa?[5]

– Hã... sim. Eu... Já me disseram que eu pareço ansiosa. Acho que deve ser porque eu... é... eu sou... é, eu sou bem ansiosa.

Observamos sua ansiedade se propagar aos poucos pelos Fab Five. Por sorte, à moda dos verdadeiros programas de TV, no fim do episódio Leedy descobre sua verdadeira fonte de confiança e promete se empenhar em se tornar uma pessoa mais segura.

O que os Fab Five sentiram nesse episódio foi o chamado **contágio emocional**.

> **Contágio emocional**: Quando as emoções de uma pessoa e os comportamentos ligados a essas emoções acionam emoções e comportamentos semelhantes nos outros.[6]

Você já se empolgou com a boa notícia de outra pessoa? Ou se entristeceu por estar com alguém que estava passando por uma fase difícil? Quando identifica uma emoção nos outros, seu cérebro se prepara para se sentir da mesma maneira. Os sinais não influenciam apenas suas emoções, mas também as dos outros. Por isso é comum o mau humor "passar" para alguém.[7]

Em um experimento, estudantes foram divididos em pequenos grupos,[8] que foram encarregados de distribuir recursos de uma empresa a funcionários imaginários. Mas havia um detalhe: em cada grupo havia um ator instruído a exibir um estado de espírito diferente, incluindo "entusiasmo alegre", "amabilidade serena", "irritabilidade hostil" e "lerdeza deprimida".

Esse único ator conseguiu mudar completamente as decisões do comitê inteiro. Quando estava entusiasmado ou amável, o grupo se entendia melhor, tinha menos conflito, os participantes cooperavam mais entre si, tinham melhor desempenho na tarefa e distribuíam os aumentos com mais justiça do que os grupos em que o ator projetava um humor negativo. **O estado de espírito de uma pessoa pode afetar não apenas os ânimos dos outros como a as decisões do grupo inteiro e as interações dentro do grupo.**

A questão é: nenhum dos outros membros do grupo conseguiu identificar exatamente por que a atividade tinha tomado aquele rumo. Não temos a menor consciência de nosso poder de contaminar as pessoas à nossa volta, positiva ou negativamente.

Um estudo constatou que, assim que vemos a expressão facial de alguém, os músculos de nosso rosto se ativam e a imitam com sutileza,[9] o que nos faz sentir a emoção que a pessoa transmite. Os pesquisadores descobriram que as pessoas captavam o estado de espírito em apenas *cinco minutos* de proximidade, mesmo se estivessem trabalhando em projetos diferentes.[10]

Basta mexer os músculos faciais para a posição de expressões como cansaço, medo e felicidade para **ativar o sistema nervoso autônomo e sentir a emoção simulada**.[11] Os sinais não verbais do outro podem mudar *nosso* nível de hormônios, *nossa* função cardiovascular e até a função imunitária.[12]

Por sorte, aprender os sinais é uma das melhores maneiras de impedir o contágio negativo. Como? **Dando-lhes nome**. Matthew Lieberman, neurocientista da Universidade da Califórnia em Los Angeles, constatou que, assim que identificamos um sinal negativo por seu nome, a amígdala, que atua no controle das emoções humanas, relaxa. Num experimento, os pesquisadores mostraram fotos de um rosto zangado a participantes ligados a uma máquina de ressonância magnética funcional. Constatou-se que ver o rosto zangado ativou o centro do medo do cérebro nos voluntários. Não gostamos de ver pessoas zangadas, ficamos nervosos (e não queremos nos contagiar!). Mas, quando pediam aos participantes que descrevessem qual era a emoção vista, a amígdala relaxava e o medo diminuía.

Dar nome aos sinais negativos reduz seu impacto. Aprender os sinais ajuda a identificar e neutralizar os sinais negativos que lhe são enviados e a controlar melhor os sinais que você envia aos outros.

Seus sinais também podem influenciar para o bem e torná-lo positivamente contagioso. Líderes podem aprender a disseminar sentimentos produtivos. Quando se projeta amabilidade, é mais provável ser tratado com amabilidade em troca. Quando se projeta uma calma competente e confiante, é mais provável que os outros se comportem dessa forma. Seus sinais de carisma podem mudar os sinais negativos das pessoas à sua volta. Basta exibir os sinais que quer inspirar nos outros.

O ciclo dos sinais

Quando se fala em comunicação, a maioria das pessoas pensa em "decifrar sinais".

Decifrar, isto é, decodificar, é ler e interpretar os sinais sociais dos outros.[13] Os sinais sociais nos ajudam a interpretar tudo em alguém: suas intenções em relação a nós, sua confiabilidade, sua competência e até sua personalidade.[14] Muitas vezes deixamos de ver os sinais que alguém emite e depois nos perguntamos por que as pessoas agem como agem. Decodificar os sinais é essencial para identificar emoções corretamente, prever comportamentos e lidar com as pessoas. À medida que sua habilidade de decifrar sinais aumentar, mais você conseguirá descobrir a diferença entre o que os outros dizem que sentem e o que sentem de verdade.

Mas decodificar é apenas parte da equação. E quanto aos sinais que enviamos? Essa é a chamada **codificação**.

Codificar é enviar sinais sociais. Alguns são enviados intencionalmente: endireitamos a postura para mostrar confiança ou sorrimos para mostrar simpatia. Mas muitos outros são acidentais. Não podemos controlar todos os sinais que emitimos – é quase impossível alterar o ritmo das piscadas, por exemplo –, mas podemos influenciar os mais importantes.

A codificação intencional permite controlar como os outros percebem você. Ajuda a se sentir mais confiante, a causar uma primeira impressão mais forte e a criar uma presença mais memorável. Você também evitará enviar sinais em contradição com seus objetivos – por exemplo, enviar sinais de amabilidade excessivos quando quer impressionar ou codificar sinais de competência que impedem a conexão quando busca afinidade.

Naquele fatídico dia no *Shark Tank*, Jamie Siminoff errou *nas duas frentes*, a codificação e a decodificação. Embora tivesse um ótimo produto, ele não enviou os sinais corretos para atrair os investidores e aumentar a confiança que projetava. Também não decifrou os sinais recebidos, o que teria salvado seu discurso de venda. Um pouco de decodificação dos sinais alertaria Siminoff sobre as primeiras reações negativas dos investidores.

É pela internalização que os sinais influenciam seu estado emocional interior – sua produtividade, seu sucesso e seu estado de espírito. Os sinais que decodificamos no mundo ao redor mudam o modo como nos sentimos em relação a ele. Todo sinal que percebemos é internalizado, e isso influencia os sinais que transmitimos.

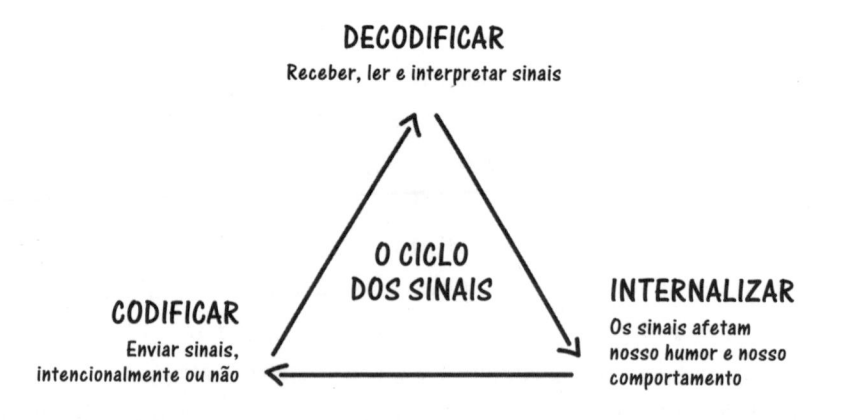

DECODIFICAR
Receber, ler e interpretar sinais

O CICLO DOS SINAIS

CODIFICAR
Enviar sinais, intencionalmente ou não

INTERNALIZAR
Os sinais afetam nosso humor e nosso comportamento

Imagine que você está numa reunião e percebe alguns sinais negativos de um colega de trabalho. Ele mal murmura um oi, revira os olhos a cada comentário seu e dá um suspiro exasperado quando você inicia seu relatório. Se você começa a questionar o que isso significa, algo acontece no seu corpo para ajudá-lo a descobrir. Pesquisadores verificaram que, quando deciframos um sinal de rejeição social, **nosso campo de visão aumenta, nos preparando para enxergar melhor caso nos seja enviado mais um sinal, talvez ainda mais perigoso socialmente.**[15]

Em outras palavras, percebemos certos sinais, que em seguida internalizamos, e então nosso corpo muda para se adaptar ao que achamos que pode acontecer depois. Decodificamos sinais, internalizamos seu significado e codificamos reações.

Não percebemos que os sinais afetam tantos aspectos de nossa trajetória – não só a suavidade de nossas interações e a clareza da comunicação, mas também o nível de estresse, a motivação e até o sentimento de inclusão no trabalho. Um pesquisador do MIT (Massachusetts Institute of Technology) observou que os funcionários que recebem sinais positivos de colegas e superiores se sentem mais incluídos, engajados e leais e, assim, têm melhor desempenho.[16] Por outro lado, quando recebem sinais negativos, os funcionários se sentem excluídos e desvalorizados, o que os deixa menos produtivos, conectados e animados.

> **Princípio:** Os sinais criam circuitos positivos e negativos para você e para os outros.

Não existe botão de mudo

Já jogou pôquer? Acho que a parte mais difícil é blefar. É dificílimo silenciar nossos sinais para esconder uma mão muito boa ou muito ruim. Num estudo fascinante, os pesquisadores do MIT descobriram que os jogadores que tentam ligar o "mudo" durante o blefe ficam completamente imóveis, sem dizer nada,[17] para que nenhum gesto os denuncie. Assim, **silenciar os**

sinais já é um sinal. O que revela o blefe é a tentativa de não revelar absolutamente nada.

Vejo que muitos profissionais também tentam "acionar o mudo" para esconder suas emoções, tornando o rosto inexpressivo e usando um tom de voz neutro na esperança de ficarem indecifráveis. Mas não tem como emudecer nossos sinais. Na verdade, a tentativa de emudecer nos leva diretamente para a Zona do Perigo.

Ligar o mudo é uma tentativa de ser estéril. E gente estéril é chata, fria e fácil de esquecer. Esconder seus sinais não é a meta. Nossa missão é alinhar os sinais com nossos objetivos profissionais e pessoais.

DESAFIO DO CAPÍTULO

Quer saber como você realmente parece para os outros? A única maneira de avaliar com precisão os sinais que você envia é assistir a um vídeo seu (doloroso, eu sei!).

Tente gravar a si mesmo falando em uma reunião ou chamada de vídeo em que você seja o mais natural possível – não pense muito nos sinais. Queremos ver de que ponto você está partindo.

Ou procure gravações antigas em que você esteja falando ou brindando. Quanto mais material você reunir para estudar, melhor.

Nos próximos capítulos, à medida que aprender os sinais, volte a esses vídeos para conferir quais você já usa naturalmente.

PARTE 1
SINAIS NÃO VERBAIS

CAPÍTULO 3

A LINGUAGEM CORPORAL DOS LÍDERES

Quando criança em Little Rock, no estado americano de Arkansas, Kofi Essel tinha dois grandes sonhos: ser médico e jogar na NBA. Ao mesmo tempo.[1]

Estudei com Kofi muitos anos depois disso, na Emory University. Logo que o conheci, soube que ele faria grandes coisas. Embora não tenha agraciado a NBA com sua presença, ele se tornou médico, professor de pediatria e defensor da saúde das crianças.

Hoje, como pediatra do Children's National Hospital, em Washington, Essel tem um duro trabalho: precisa gerar conexão, despertar confiança e demonstrar competência nos primeiros segundos de interação com os pacientes. E, em geral, são pelo menos dois tipos de pessoa ao mesmo tempo: uma criança e um pai ou mãe.

"Em relação a me conectar com as famílias, tenho poucos segundos para realmente causar impacto. Se não conseguir, já era", explica Essel.

Para isso, ele tem um método que usa com todas as famílias que recebe: "A primeira coisa que faço é cumprimentar a criança. Em geral, faço um *high five*. Depois, tento me abaixar até o nível dos olhos dela. Eu me curvo ou me ajoelho para ter certeza de que tenho a atenção dela", explica.

Essel descobriu que conquista os pais quando cumprimenta primeiro *a criança*. Ele notou isso decifrando sinais faciais. "Observei que, quando os pais veem que me engajo com a criança, a tensão deles vai embora. Vejo o rosto deles mudar. Eles ficam mais à vontade comigo quando consigo ganhar a criança", diz Essel.

O engajamento é central na profissão de Essel. **"As pessoas estão sempre procurando reconhecimento, aceitação e validação"**, diz ele. E sua meta é mostrar isso de forma verbal e não verbal.

Uma vez que a criança se sente bem-vinda, Essel volta sua atenção para os pais, literalmente: vira o corpo para eles, faz contato visual e aperta a mão. Ele descobriu que esse pequeno sinal não verbal é tão importante que criou um modo de fazer isso mesmo se estiver digitando algo no computador. "Faço questão de ter um campo de visão livre", diz ele. "Não gosto de ter nenhuma barreira entre mim e a família."

Essel acha que isso ergueria um muro entre ele e os pacientes. Ele tem um truque não verbal para lidar com isso. "Para deixar claro que estou escutando, paro de digitar e viro o corpo todo, para que saibam que estou ali com eles." Isso transmite a mensagem de que "se você está me contando algo e precisa que eu esteja completamente atento, é o que farei".

Essel tem um protocolo não verbal comprovado pelo tempo para interagir com os pacientes que o torna extremamente carismático. Antes de dissecarmos os sinais que ele usa, vejamos por que usar sinais não verbais é parte essencial de uma comunicação carismática.

O poder não verbal

Quando pensa em comunicação, a maioria das pessoas se concentra na fala. Sim, palavras são importantes, mas, infelizmente, não são suficientes. **Sinais não verbais influenciam as interações: facilitam ou atrapalham a compreensão das suas palavras.**

Você pode ter uma história incrível, os melhores dados ou as credenciais mais impressionantes, mas tudo isso é inútil se você não compartilha com os sinais corretos.

Na Introdução, vimos que os sinais não verbais respondem por 65% a 90% de toda a nossa comunicação. Estamos constantemente decodificando ou codificando sinais não verbais por meio de nossos gestos, expressões faciais, movimentos e posturas do corpo. E, é claro, em toda interação também recebemos sinais. Quando sabe decifrá-los com precisão, você tem um vislumbre do mundo interior dos outros.

Pesquisas confirmam que melhorar a capacidade de ler sinais não verbais vale muito a pena. A perícia não verbal é uma habilidade útil em quase todas as áreas da vida – social, romântica e profissional.[2]

Um estudo constatou que as pessoas com forte capacidade de reconhecimento de sinais não verbais ganham salários mais altos.[3] Por quê? Ser capaz de ler as emoções com rapidez e precisão dá uma vantagem incrível no trabalho. É possível prever comportamentos alheios, perceber sentimentos ocultos e transmitir ideias com mais clareza. As pessoas competentes na habilidade não verbal "são consideradas pelos colegas de trabalho mais hábeis do que os outros em termos sociais e políticos", explica o autor do estudo.

Entender os sinais não verbais ajuda em todos os relacionamentos. Pesquisadores verificaram que os alunos que cometiam mais erros ao decifrar as emoções das expressões faciais e do tom de voz relataram satisfação significativamente menor nos relacionamentos.

Pesquisadores da Victoria University filmaram entrevistas de emprego reais.[4] Então, com o som desligado, exibiram os vídeos a uma equipe de juízes. Simplesmente por observar os sinais não verbais do candidato, os juízes conseguiram avaliar com precisão a possibilidade de contratação e suas habilidades sociais. Espantosamente, o candidato que recebeu a nota mais alta dos juízes realmente foi contratado. Pense nisso um momento. Quanto tempo você passou pensando e treinando suas respostas às perguntas que sabe que seriam feitas numa entrevista? E quanto tempo passou pensando em como se sentaria, como cumprimentaria o entrevistador, que gestos usaria? O *modo* de dizer é tão importante quanto *o que* se diz.

Usamos sinais não verbais para avaliar tudo: capacidade, habilidades sociais, habilidades profissionais. Além disso, esses sinais ou reforçam ou refutam a mensagem.

Neste capítulo, vou lhe ensinar os sinais não verbais carismáticos que líderes como o Dr. Essel usam para serem cativantes. Esses sinais especiais chegam ao ponto de equilíbrio exato de alta amabilidade e alta competência.

No Capítulo 4, vou lhe mostrar os sinais de alta amabilidade que transmitem confiabilidade e abertura.

No Capítulo 5, veremos os sinais não verbais de alta competência que transmitem poder e inteligência.

E no Capítulo 6 vou lhe mostrar os sinais que você deve evitar para se manter fora da Zona do Perigo. São esses sinais que despertam nos outros desconfiança, desrespeito e todas as piores palavras com "des" que você possa pensar: desinteresse, desgosto, desagrado, etc.

AMABILIDADE

SINAIS DE AMABILIDADE
- Inclinar a cabeça
- Assentir
- Erguer as sobrancelhas
- Sorrisos plenos
- Toque
- Espelhamento

SINAIS DE CARISMA ★
- Inclinar-se para a frente
- Defrontar-se
- Antibloqueio
- Bom uso do espaço
- Olhar

ZONA DO PERIGO
- Distanciar-se
- Autoconforto
- Bloquear
- Envergonhar-se
- Cara de tédio

SINAIS DE COMPETÊNCIA
- Postura de poder
- Pálpebras contraídas
- Mãos em campanário
- Gestos explicativos
- Mostrar a palma das mãos

COMPETÊNCIA

Com o uso intencional dos sinais, o Dr. Essel criou um protocolo não verbal para inspirar confiança e afinidade mais rapidamente nos pacientes. Agora vamos criar um protocolo para você.

★
IMPORTANTE
Diferenças culturais

Embora muitos sinais não verbais sejam universais, é claro que alguns são influenciados pela cultura do local.

Os italianos tendem a usar mais gestos do que os americanos.

Na Índia e no Paquistão, ao contrário das culturas ocidentais, as pessoas não mexem a cabeça para cima e para baixo quando querem dizer "sim".

> Em alguns países da Ásia e do Oriente Médio, fazer contato visual com os superiores é considerado grosseria. Nos Estados Unidos, a grosseria é *não* fazer isso.
>
> Felizmente, há mais semelhanças do que diferenças entre as culturas no comportamento não verbal. Pesquisadores realizaram uma metanálise de 97 estudos e constataram que as emoções são universalmente reconhecidas entre as culturas.[5]
>
> Não surpreende no entanto, que as pessoas sejam mais precisas na percepção das emoções expressas por outros do mesmo grupo nacional, étnico ou regional. Isso nos revela que temos uma vantagem quando decodificamos sinais dentro do grupo e uma *desvantagem* clara quando decodificamos sinais enviados por pessoas de fora do grupo. Esse é mais um motivo para termos clareza dos sinais e de seu significado – para equalizarmos nossa capacidade de decodificar.
>
> Dado meu propósito neste livro, sempre que possível vou me ater aos sinais universalmente reconhecidos. Quando houver fortes diferenças culturais, mencionarei isso.

SINAL DE CARISMA Nº 1:
Inclinar-se para a frente como um líder

Vamos fazer um joguinho mental juntos?

Onde quer que você esteja (sentado ou em pé), pode se inclinar para a frente, por favor? Não muito, só alguns centímetros. Incline-se e se mantenha assim por 10 segundos.

Como foi? Notou alguma coisa interessante?

Esse movimento simples ativa uma parte do cérebro que faz você se sentir mais motivado. Em um experimento fascinante, pesquisadores descobriram que, quando pediam aos participantes que se inclinassem para a frente, havia aumento da ativação neuronal no córtex frontal esquerdo.[6] Essa é a parte do cérebro associada ao desejo e à motivação, que cria a vontade de se mover na direção de alguma coisa. **O grupo de controle, que recebeu a instrução de se inclinar para trás, não apresentou nenhum aumento da ativação.**

Quando nos inclinamos para a frente, sentimos mais motivação. Quando nos inclinamos para trás, perdemos motivação.

Os seres humanos se inclinam na direção de pessoas, coisas e ideias de que gostam. Ao fazermos isso, conseguimos ativar com mais facilidade nossos cinco sentidos.

Nos inclinamos para a frente para **ver** algo com mais clareza.

Quando precisamos **ouvir** algo melhor.

Quando queremos **tocar** alguma coisa.

Para **cheirar** algo melhor.

Quando queremos pegar algo e **provar**.

Quando gostamos, queremos ou nos interessamos por alguma coisa, sentimos vontade de chegar mais perto. Assim, faz sentido decodificarmos a inclinação à frente como sinal de interesse. Gostamos quando as pessoas se inclinam em nossa direção. É o maior dos cumprimentos, porque nos sentimos interessantes e desejados. Não é preciso muito: poucos centímetros já bastam.

Os **sinais de inclinação** são indicações não verbais de forte teor carismático, porque, além de transmitir interesse pelo outro, despertam o interesse dentro de nós.

Em outro estudo, pesquisadores pediram aos participantes que olhassem a fotografia de várias pessoas inclinadas para a frente ou para trás[7] e perguntaram se tinham gostado ou não de cada uma. O resultado foi claro: as pessoas retratadas com o corpo um pouco mais para a frente receberam nota de simpatia muito mais alta.

Inclinar-se para a frente é a maneira mais rápida de parecer (e se sentir) interessado e envolvido.

Gosto de pensar nesse sinal como "colocar-se em negrito": ao fazermos isso, damos destaque ao que acabou de ser dito. O objetivo é mostrar:

- **Ênfase:** Quando alguém diz algo que acho importante, me inclino na direção da pessoa. Quando digo algo importante, me inclino à frente de leve.
- **Concordância:** Quando penso da mesma forma que meu interlocutor, destaco isso me inclinando. Assim demonstro que ***estou tão interessa-***

da no que você está dizendo que quero chegar mais perto para ouvir melhor. E isso me ajuda a me sentir ainda mais motivada a entender.
- **Parceria:** Quando sinto afinidade com alguém ou quero mostrar que estamos no mesmo barco, eu me inclino na direção da pessoa. Isso funciona muito bem nos primeiros minutos de interação. O Dr. Essel se inclina para a frente e se abaixa até o nível dos olhos da criança para gerar afinidade.

Você pode usar sinais de inclinação sentado ou em pé, em palcos e até em chamadas de vídeo.

⭐

DICA DIVERTIDA
Inclinação sem germes

Se não quiser apertar a mão ou tocar a pessoa nos cumprimentos, use a inclinação como substituto. Dizem que o zoólogo Desmond Morris gravou em câmera lenta uma análise de pessoas se cumprimentando e constatou que os que não se abraçaram fizeram inclinações pequenas e perceptíveis na direção um do outro para mostrar a intenção de se abraçar sem o abraço real.[8]

Um dos maiores equívocos sobre esse tipo de sinal é que se inclinar para trás dá um ar imponente. Na verdade, transmite frieza. Assim como ombros curvados, inclinar-se para trás é um sinal da Zona do Perigo.

Uma das coisas menos carismáticas que você pode fazer é se inclinar para trás, manter uma postura curvada ou se reclinar enquanto alguém conta algo importante. Líderes fazem questão de se inclinar para a frente.

Princípio: Incline-se para a frente para demonstrar e estimular interesse, envolvimento e concordância.

QUANDO SE INCLINAR

- Quando quiser mostrar que apoia seu interlocutor, que se interessa por suas ideias e que está absorvido na conversa.
- Quando quiser chamar a atenção para a ideia de alguém e mostrar que concorda.
- Quando for enfatizar os pontos mais importantes da sua apresentação.

QUANDO NÃO SE INCLINAR

- Quando discordar de alguém. Na verdade, não se inclinar para a frente é um jeito respeitoso de mostrar que você *não* pensa da mesma forma que a pessoa.
- Quando precisar criar espaço ou limites. Você convive com uma pessoa tóxica? *Não* se incline para a frente quando for expor suas necessidades. Mantenha-se ereto e firme.
- Se sentir que está praticamente fazendo uma reverência, é porque você se inclinou demais.

SINAL DE CARISMA Nº 2: Corpo aberto, mente aberta

Imagine se Jesus fosse pintado em *A última ceia* de braços cruzados. Ou se a Estátua da Liberdade segurasse a tocha com força junto ao peito em vez de erguê-la com orgulho acima da cabeça. Essas obras não teriam a mesma força, concorda?

Corpo fechado indica mente fechada... e fecha a mente dos outros. Comentei sobre esse fenômeno com meu amigo Brian Dean, especialista em marketing digital. Certo dia, ao acessar seu site, notei esta foto dele no alto da página inicial:

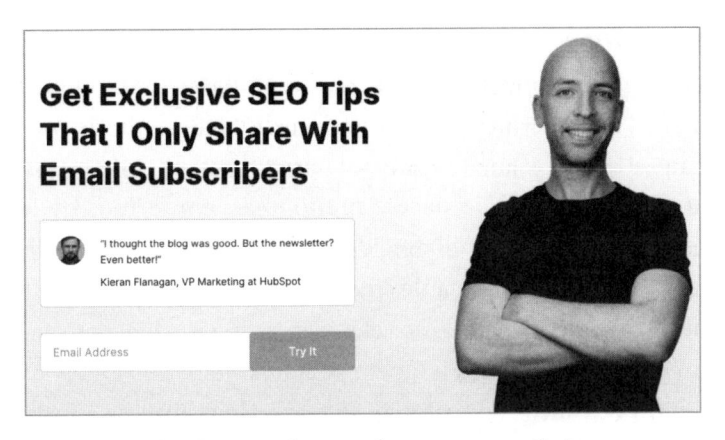

"Receba dicas exclusivas de otimização de buscas que compartilho apenas com e-mails cadastrados"

Conhecendo o talento de Brian com dados, propus um teste. "Troque essa foto por uma em que você não esteja de braços cruzados. Isso vai aumentar a taxa de conversão do site", disse a ele. "Você vai parecer mais aberto, o que tornará os visitantes mais dispostos a se inscrever na sua newsletter."

Brian concordou e criou no site o chamado teste A/B. Ou seja, 50% dos visitantes do site veriam a foto de Brian de braços cruzados e os outros 50% veriam a outra versão. Todo o restante do site seria exatamente igual.

Os testes A/B permitem comparar duas versões da mesma variável (neste caso, a postura corporal) com milhares de visitantes. Num período de 90 dias, 237.797 pessoas acessaram o site. E... a postura aberta venceu com GRANDE margem. Essa simples troca aumentou em 5,4% a taxa de conversão do site de Brian. Não parece muito, mas, em termos de tráfego na internet, é fenomenal. São milhares de novos assinantes da newsletter graças a uma minúscula mudança de sinal.

Os sinais não verbais não fazem efeito apenas nas situações em que você está fisicamente presente; eles também se transmitem por fotos de perfil, sites, fotos em redes sociais e material de marketing. Em um estudo, pesquisadores pediram a profissionais que classificassem vídeos de pessoas falando em contextos de negócios.[9] Não importava se os participantes assistiam aos vídeos com ou sem som. **Todos os que falavam de braços cruzados foram classificados como mais distantes e defensivos e menos carismáticos.** Mesmo aqueles que estavam com apenas um dos braços no peito.

Não gostamos de barreiras nos separando da pessoa com quem estamos tentando nos conectar. Lembre-se: em *A última ceia*, Judas é representado com o braço no peito, exibindo um **sinal de bloqueio** – que cria uma barreira entre nós e o(s) outro(s). Como vimos, o mais comum é fazer isso cruzando os braços ou colocando/segurando na frente do corpo objetos como laptop, bolsa, prancheta, almofada.

O problema é que muita gente gosta de cruzar os braços, pois se sente mais à vontade, menos vulnerável. Com os braços na frente do peito, protegemos os órgãos vitais, mas isso tem um custo. Seu carisma é comprometido em troca de um pouco mais de conforto. E muitos cruzam os braços por simples hábito. Esse pequeno sinal não verbal cria uma barreira física e emocional que separa você das pessoas com quem está tentando se conectar.

Talvez você já tenha notado que, quando uma pessoa sente nervosismo numa reunião ou num encontro, ela cruza os braços de repente, em geral sem nem perceber. É o instinto de autoproteção – como se a pessoa abraçasse a si mesma. Quando alguém tem esse comportamento súbito de bloqueio, presto muita atenção e faço uma anotação mental.*

---

* Fique sempre atento ao contexto. Por exemplo, o ar-condicionado está forte? A pessoa pode cruzar os braços de repente apenas porque sentiu frio. Falaremos mais sobre isso adiante.

Em seus atendimentos, o Dr. Essel faz questão de afastar o computador para mostrar que remove uma barreira. Ele aprendeu que, **quando nosso corpo não está aberto, é menos provável que as pessoas se abram.**

Fazer questão de remover a barreira é um sinal antibloqueio, um modo maravilhoso de demonstrar carisma e fazer os outros se abrirem.

Evy Poumpouras é uma ex-agente que apresenta o programa *Spy Games*, da emissora Bravo TV.[10] No tempo que passou no Serviço Secreto, ela conduziu diversos interrogatórios. Para que as pessoas se abrissem, ela usava um pequeno truque não verbal que envolvia o antibloqueio. "Quando interrogava alguém, eu deixava o celular de lado. Longe de mim. Tirava o relógio de pulso. Queria que a pessoa, fosse quem fosse, soubesse que eu não tinha para onde ir. E que meu foco total naquele momento era ela", explicou Evy.

⭐ Para quem se apresenta no palco

Se você fala em público em palcos, cuidado: microfones e tribunas podem causar bloqueio acidental. Jamais, em hipótese alguma, agarre o microfone junto ao peito. Um erro comum é pôr o queixo para dentro e contrair o corpo quando se fala. Segure o microfone erguido e não muito perto do corpo. Ou, melhor ainda, use um que não precise segurar!

Atenção também às tribunas. O físico Neil deGrasse Tyson está sempre recebendo convites para falar em empresas, mas a ideia da tribuna o atormenta.[11] "Vivem me dizendo: você tem que ficar na tribuna", comenta ele. "Como é? Querem que eu fique ali parado duas horas? Digo que não, que vou usar o palco inteiro." A tribuna limita o movimento em cena e a fluidez dos gestos, além de fazer a pessoa parecer menor.

Pesquisadores chegaram a constatar que a tribuna bloqueia a capacidade dos palestrantes de mostrar material novo.[12] Se puder, evite a tribuna ao máximo. Ela é um imenso bloqueador de carisma.

Pessoas carismáticas também fazem questão de ser abertas com quem encontram. Lembra que os sinais são contagiosos? **Se for aberto, você inspira abertura.** Quem vê que você está tão à vontade que não usa barreiras se sente incentivado a se abrir também.

E, além de sinal social importante para os outros, a abertura também é um sinal importantíssimo para *você*. Num estudo surpreendente de 2017, pesquisadores notaram que a postura do corpo muda nosso modo de pensar.[13] Foi solicitado aos participantes que cumprissem tarefas criativas em diferentes posturas. Sentados em uma postura aberta, os participantes foram bem mais criativos! Conclusão: **posturas fechadas nos deixam menos criativos e limitam nossa mente.**

⭐

DICA DIVERTIDA
Dispositivos antibloqueio

Por saber que o bloqueio atrapalha nosso pensamento, tento ativamente impedir isso. Em minhas primeiras palestras, notei que, quando distribuía folhetos antes de começar, as pessoas os agarravam junto ao peito ou passavam a palestra inteira segurando-os diante do corpo. Agora faço isso no intervalo ou antes de abrir para perguntas. Pense nos objetos bloqueadores que talvez você esteja usando. Será que, inconscientemente, as pessoas os usam para bloquear você e sua mensagem?

Princípio: Para inspirar as pessoas a se abrir, abra-se de forma não verbal.

QUANDO SE ABRIR

- **Quando estiver interagindo individualmente com pessoas e precisar criar conexão.** Faça questão de remover todas as barreiras que existam entre você e os outros. Deixe sua mesa limpa e sem excesso de coisas quando for se reunir com um cliente. Afaste o computador para uma sessão de brainstorming. Coloque o café de lado durante um encontro. Corpo aberto, coração aberto, mente aberta.

- **Quando precisar gerar ideias.** Quer ficar mais criativo, imaginativo, com a mente mais aberta? Descruze os braços. Quer que os outros fiquem mais criativos, imaginativos, com a mente mais aberta? Tente fazer com que descruzem também: ofereça um copo d'água, uma caneta para fazer anotações, mostre uma foto da sua família para que precisem se abrir e se inclinar para a frente.
- **Quando estiver fazendo uma apresentação ou um pitch de vendas.** Tente evitar e eliminar barreiras. Manter uma postura (física) aberta é o mais carismático. Para exibir slides, use o controle remoto em vez de ficar sentado ao computador. Desça da tribuna. Deixe os braços livres junto ao corpo para poder gesticular com facilidade e mantenha o tronco voltado para o público em uma postura aberta.
- **Ao escolher fotos de perfil** – principalmente para o LinkedIn e aplicativos de namoro. Uma postura fechada projeta a sensação de mente e coração fechados.

QUANDO NÃO SE ABRIR

- **Quando não for coerente com sua mensagem.** O irlandês Conor McGregor, que pratica MMA (artes marciais mistas), geralmente é fotografado de braços cruzados, mas isso faz todo o sentido para sua marca. Ele *não quer* ser visto como aberto. Para sua reputação, é melhor ser visto como forte e intimidador. Para ele, os braços cruzados emitem os sinais corretos: ele quer se manter na Zona do Perigo.
- **Quando não quiser se envolver.** Alguém deixa você pouco à vontade? Cruze os braços! Se quiser indicar que não está aberto às ideias do outro, bloqueie-o. Isso funciona bem com quem toca demais os outros ou chega muito perto para falar.

SINAL DE CARISMA Nº 3: De frente

John Stockton era um estudante comum que jogava basquete na Gonzaga University. Até que, em junho de 1984, sua vida mudou por completo:[14] ele foi uma surpresa do time Utah Jazz na primeira rodada de convocações da NBA. Foi um choque. Quando o anúncio foi feito, diante de 2 mil torcedores, "fez-se silêncio absoluto. Não se ouvia um pio", noticiou o jornal *Deseret News*.

Mal sabiam eles que Stockton jogaria 19 temporadas pelo Jazz, seria convocado 10 vezes para o time All-Star da NBA, participaria da seleção olímpica masculina dos Estados Unidos e seria considerado pela NBA um dos 50 maiores jogadores de todos os tempos.

O que fez Stockton ter tanto sucesso? Nas estatísticas, um elemento se destaca. Embora tenha se aposentado em 2003, ele ainda detém o recorde de mais assistências de todos os tempos: precisamente 15.806. (Jason Kidd vem em segundo lugar, mas bem longe, com 12.091.)[15]

No basquete, assistência é quando o jogador faz um passe que permite a um colega de time marcar a cesta. Se você costuma assistir a jogos desse esporte, é provável que já tenha visto milhares de assistências. Mas aposto que você não sabe que há um sinal não verbal importantíssimo nas assistências. Stockton o usava com primor: defrontar-se.

Defrontar-se é virar o corpo para indicar atenção.[16] Mais especificamente, viramos os pés, o tronco e a cabeça na direção do objeto ou da pessoa em que estamos prestando atenção. A orientação física assinala aos outros nossa orientação mental. Defrontar-se é um ótimo sinal para saber em que alguém está pensando.

Quando estamos prestes a ir embora de algum lugar, viramos os pés para a saída.[17]

Quando duas pessoas discutem, todo o corpo delas se alinha, como se pés, quadris e ombros estivessem em linhas paralelas.

Quando estamos com fome, é comum nos virarmos para o bufê.

> ⭐
> **DICA DIVERTIDA**
> ### Crushes e chefes
>
> Observando festas de fim de ano em empresas, minha equipe e eu notamos que os pés da maioria dos funcionários estavam voltados para a pessoa de cargo mais alto na sala, mesmo que não estivessem falando com ela. Quer saber quem as pessoas realmente respeitam? Observe seus pés.
>
> Também tendemos a apontar os pés para nosso interesse romântico, para a pessoa que nos atrai. Se nossa cabeça pensa em alguém, os pés seguem fisicamente nessa direção.

Do mesmo modo, as pessoas *não* se defrontam quando não estão prestando atenção. Se estiverem mais interessadas num e-mail do que na apresentação, mantêm o corpo, os pés e a cabeça virados mais para o laptop e só de vez em quando erguem o olhar. Em eventos corporativos e afins, se não estiverem muito interessadas na conversa, inconscientemente viram um pouco o corpo e os pés para outro lado, na esperança de escapar. Num encontro romântico desagradável, viram o corpo na direção oposta à da outra pessoa, mesmo que apenas ligeiramente.

Uma das diferenças entre os bons e os melhores assistentes de todos os tempos é a capacidade de avisar os outros jogadores, de forma não verbal, de sua intenção de dar o passe. Stockton usava a defrontação para se comunicar com os outros jogadores do time. Diziam que era telepatia. "A gente faz uns passes malucos e o cara pega. Aí dizem: Uau, ele leu os pensamentos do outro", disse ao descrever como fazia os ótimos passes para Karl Malone. Os dois eram chamados de dupla dinâmica.[18]

Se assistir a vídeos de Stockton, você vai notar que, pouco antes de um passe bem-sucedido, ele vira a cabeça para a pessoa para quem vai lançar a bola, depois inclina o tronco e, por fim, se tiver tempo e espaço suficientes, aponta os pés na mesma direção.

Esse método o levou a milhares de assistências bem-sucedidas. Hoje,

Stockton é considerado um dos maiores armadores de todos os tempos.[19] Ele sinalizava aos outros jogadores para onde lançaria. **Sua atenção chamava a atenção dos outros.** Antes mesmo de fazer o passe, Stockton avisava aos outros jogadores, não verbalmente, onde a bola estaria. Você pode estar fazendo o mesmo sem perceber.

Como a defrontação funciona na vida real? De cima para baixo.

Quando algo chama nossa atenção, a princípio viramos apenas a cabeça para lá – fisiologicamente falando, é mais fácil e o corpo consome menos energia. Se continuamos interessados, viramos o tronco, como se nos preparássemos para envolver ou abraçar o objeto de nossa atenção. Por fim, se quisermos dar toda a nossa atenção a algo ou alguém, talvez até nos aproximarmos, viraremos os pés também.

Com todo o esforço envolvido em reorientar fisicamente o corpo, não surpreende que a defrontação seja um sinal não verbal de respeito. É um jeito ótimo de envolver alguém de forma não verbal. Bons líderes dão toda a sua atenção não verbal à pessoa com quem estão no momento. Eles demonstram com o corpo que *Você é tão importante para mim que vou virar todo o meu corpo para você.*

A maneira mais rápida de se mostrar interessado, presente e envolvido em uma conversa é virar todo o corpo na direção da pessoa. **O maior erro que cometemos quando tentamos criar conexão é dar atenção não verbal apenas parcial.** Por exemplo:

- Alguém fala com você e você mal ergue o olhar. "Aham", murmura, sem tirar os olhos do que está fazendo.
- Um colega de trabalho fala numa reunião e você nem se dá ao trabalho de girar um pouco a cadeira ou o corpo na direção da pessoa, concentrando-se nos slides que são projetados na tela à frente.
- Seu marido ou sua esposa chega em casa com ótimas notícias e você continua encarando a TV. "Que bom", você diz por sobre o ombro.

Quer mostrar a uma pessoa que ela é importante? Que você a está escutando? **Virar-se é sintonizar.**

O Dr. Essel mostrava aos pacientes que estava escutando virando-se realmente para cada pessoa na sala. Em *A última ceia*, Cristo é o *único* totalmente de frente para o observador. Os apóstolos estão gesticulando ou um pouco virados para outro lado. Só Cristo está virado para nós da cabeça aos pés.

Defrontar-se é um dos sinais mais fáceis e o que faz mais efeito. É um poderoso sinal de carisma, por duas razões:

1. Facilita codificar e decodificar os sinais não verbais. Afinal, você e a pessoa veem um ao outro da cabeça aos pés.
2. Como aprendemos com o Ciclo dos Sinais, alinhar-se fisicamente facilita entrar no mesmo clima mental e emocional.

Uma das melhores maneiras de usar a defrontação é fazer questão de se virar para a pessoa e se alinhar com ela. Isso é especialmente importante quando você está digitando no computador ao mesmo tempo.

Quando se defronta com alguém, você imediatamente se torna mais carismático. Faça isso na hora do cafezinho, num bar, numa conferência, ao falar com seus filhos. Eu mesma observo que minha filha fica mais calma quando lhe dou toda a minha atenção não verbal me virando para ela.

> ⭐
> DICA DIVERTIDA
> **Incentive a defrontação**
>
> Quer ser abordado num bar ou num evento de networking? Encoste-se no balcão ou numa mesa alta e vire-se o máximo possível para a sala inteira. Isso mostra que você está aberto a interações e funciona como um convite para que venham falar com você.
>
> Quer tomar a iniciativa e puxar assunto com alguém ou um grupo? Fique atento aos pés. Quando estão muito envolvidas na conversa, as pessoas viram o corpo todo na direção uma da outra e seus pés ficam em linhas paralelas. Não interrompa essa conversa! Quando estão abertas a outras pessoas, elas ficam com os pés ligeiramente voltados para fora, como se seu corpo dissesse: "Aqui está bom, mas tem espaço para mais um. Venha!"

> E o oposto? Precisa ser "resgatado" de alguém que não para de falar? Defronte-se com alguém que possa salvá-lo. Isso sinaliza sutilmente o pedido de ajuda.

Não se esqueça de se defrontar também se estiver sentado. Quando alguém na outra ponta da mesa de reunião tomar a palavra, gire a cadeira para ficar com o corpo voltado para a pessoa.

> **Princípio**: Se quiser que alguém se sinta ouvido, aceito e respeitado, vire-se em sua direção.

QUANDO SE DEFRONTAR

- **Para demonstrar respeito e/ou atenção.** Vire o tronco na direção das pessoas que são importantes para você. Cumprimente seu chefe com defrontação total quando ele chegar, defronte-se com seu cônjuge que lhe dá boas notícias, gire sempre a cadeira na direção de quem estiver falando.
- **Para ver o que os outros valorizam.** Observe para onde os pés, o tronco e a cabeça das pessoas apontam. Isso pode ajudá-lo a entender mais profundamente em que elas estão concentradas.
- **No escritório.** Torne a mobília e a arrumação favoráveis à defrontação. Mude cadeiras e mesas de lugar, se for preciso, para facilitar que todos fiquem de frente uns para os outros. Mesas de reunião: as redondas são as melhores. Prefira cadeiras giratórias.
- **Na hora de ir embora.** Às vezes preciso fugir cedo de uma festa. Meu eu ambivertido (uma combinação de introvertido e extrovertido) não é muito carismático depois das 21 horas. Em situações assim, indico casualmente meu desejo de encerrar a conversa me colocando de frente para a porta. Você ficaria surpreso se soubesse quão frequentemente as pessoas entendem esse sinal sutil.

QUANDO NÃO SE DEFRONTAR

- **Quando quiser impedir distrações.** Se estou muito concentrada em algo e quero sinalizar de modo educado que não me interrompam, não me defronto.
- **Quando alguém se abre demais.** Alguém já vomitou verbalmente em cima de você? Ou lhe contou informações pessoais que você gostaria de não ter ouvido? Se achar que a pessoa está exagerando, pare de se defrontar! Você lhe deu abertura demais. Virar-se é enviar um pedido educado para que ela pare.
- **Quando não tiver tempo ou espaço.** John Stockton fez milhares de passes bem-sucedidos sem antes se defrontar plenamente. Às vezes ele só tinha tempo para olhar rapidamente ou virar a cabeça. E isso também funciona quando você tem pouco tempo. Sem dúvida, é melhor do que não se virar.
- **Quando precisar ser discreto.** Algumas ótimas assistências de Stockton foram dissimuladas: ele *deliberadamente* não se defrontou porque não queria que o adversário percebesse. Se quiser esconder seu foco de atenção e suas intenções, não se defronte.

SINAL DE CARISMA Nº 4: Use o espaço com inteligência

– Ela quer dar um oi para você. Está com o namorado novo – diz Jerry Seinfeld.

– Como ele é? – pergunta a mãe dele.

– Legal. Mas é um falapertinho.[20]

– Um o quê? – pergunta a mãe.

– Você vai ver.

Alguns minutos depois, o novo namorado de Elaine entra no apartamento de Jerry e fala com as pessoas a 10 centímetros de distância. Embora praticamente respire na cara dos outros, o "falapertinho" não percebe que comete essa gafe social.

Esse episódio de *Seinfeld* lança luz sobre um sinal não verbal importantíssimo: o **espaço pessoal.**

O antropólogo especialista em pesquisa transcultural Edward T. Hall aponta que há regras tácitas em relação à distância que as pessoas mantêm entre si. Nós, seres humanos, nos orientamos no espaço com base em como nos sentimos em relação aos outros presentes no ambiente. **Quanto mais íntimos somos de alguém, mais perto fisicamente deixamos que chegue.**

Hall concluiu que usamos a distância física para sinalizar graus de intimidade. Em outras palavras, você pode decodificar como alguém se sente a seu respeito a partir da distância que ele mantém de você. E pode fazer o mesmo para *codificar* como se sente a respeito de alguém.

Outras pessoas entram e saem o tempo todo de nossa bolha espacial pessoal. Hall identificou quatro bolhas, ou melhor, zonas.[21] Embora cada pessoa e cada cultura tenham preferências específicas relativas ao espaço, veremos aqui algumas médias. Há quatro áreas em torno do corpo onde gostamos de interagir com as diversas categorias de pessoas: (1) a zona íntima, de 0 a 50 centímetros do corpo; (2) a zona pessoal, de 0,5 a 1,20 metro; (3) a zona social, de 1,20 a 2 metros; e (4) a zona pública, mais de 2 metros.

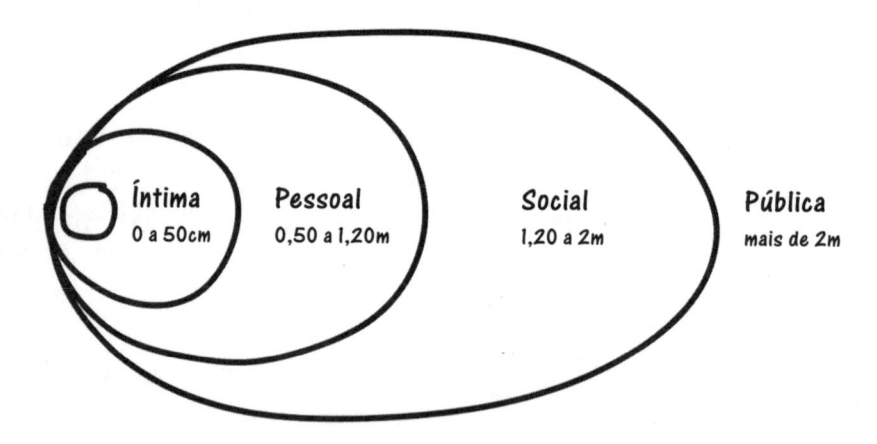

1. **Zona íntima:** Apenas pessoas em quem confiamos muito podem chegar assim tão perto, porque nosso corpo fica vulnerável. A essa distância, a pessoa pode apenas estender o braço e nos tocar, nos beijar, nos dar um soco ou nos tirar alguma coisa. Normalmente nos sentimos desconfortáveis quando alguém entra em nossa zona íntima sem nossa permissão tácita.

2. **Zona pessoal:** A mais usada. Nela, podemos facilmente estender o braço e apertar a mão de alguém. Quando falamos com colegas de trabalho, amigos e familiares, essa distância nos permite ouvir facilmente a outra pessoa e trocar gestos de familiaridade, como tocar seu braço ou seu ombro.
3. **Zona social:** A mais usada em interações comerciais e profissionais que não exigem toque nem envolvem assuntos delicados. Muito comum em festas, bares e mesas de reunião.
4. **Zona pública:** Nos dá espaço suficiente para descobrir as intenções da pessoa antes que ela se aproxime. A mais de 2 metros de distância, conseguimos ver o corpo inteiro da pessoa, seus gestos e sua postura. Ela pode acenar ou fazer outro gesto na zona pública para ser convidado a se aproximar.

Não sabe direito como alguém se sente a seu respeito? É uma preocupação compreensível. Hoje em dia, há várias categorias de relacionamento: contatos virtuais, amigos de redes sociais, amigos de infância, amigos de amigos, inimigos, amigos do trabalho, etc. É difícil saber em que pé estamos com alguém. Uma dica: fique parado e veja até onde a pessoa se aproxima. Se entrar diretamente em sua zona pessoal, provavelmente ela se sente muito à vontade com você e quer ter mais contato. Caso ela pare ou se sente mais longe, mantendo-se na zona social (ou mesmo só acene ou cumprimente com a cabeça na zona pública), provavelmente precisa de mais tempo para se aproximar. Se chegar à sua zona íntima, fique atento! Provavelmente a pessoa quer ficar *muito* íntima – em termos físicos ou emocionais.

Num estudo, pesquisadores fizeram um comentário negativo (algo como "Sua letra é feia") a alguns participantes[22] e constataram que eles se sentavam mais longe do pesquisador "grosseiro". Previsível, não é? Queremos manter distância de pessoas que nos parecem ameaçadoras. Nos negócios, nem sempre sabemos quem tem sentimentos negativos em relação a nós, mas o modo de utilizar o espaço nos dá pistas.

> ⭐
> **DICA DIVERTIDA**
> ### Espaço em vídeo
>
> Um dos maiores erros que cometemos em videoconferências é chegar perto demais da câmera. Isso é invadir o espaço íntimo dos outros. Fique sempre a mais de meio metro da câmera, de modo que sua cabeça, seus ombros e seus gestos sejam visíveis. Assim que você fizer isso, as outras pessoas se sentirão mais à vontade.

O próprio Da Vinci devia ter um conhecimento instintivo dessas zonas. Ele pintou *A última ceia* usando o espaço como sinal de aliança. Religiosos argumentam que os apóstolos mais próximos de Cristo também estão mais próximos dele à mesa.[23] O interessante é que Da Vinci escolheu não pôr ninguém no espaço íntimo de Cristo.

Se esboçarmos as zonas espaciais de *A última ceia*, veremos como os apóstolos se classificam em termos de intimidade.

Isso também tem aplicações modernas. Pense em sua sala ou sua mesa de reunião. Onde você se senta?

```
PORTA
┌─┐      ┌─┐ ┌─┐ ┌─┐ ┌─┐
│F│      │D│ │D│ │D│ │C│
└─┘      └─┘ └─┘ └─┘ └─┘
┌─┐     ┌──────────────────┐ ┌─┐
│F│     │E                 │ │A│
└─┘     │                  │ └─┘
        └──────────────────┘
         ┌─┐ ┌─┐ ┌─┐ ┌─┐
         │D│ │D│ │D│ │B│
         └─┘ └─┘ └─┘ └─┘
              JANELAS
```

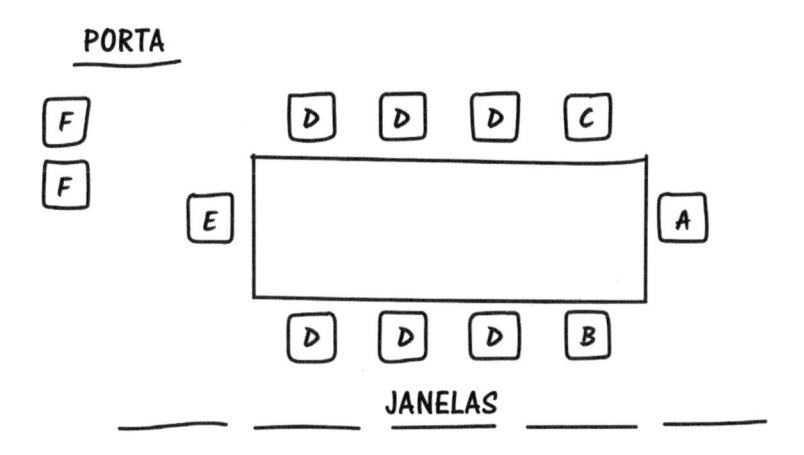

Quanto mais fisicamente perto do chefe, melhor a sua posição na equipe. Em geral, o chefe ou quem estiver responsável por conduzir a reunião se senta à cabeceira da mesa, de frente para a porta, na posição A (às vezes o chefe se senta na posição E, à cabeceira da mesa, de frente para a apresentação ou o quadro-branco).[24] Esse lugar sinaliza, inerentemente, alta competência, por ser o mais afastado de todos mas também o de maior visibilidade.

Em geral, as pessoas que se sentam nas posições B e C são consideradas os principais pontos de apoio de quem detém o poder. Dessa maneira, são lugares ricos em amabilidade. Uma pesquisa da Universidade Cornell constatou que **quanto mais perto fisicamente, mais íntimo você se sente de alguém**.[25] Nas posições B e C, você pode se inclinar e acessar o espaço pessoal do chefe, mostrar documentos, cochichar ideias e até tocá-lo. Nesses lugares, é mais provável que sua opinião seja ouvida por ele, mesmo que todos os presentes falem ao mesmo tempo.

O Dr. Richard Winters, da Clínica Mayo, diz que essas são posições de flanco. "Quando se senta nessa posição, você consegue interferir no desenrolar da reunião com contribuições. Pode chamar a atenção dos outros para determinados tópicos, ou o inverso", explica Winters.

Quanto mais longe de quem conduz a reunião, menos você é reconhecido ou consultado. Os assentos intermediários (posições D) geram menos contato visual e menos tempo de fala, simplesmente pela natureza da mesa de reunião. **Sentado na lateral, é mais provável que você fique no banco**

de reserva. Mas nem sempre isso é ruim. Se quiser simplesmente ouvir as discussões ou tomar notas numa reunião, uma posição intermediária é um ótimo lugar para absorver tudo sem chamar atenção.

Dica especial para os lugares intermediários: você precisa usar bastante a defrontação e a inclinação do corpo. Vire-se para quem estiver falando para mostrar respeito e envolvimento na discussão. Você também pode se inclinar para a frente a fim de demonstrar apoio. Caso se veja forçado a ocupar um assento intermediário, esteja preparado para falar alto se quiser ser ouvido.

E sentar-se longe do chefe, mas diretamente em sua linha de visão? A posição E (ou o assento oposto à posição em que estiver o chefe) é uma escolha interessante. Caso se sente ali, é melhor ter muito a dizer. Sim, é ótimo ficar nos lugares B e C, mas a proximidade não é a única questão a considerar. Também é bom pensar na linha de visão. O lugar E é o único que permite defrontar-se plenamente com o lugar A. Se quiser ficar gravado na mente do chefe ou planeja falar muito, procure se instalar na posição E.

Esse é outro lugar de alta competência. Se o escolher, não se esqueça de calibrar o carisma aumentando os sinais de amabilidade. Transmita mais apoio, de modo verbal e não verbal. Sorria mais, concorde com a cabeça nos momentos apropriados, dê mais feedback de incentivo.

Dica especial: às vezes, quando duas pessoas conduzem uma reunião, elas podem ocupar as duas extremidades da mesa. É uma maneira ótima de mostrar fisicamente um ponto de vista equilibrado, com informações vindas de ambos os lados.

E os lugares F? Eu chamo de lugares de reserva. Precisa sair mais cedo discretamente? Não quer se pronunciar? Ainda não está bem estabelecido na equipe ou na empresa? Então esse é o seu lugar. É o que fica mais longe da ação. Quando não quiser ser deixado de lado ou se pretende contribuir com algo na reunião, é melhor evitar esses lugares. É difícil para os outros ficar de frente para a pessoa nesses lugares e, geralmente, obriga-os a espichar o pescoço. É um lugar de silêncio.

Em suma: escolha seu lugar à mesa com sabedoria, tendo em mente suas metas sociais. Em algumas reuniões, tenho muito a dizer e quero me colocar no espaço pessoal das pessoas. Em outras, quero apenas observar com certo distanciamento. O lugar que você escolher codifica essas metas.

Do mesmo modo, é possível decodificar o lugar dos outros. Acho que posso saber muito sobre como as pessoas se sentem no trabalho ou na equipe com base no lugar que escolhem.

> ⭐
> DICA DIVERTIDA
> **O formato da mesa importa**
>
> Pesquisadores constataram que o formato da mesa afeta o modo de tomar decisões![26] Eles pediram a 350 participantes que se sentassem a mesas redondas ou retangulares para avaliar anúncios de publicidade.
> Quem se sentou à mesa circular reagiu de forma mais favorável a imagens que mostravam grupos de amigos e familiares ou transmitiam a sensação de participar de um grupo.
> Nas mesas quadradas ou retangulares, os participantes preferiram anúncios que exibiam competição e produtividade.

É essencial estar atento às necessidades espaciais das pessoas em bares, festas e em espaços coletivos de escritórios. Quando entramos depressa demais no espaço de alguém, deixamos a pessoa em alerta. Quando alguém viola nossa necessidade de espaço, ficamos hipervigilantes, o coração se acelera e podemos até corar em resposta à ameaça.[27]

Como saber se é possível se aproximar? **Procure sinais de convite ou de espera para inferir as necessidades espaciais da pessoa.** Também podemos usar esses sinais para codificar *nosso* nível de conforto espacial.

Primeiro, os sinais de convite indicam, de forma não verbal, *Aproxime-se!* Talvez eles lhe pareçam familiares.

- **Defrontação:** Quando alguém nos defronta, significa que está plenamente envolvido de forma não verbal.
- **Abertura:** Quando a pessoa não mantém nem insere barreiras entre ela e você, é um bom sinal de que está aberta a você.

- **Inclinação:** Quando se inclina em sua direção, a pessoa já está tentando se aproximar.

Outros sinais de convite são os sinais de amabilidade que aprenderemos no próximo capítulo, que indicam amistosidade e confiança: sorrir, assentir, espelhar e erguer as sobrancelhas. Se quiser *codificar* proximidade, envie esses sinais de convite. Se quiser saber se pode se aproximar, *decodifique* esses sinais de convite.

Além disso, esteja sempre atento a sinais de espera. Eles indicam *Ainda não estou pronto*. Alguns mais comuns são:

- **Bloqueio:** Quando cruza os braços de repente, mantém o computador na frente do peito ou segura a bebida diante do corpo, a pessoa está tentando interpor uma barreira entre vocês. Recue.
- **Distanciamento:** Se você der um passo à frente e a pessoa der um passo para trás, você se aproximou depressa demais.
- **Autoconforto:** Às vezes, aproximar-se demais deixa os outros ansiosos e eles começam a se tocar. A pessoa pode torcer as mãos, levar a mão ao coração, roer as unhas, etc.

Adivinha só: **você pode usar esses sinais de espera para fazer quem gosta de falar muito perto recuar.** Quando alguém se aproximar demais muito depressa, cruze os braços ou até mostre a mão como um bloqueio.

E lembre-se: quando vir um sinal de espera, vá devagar e invista em criar mais conexão.

O contexto é outro aspecto importante que afeta o modo de usarmos o espaço. Por exemplo, bares, shows e boates lotados forçam as pessoas a entrar rapidamente no espaço íntimo de outras. Essa é uma das razões pelas quais esses espaços facilitam o romance! Eles exigem que as pessoas se aproximem depressa, e muitas vezes o sentimento surge a partir daí.

> ⭐
> DICA DIVERTIDA
> **Espaços pequenos**
>
> Temos rituais tácitos de distanciamento para todos os tipos de espaço público. Num elevador, fala-se pouco, evita-se contato visual e os olhos se fixam nos pés ou em um ponto vazio à frente. É assim que expressamos: *Fui forçado a entrar em seu espaço íntimo, mas não quero intimidade.*

O Dr. Essel tem um problema espacial bem específico: em poucos minutos, ele precisa passar de total desconhecido do paciente a alguém que vai verificar sua frequência cardíaca. Esse é um desafio comum a todos cujo trabalho envolve o toque: dentistas, massagistas, médicos, treinadores, enfermeiros, fisioterapeutas – todos têm que entrar no espaço pessoal dos outros para fazer bem seu serviço.

Alguns sentem aflição só de ler sobre o espaço íntimo. Mas não temam! Tenho uma excelente estratégia não verbal para lidar com o cruzamento rápido das zonas espaciais. Chamo-o de **ponte não verbal**. As pontes não verbais ajudam a levar você aos poucos para mais perto de alguém, invadindo temporariamente uma zona mais íntima.

As pontes são ótimas como aquecimento da intimidade porque, na verdade, você não está levando os pés nem o corpo para a zona de alguém, o que pode intimidar. A ponte não verbal é apenas pôr temporariamente um braço, uma perna ou alguma outra parte do corpo na zona íntima de alguém.

No protocolo de escuta do Dr. Essel, primeiro ele dá um *high five* na criança. É um exemplo perfeito de ponte não verbal. Isso permite que ele avance rapidamente da zona pública para a pessoal e a íntima e volte para a zona pessoal. Em seguida, ele se abaixa ou se ajoelha diante da criança, ficando da sua altura. É um movimento genial, que lhe permite se aproximar de um modo menos intimidador. Enquanto fala com a criança, ele se inclina na direção dela, outra ótima ponte não verbal.

Algumas das minhas pontes favoritas:

- **Inclinação:** Quando nos inclinamos na direção de alguém, mesmo que por cima da mesa, nos aproximamos da próxima zona da pessoa. É um primeiro passo sutil para a conhecermos.
- **Nivelamento:** Já tentou se conectar a alguém que está sentado enquanto você fica em pé? É dificílimo! Tente se pôr no mesmo nível do outro. Adoro autografar livros e conhecer leitores, mas nesses eventos costumo enfrentar um problema esquisito: a mesa. É estranho estar sentada enquanto o outro está em pé e se abre para você. Por essa razão, tento usar mesas altas de bar, para que eu também possa ficar em pé ao lado da pessoa enquanto assino. Se isso não for possível, eu me levanto para cumprimentar a pessoa e apertar sua mão antes de sentar novamente para assinar.
- **Gestos:** Você também pode explorar a gestualidade para entrar rapidamente na próxima zona de alguém. Costumo usar o gesto de "eu e você", no qual minha mão vai brevemente na direção da pessoa. Também posso apontar ou acenar com a mão aberta para a pessoa quando a cumprimento. Desse modo, apenas o braço se aproxima dela, não o corpo todo.
- **Toque:** É um modo de entrar temporariamente na zona íntima de alguém. Você pode estar na zona pessoal ou social do outro, mas, quando estende o braço e aperta a mão dele, toca seu braço, bate com o punho no dele ou lhe dá um tapinha no ombro, você entra por um momento em sua zona íntima. Lembre-se: o toque não é um movimento do corpo inteiro para dentro da zona, só a extensão da mão ou do braço, o que não é tão ameaçador.
- **Objetos:** Entregar um copo d'água, um folheto, um controle remoto ou um prato a alguém (qualquer item que a pessoa queira ou de que precise) também é um modo fácil de entrar temporariamente em sua zona. No programa de TV *Shark Tank*, todos os empreendedores ficam bem longe dos investidores, isto é, em sua zona social. Minha equipe e eu passamos horas incontáveis avaliando 495 discursos de venda do programa e constatamos que os mais bem-sucedidos usam pontes não verbais em partes de sua fala, para se aproximar dos in-

vestidores. Oferecem amostras, fazem os investidores participarem de demonstrações e oferecem o produto que vendem. Às vezes, até fazem um *high five* ou dão um soquinho quando um investidor emite aprovação. Isso leva os empreendedores brevemente para a zona íntima dos investidores sem ser ameaçadores. E muitas vezes ajuda a fechar negócio.

> **Princípio**: Pessoas muito carismáticas sabem fazer uso do espaço para mostrar e incentivar intimidade.

COMO USAR O ESPAÇO

- **Respeite as fronteiras espaciais dos outros.** Só se aproxime fisicamente quando se sentir mais à vontade com isso.
- **Experimente ficar lado a lado,** para testar a zona pessoal ou íntima de alguém. Defrontar-se na zona íntima pode ser excessivo (pense no momento antes do beijo), mas se sentar ao lado de alguém em sua zona íntima pode ser menos intimidador para os introvertidos ou simplesmente para quem não é de se abrir rápido. É por isso que adoro fazer caminhadas com amigos recentes. Acho que andar um ao lado do outro (em nossa zona íntima ou pessoal, mas sem nos defrontarmos) nos conduz mais depressa a conversas mais profundas. Também pode ser por isso que as pessoas despejam sua história de vida no desconhecido sentado ao seu lado no balcão do bar; que os adolescentes se abrem com os pais quando estão no carro; que alguns terapeutas pedem aos pacientes que se deitem no divã para *não* se defrontarem de propósito e, assim, tirar um pouco da pressão da intimidade.
- **Use pontes não verbais para entrar aos poucos nas zonas internas do espaço do outro.** Você pode fazer isso dando folhetos, petiscos, canetas, etc.

> ⭐
> DICA DIVERTIDA
> **Sinta isso**
>
> Há muitas maneiras divertidas de usar pontes não verbais. Quando alguém for à sua casa, entregue-lhe um petisco saboroso ou peça que cheire uma vela perfumada. Quando preparar o jantar, ofereça uma provinha; se estiver vestindo uma roupa macia, convide a pessoa a sentir a textura.

COMO NÃO USAR O ESPAÇO

- **Nunca se aproxime muito depressa.** Observe os sinais de convite. Atenção aos sinais de espera.
- **Não encurrale alguém num canto.** Se já notou que as pessoas quase se encostam na parede quando falam com você, talvez você chegue perto demais.
- **Nunca escolha ao acaso onde vai se sentar.** Seja em reuniões de trabalho, bares ou restaurantes, escolha um lugar que atenda às suas metas sociais.

SINAL DE CARISMA Nº 5: Envolva com o olhar

É possível ler as emoções dos outros só observando seus olhos? Vamos descobrir.

1. Que palavra descreve melhor o que a pessoa na foto está pensando ou sentindo?

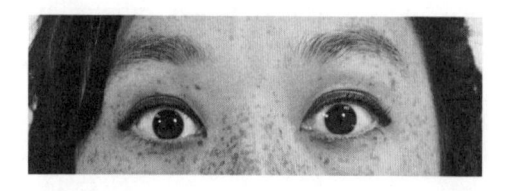

A. Surpresa
B. Medo
C. Ansiedade
D. Estresse

2. Que palavra descreve melhor o que a pessoa na foto está pensando ou sentindo?

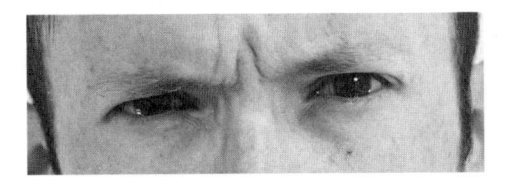

A. Raiva
B. Desapontamento
C. Medo
D. Incompreensão

3. Que palavra descreve melhor o que a pessoa na foto está pensando ou sentindo?

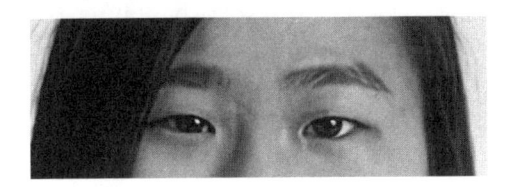

A. Tédio
B. Tristeza
C. Confusão
D. Desprezo

Como foi seu resultado?*

Mais de 15 mil pessoas fizeram esse teste.** A maioria teve dificuldade de identificar as emoções negativas; só 42,2% conseguiram identificar cor-

---

* Respostas: 1-A; 2-A; 3-D.
** Faça o teste RMET completo (em inglês) em: scienceofpeople.com/bonus.

retamente o desprezo na terceira imagem (a maioria escolheu a letra A, tédio). Só 41,3% das pessoas conseguiram identificar a raiva na segunda imagem (a maioria escolheu D, incompreensão).

É uma distância grande! A raiva é completamente diferente da incompreensão e deveria ser tratada de forma diferente também. E, se confundirmos desdém com tédio, deixaremos de ver um sinal negativo (isso aconteceu com Jamie Siminoff no *Shark Tank*). Mas não se preocupe: no Capítulo 6 vamos trabalhar para entender corretamente os sinais da Zona do Perigo.

Esse teste se baseou no Reading the Mind in the Eye Test (RMET, "teste de ler a mente nos olhos").[28] O RMET foi desenvolvido na Universidade de Cambridge pelo psicólogo Simon Baron-Cohen. Ele constatou que os seres humanos são capazes de identificar com precisão o estado interior das pessoas observando apenas seus olhos.

Acontece que o antigo clichê é verdadeiro:[29] os olhos são a janela da alma – pelo menos de nosso eu emocional. Bebês de até 7 meses conseguem decodificar sinais emocionais nos olhos dos adultos.[30] Os olhos oferecem mais informações do que todas as outras partes do rosto.[31] Quando cortam e colam partes diferentes do rosto numa só imagem, os participantes sempre examinam os olhos para identificar a emoção. Em outras palavras, quando veem olhos raivosos ao lado de um sorriso ou uma expressão neutra da boca, sempre julgarão o rosto todo como raivoso.

Ler os sinais dos olhos se tornou uma habilidade importantíssima durante a pandemia de Covid-19. Quando todo mundo usa máscara, só temos a região em torno deles para decodificar emoções.

A maioria das pessoas já ouviu dizer que o contato visual é essencial para a conexão. E é mesmo! Estudos e mais estudos mostram que o contato visual é uma das maneiras mais importantes de conquistar a confiança dos outros.[32] O RMET nos dá outra razão fundamental: **fazer contato visual ajuda a decodificar emoções.**

Você vai notar que esse sinal não se resume ao simples contato visual. É olhar mais do que só os olhos dos outros. A maioria das pessoas não percebe que, quando fitamos alguém, na verdade absorvemos toda a variedade de partes do rosto.[33] No RMET, os músculos e áreas em torno dos olhos são tão importantes quanto os próprios olhos. "Quando olhamos um rosto, nosso olhar dança rapidamente pelos olhos, o nariz, a boca, o queixo e a testa para obter as peças a partir das quais o rosto inteiro é montado na mente", explicam os pesquisadores.

Enquanto fita o rosto de alguém, procure os sinais de emoção nos olhos. Os mais importantes são:

- **Linhas paralelas:** A **testa franzida** se forma quando baixamos e unimos as sobrancelhas, formando dois vincos paralelos. Quando vir isso em alguém, provavelmente é um sinal preliminar de raiva ou irritação.

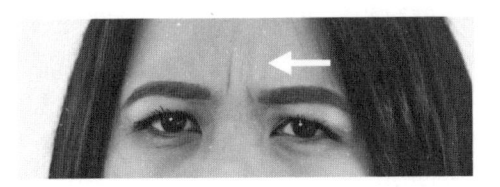

- **Rugas em torno dos olhos:** Talvez você se surpreenda ao saber que o único verdadeiro indicador de felicidade é quando aquelas ruguinhas (os chamados pés de galinha) aparecem no canto externo dos olhos. Quando notar isso em alguém, é porque a pessoa está se sentindo positiva e envolvida.

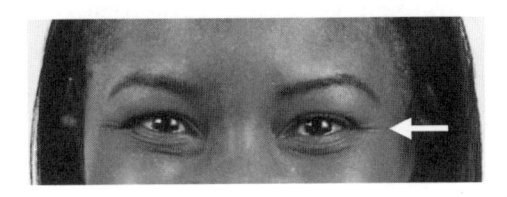

- **Pálpebras caídas:** Quando ficamos tristes, deixamos cair as pálpebras e até olhamos para baixo. Fique atento a olhos caídos de repente, principalmente se forem acompanhados por um olhar baixo. É um sinal preliminar de tristeza (e, às vezes, de cansaço, se vier acompanhado de um bocejo).

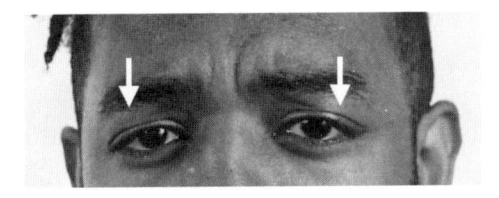

Há outra grande razão para fazer contato visual: ocitocina. Toda vez que você cruza os olhos com alguém, os dois produzem um hormônio importante para a confiança chamado **ocitocina**. A ocitocina tem vários efeitos incríveis no organismo; ela nos ajuda a sentir união e cria confiança. Mas seu efeito mais importante não é tão bem conhecido. **A ocitocina nos torna melhores decodificadores.** O contato visual, além de ótimo para a conexão, ajuda a identificar e interpretar melhor os sinais dos outros.[34] Pesquisadores constataram até que dar aos participantes de um estudo uma borrifada nasal rica em ocitocina fez com que eles se saíssem melhor no RMET!

Mais um benefício surpreendente do contato visual: ajuda a sincronizar a atividade cerebral. Pesquisadores usaram scanner cerebral para observar a atividade neuronal enquanto os participantes interagiam.[35] Descobriram que, quanto maior a quantidade de olhar mútuo, mais as ondas cerebrais dos participantes se sincronizavam. Quer que alguém entre em sintonia com você? O olhar pode literalmente ajudar vocês a se sincronizarem mentalmente.[36] É por isso que, desde o nascimento, os bebês preferem olhar rostos que se envolvam com eles no olhar mútuo. Quando têm 4 meses, o cérebro apresenta aumento de atividade neuronal quando recebe contato visual direto em vez de ver alguém olhando para outro lado.[37]

⭐

FATO DIVERTIDO
A direção do olhar

Já notou que muitos líderes usam fotos olhando para o alto e a direita? Pesquisadores descobriram que, nas culturas ocidentais, essa pose está associada a disposição, sucesso e mente voltada para o futuro.[38] Quer parecer um herói? Olhe para o alto e a direita nas fotos.

O olhar é um sinal de atenção. Observamos o olhar dos outros para saber em que ou em quem estão prestando atenção. Estão nos olhando?

Ótimo, assim nos sentimos importantes. Na conversa, prestamos atenção na direção do olhar dos outros para saber de quem é a vez de falar.

Também observamos o olhar dos outros para saber o que *deveríamos* estar olhando. Minha equipe e eu descobrimos que, quando acrescentamos ao nosso site sinais para guiar o olhar, ajudamos os usuários a encontrar o que desejam. Por exemplo, quando acrescentamos ao cabeçalho uma imagem em que estou olhando para baixo, os visitantes do site são incentivados a descer a tela e continuar lendo para obter suas respostas.

Alguns anos atrás, começamos a oferecer aos visitantes um áudio gratuito sobre simpatia para baixarem. Achamos que milhares de pessoas baixariam o arquivo, mas, algumas semanas depois, ficamos desapontados porque os downloads não tinham sido tantos quanto gostaríamos. Foi quando um aluno nos disse que nem tinha visto o novo guia! Então acrescentamos uma imagem em que eu apontava e olhava a oferta. Deu certo! Esse sinal ajudou a indicar às pessoas que olhassem para o lado e percebessem o recurso oferecido.

Princípio: Use o olhar com propósito.

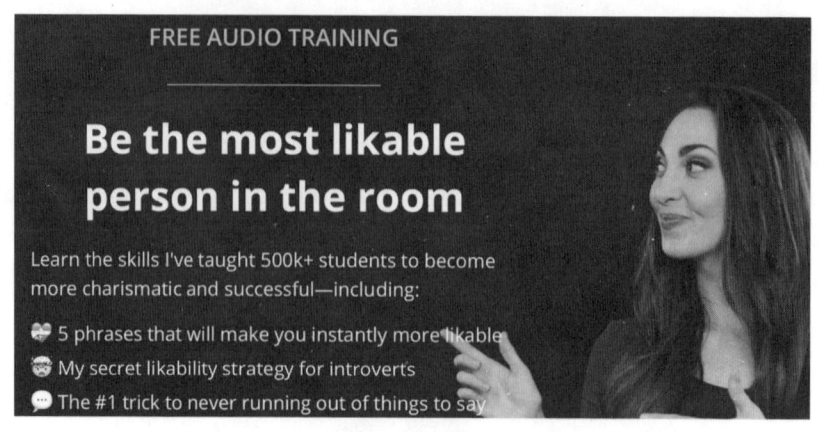

> **FREE AUDIO TRAINING**
>
> **Be the most likable person in the room**
>
> Learn the skills I've taught 500k+ students to become more charismatic and successful—including:
>
> 😊 5 phrases that will make you instantly more likable
> 😎 My secret likability strategy for introverts
> 💬 The #1 trick to never running out of things to say

ÁUDIO DE TREINAMENTO GRATUITO
Seja a pessoa mais simpática da sala
Aprenda as habilidades que ensinei a mais de 500 mil alunos e seja mais carismático e bem-sucedido com:
- 5 expressões que deixarão você instantaneamente mais simpático
- Minha estratégia secreta de simpatia para introvertidos
- O truque nº 1 para nunca ficar sem ter o que dizer

Estou aconselhando a simplesmente fazer mais contato visual com todo mundo o tempo todo? Claro que não. Quero que você use o olhar com propósito.

COMO OLHAR

- **Olhe com intenção.** Não apenas olhe, procure. Procurar emoções dá direção e propósito ao contato visual. Quando falar com alguém, procure no rosto da pessoa sinais de como ela está se sentindo e o que está pensando. Isso é muitíssimo competente.
- **Olhe em busca de ocitocina.** Evite o contato visual sem vida. Procure aqueles momentos em que seus olhos e os do seu interlocutor se encontram e ficam fixos nesse olhar – e pode ser rápido! Faça isso quando concordar, quando vocês dois rirem ao mesmo tempo ou quando estiver prestando muita atenção. É um modo excelente de produzir ocitocina e reduzir a pressão de ter que fazer contato visual o tempo todo. Faça isso algumas vezes e terá toda a ocitocina necessária. É uma ótima maneira de acrescentar mais amabilidade a uma interação.

COMO NÃO OLHAR

- Há diferenças culturais em relação à dose adequada de contato visual.[39] Todos os seres humanos se beneficiam da ocitocina quando se olham e usam o contato visual para decodificar comportamentos, mas a quantidade de contato visual aceitável difere de uma cultura para outra. Preste atenção nos sinais de convite e de espera para ter certeza de que não está exagerando.
- Tome cuidado para não encarar os outros! Isso assusta. Observe os sinais de espera, como bloqueio, autoconforto ou distanciamento.
- Está lidando com alguém que expõe demais a própria vida? Ou um colega dominante? Ou alguém que interrompe os outros o tempo todo? Não fazer contato visual deliberadamente é uma maneira de calar sutilmente a pessoa que sequestra a conversa.

Lidere com a linguagem corporal

Acabamos de aprender nossos cinco grandes sinais de carisma (e muitos pequenos entre eles): são os sinais não verbais que podem ser usados para transmitir amabilidade e competência. Lembre-se de defrontar-se, manter-se aberto, inclinar-se para a frente, usar o espaço e usar o olhar com propósito.

O Dr. Essel usa todos esses cinco sinais para se conectar de modo genuíno com seus pacientes.

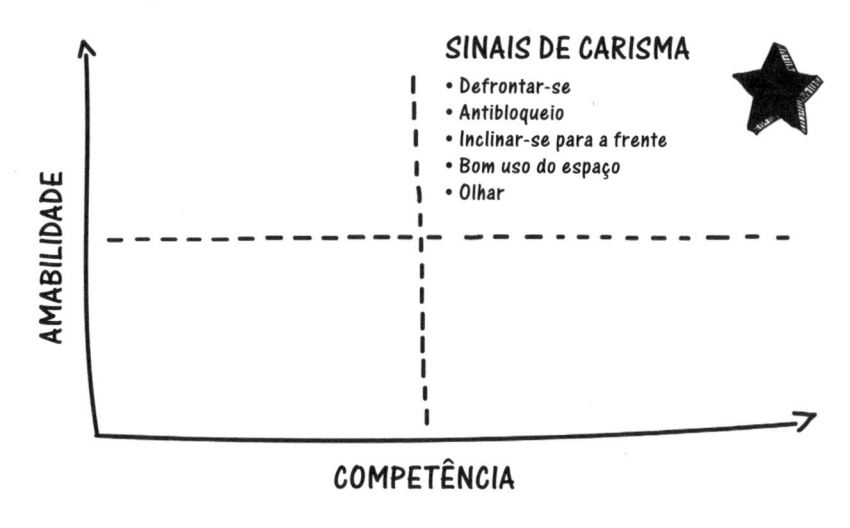

SINAIS DE CARISMA
- Defrontar-se
- Antibloqueio
- Inclinar-se para a frente
- Bom uso do espaço
- Olhar

(Gráfico: eixo vertical — AMABILIDADE; eixo horizontal — COMPETÊNCIA)

Ele diz: "Gosto de estabelecer uma relação com as famílias. Uma das coisas que tento fazer é ter certeza de que meu ponto de vista e minha postura estejam corretos. Estou numa jornada com as famílias. Estou andando ao lado delas. Quero saber quem são dentro e fora da clínica."

Ele indica seu ponto de vista de forma verbal e não verbal. "Quando interajo com as famílias, meu posicionamento é fundamental. Me coloco no nível delas. Não fico de pé, olhando-as de cima", explica Essel.

Ele quer que as famílias saibam de uma coisa: "Estou aqui para servir e ajudar." Ao manter uma postura aberta, Essel incentiva os pacientes a se abrirem mais. Quando vira o corpo na direção deles e se coloca em seu nível, eles sentem que estão em pé de igualdade. Assim Essel consegue ajudar da melhor maneira possível e os pacientes recebem a ajuda de que precisam.

Líderes verdadeiramente carismáticos entram em todas as interações com sinais que os ajudam *e* ajudam as pessoas com quem estão.

DESAFIO DO CAPÍTULO

É importante experimentar cada sinal não verbal para sentir como é. Se quiser, use esta Tabela de Sinais para acompanhar seu aprendizado. Você também vai encontrar uma Tabela de Sinais em branco no fim do livro.

A coluna Decodificar é para que você acompanhe sempre que *identificar* um sinal. Quando eu estava aprendendo sobre o assunto, descobri que esse é um jeito divertido de ver o sinal em ação antes de experimentar usá-lo.

A coluna Codificar é para que você se desafie a experimentar usar o sinal. Anote a data sempre que experimentar um sinal e tente pelo menos em três momentos e três situações diferentes, para ver se realmente funciona para você.

A coluna Internalizar é para que reflita sobre como você e os outros se sentiram com o sinal. Ficou confiante ao usá-lo? Precisa aprimorar alguma coisa? Essa é uma boa autoverificação. A seguir estão alguns pontos a observar antes de preencher.

A Tabela de Sinais é ótima para acompanhar cada sinal e seus possíveis usos e ajudá-lo a atingir suas metas de carisma.

SINAL	DECODIFICAR	CODIFICAR	INTERNALIZAR
Defrontar	Você nota quem se coloca totalmente de frente para você? E quem não o faz?	Experimente defrontar-se com todo mundo com quem falar hoje.	Como você sente a defrontação quando é outra pessoa que faz com você? E quando você faz com outra pessoa?
Antibloqueio	Alguém bloqueia você frequentemente com braços cruzados ou um objeto?	Experimente usar a linguagem corporal aberta com todo mundo com quem falar hoje.	Como você se sente quando alguém o bloqueia? Melhora quando você remove uma barreira de propósito?
Inclinar-se para a frente	Quem se inclina para mais perto quando você fala?	Experimente se inclinar para a frente quando concordar com alguém.	Você gosta quando as pessoas se inclinam em sua direção?
Bom uso do espaço	Preste atenção em como as cinco pessoas mais importantes da sua vida usam o espaço. Que zonas de espaço elas usam?	Como indicar suas intenções usando o espaço? Experimente quando estiver à mesa na próxima reunião.	Qual é a SUA preferência em relação ao espaço pessoal? Que zona você prefere usar?
Olhar	Você conhece alguém que trava o olhar com você? Como você se sente?	Experimente travar o olhar com alguém. Como você se sente?	Você se sente à vontade em fazer contato visual? Isso pode explicar muito sobre seu lugar na Escala do Carisma.

CAPÍTULO 4

O FATOR UAU

Em setembro de 1953, dois homens tiveram apenas dois dias para traçar um plano para um discurso de vendas inovador daquele que, um dia, se tornaria o lugar mais feliz da face da Terra.[1] Em sua proposta, Walt Disney e Herb Ryman escreveram: "Nestas páginas apresenta-se um vislumbre desta grande aventura [...] uma prévia do que o visitante encontrará na DISNEYLÂNDIA." Quase sete décadas depois, cerca de 51 mil pessoas visitam a Disney *por dia*. Hoje existem 12 parques da Disney pelo mundo.[2]

A meta original de Disney de levar felicidade às pessoas é o princípio operacional subjacente que se mantém até hoje. A Disney o chama de "fator Uau".

Encantar os visitantes não é apenas atender a essa elevada expectativa, é excedê-la. Todos os funcionários dos parques Disney trabalham com uma exigência principal: "Todo visitante é tratado como VIP, ou seja, uma pessoa muito importante e *única*."

Como eles fazem isso? Não é só com uma atitude prestativa e proativa, mas também com um conjunto específico de comportamentos não verbais. É isso mesmo. A Disney University ensina a cada pessoa que trabalha nos parques, dos zeladores às princesas, os sinais não verbais a usar com os visitantes.[3] E todos incorporam o máximo de amabilidade.

Esses pequenos sinais de amabilidade podem parecer insignificantes, mas para a Disney são uma parte importante do "uau" da experiência, inserido na própria essência do que significa visitar um parque da Disney. "É dessa infinidade de pequenos 'uaus', que parecem bem insignificantes na hora, que depende o serviço de qualidade. Quando os pequenos 'uaus' surgem com constância e continuidade, eles se somam e formam um grande UAU!" Também é assim com os sinais não verbais de amabilidade em nossas interações.

Cada sinal de amabilidade acrescenta um pouquinho mais de confiança a cada pessoa cada vez que vocês interagem. Cada momento de amabilidade fortalece os laços entre cliente e empresa, cliente e vendedor, gerente e funcionário. Para a Disney, esses pequenos uaus resultaram numa taxa de 70% de retorno. Isso é realmente mágico.

Sinais de amabilidade criam fidelidade. Nos sentimos atraídos pelas pessoas que nos encantam.

Os sinais de amabilidade também são poderosos por criar um **efeito de halo**. Se você tiver amabilidade *e* for confiável, as pessoas terão mais confiança em tudo que estiver ligado a você, da personalidade ao escritório, do serviço aos maneirismos... até o sotaque.

Em um estudo, pesquisadores pediram a dois grupos de participantes que assistissem ao vídeo de um professor dando aula com sotaque.[4] Um grupo viu o professor ensinar usando muitos sinais de amabilidade, enquanto o outro viu o mesmo professor ensinar o mesmo conteúdo sem esses sinais. Em seguida, pediram aos participantes que dessem nota à simpatia, à aparência física, aos gestos e ao sotaque do professor. Faz sentido que os participantes que viram o vídeo com amabilidade classificassem o professor como mais simpático. Mas eles também classificaram melhor seus outros aspectos: acharam-no mais atraente e gostaram mais de seu sotaque. Quem viu o vídeo sem sinais de amabilidade classificou o mesmo professor como menos simpático, menos atraente e com sotaque irritante! Os sinais de amabilidade criaram um efeito de halo, melhorando tudo que estava ligado ao professor.

Os sinais de amabilidade criam o fator uau em tudo que envolve você. Eles sinalizam confiabilidade, engajamento, inclusão – todos os sentimentos gostosos e calorosos que nos fazem sentir próximos uns dos outros. O uso da inclinação da cabeça, de assentir, levantar as sobrancelhas, sorrisos plenos, toques e espelhamento cria o efeito de halo em torno de você.

SINAIS DE AMABILIDADE
- Inclinar a cabeça
- Assentir
- Erguer as sobrancelhas
- Sorrisos plenos
- Toque
- Espelhamento

AMABILIDADE

COMPETÊNCIA

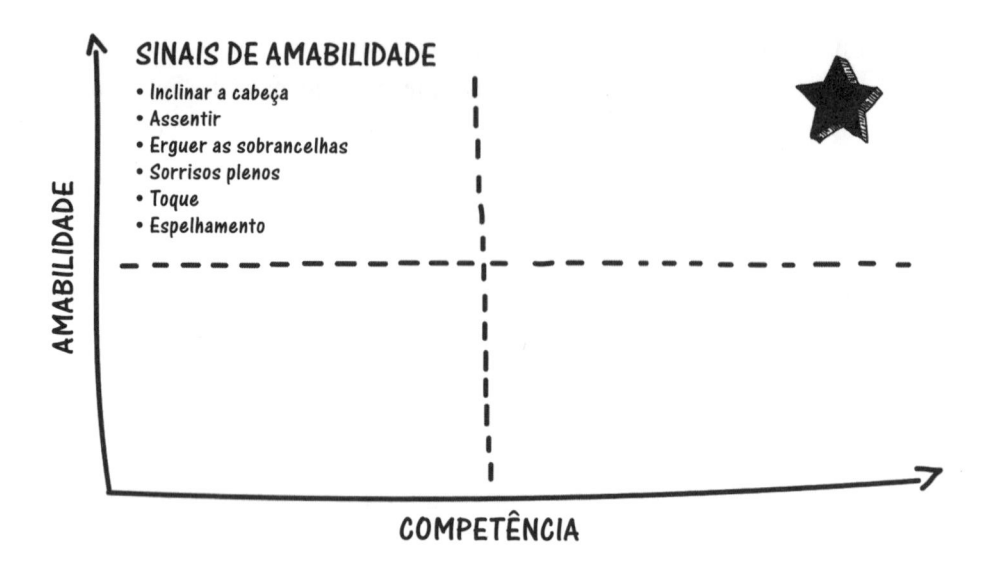

E a melhor parte: aumentar os sinais de amabilidade faz mais do que encantar os outros. Também ajuda você a *se sentir* mais "uau".

Pesquisadores da Universidade de Amsterdam exibiram aos participantes de um estudo um curta-metragem e pediram que o descrevessem.[5] Metade resumiu o filme a um ouvinte positivo, que sorria, assentia e tinha uma linguagem corporal mais aberta. A outra metade contou a história a alguém com um estilo de escuta negativo: a pessoa franzia a testa, curvava os ombros e não assentia.

Os participantes com o ouvinte positivo, além de descrever o filme de forma diferente, na verdade pensaram nele com mais criatividade. Descreveram os pensamentos e emoções dos personagens e incluíram mais opiniões próprias sobre o significado mais profundo do filme. As pessoas com o ouvinte negativo se concentraram apenas nos fatos e detalhes concretos.

Em outras palavras, a linguagem corporal de amabilidade incentiva a criatividade, leva a mais insights e amplia os pensamentos. **Os ouvintes com amabilidade dispararam o Ciclo dos Sinais e inspiraram as pessoas a se sentirem mais encantadas.** A linguagem corporal fria fez as pessoas guardarem para si suas ideias, pensarem de forma limitada e manterem a mente mais fechada.

Vamos aprender os sinais de amabilidade que você pode começar a usar agora mesmo.

SINAL DE AMABILIDADE Nº 1:
Incline a cabeça nas horas certas

Se eu lhe perguntasse "Ouviu isso?", o que você faria?

A maioria das pessoas, quando tenta ouvir algo com mais clareza, inclina a cabeça para o lado, expondo a orelha. Devido a esse gesto instintivo, o **sinal de cabeça inclinada** indica interesse e curiosidade. As pessoas que fazem isso durante a conversa aumentam imediatamente sua simpatia e, portanto, seu fator uau.

A inclinação da cabeça é um indicador literal de "Quero muito ouvir o que você tem a dizer". Ou "Caramba, que interessante, me conte mais". Em geral, é acompanhada por um "uau" verbal.

Pesquisadores acham até que a inclinação da cabeça está relacionada à nota mais alta de atratividade. Por quê? Gostamos que nossos possíveis parceiros sejam bons ouvintes (e é claro que isso melhora nossa autoimagem).[6]

Dê uma olhada em suas fotos. Você inclina a cabeça? Se usa aplicativos de namoro, quantas fotos suas estão com a cabeça inclinada? Quando os pesquisadores pediram a pessoas que posassem para uma fotografia, quase três quartos inclinaram a cabeça para o lado![7] Instintivamente, sabemos que isso nos torna mais acessíveis.

⭐

FATO DIVERTIDO
Incline a cabeça e sorria

Alguma foto sua tem um sorriso mostrando os dentes e uma inclinação da cabeça? Numa análise, a Career Experts constatou que as fotos de perfil desse tipo no LinkedIn são consideradas as melhores.[8]

O que os famosos quadros *Moça com brinco de pérola*, de Johannes Vermeer, *O beijo*, de Gustav Klimt, e *O nascimento de Vênus*, de Sandro Botticelli, têm em comum? Isso mesmo: as mulheres retratadas estão com a cabeça inclinada. Um grupo de pesquisadores ambiciosos examinou 1.498

quadros dos séculos XIV ao XX em busca desse sinal.[9] Ele estava presente em quase metade das obras.

É aqui que a inclinação da cabeça fica ainda mais interessante. Os pesquisadores notaram diferenças de inclinação da cabeça em determinados quadros. Especificamente, **a função social da pessoa permitia prever o grau de inclinação.** Quanto mais alta a posição social, *menos* a cabeça se inclinava. O que isso nos diz? Inclinar a cabeça é uma das maneiras mais rápidas de mostrar amabilidade, além de servir de gesto de apaziguamento e comportamento conciliador.[10] Por quê? Porque expõe uma parte muito vulnerável do corpo: as artérias carótidas, que passam pelos lados direito e esquerdo do pescoço e levam sangue ao cérebro.[11]

Pense na inclinação da cabeça como um cobertor elétrico. Ele nos aquece instantaneamente, mas em excesso pode queimar. E é um ótimo jeito de aquecer interações frias.

Precisa dar más notícias? Incline a cabeça para mostrar que está ouvindo e que está ali para ajudar.

Dizem que você é frio, intimador ou inacessível? Inclinar a cabeça pode deixá-lo mais suave e incentivar os outros a se abrirem com você.

> **Princípio**: Inclinar a cabeça de lado mostra interesse, curiosidade e suavização.

QUANDO INCLINAR A CABEÇA
- Para mostrar interesse e atenção.
- Para dar más notícias.
- Para ser considerado mais amável.
- Para incentivar o outro a se abrir.

QUANDO NÃO INCLINAR A CABEÇA
- Quando quiser parecer poderoso.
- Quando quiser desestimular alguém a falar. Sabe quando a pessoa fala sem parar? Ou não termina nunca a reunião? Não incline a cabeça!

- Quando já estiver com um nível elevado de amabilidade, inclinar a cabeça dificultará voltar à competência, portanto use esse sinal com moderação.

SINAL DE AMABILIDADE Nº 2: Faça que sim

O jogador Alex Rodriguez, da Major League Baseball americana, jogou 22 temporadas e ganhou um total de 441,3 milhões de dólares na liga.[12] Em 2007, foi acusado de doping.[13]

Rodriguez deu uma entrevista a Katie Couric, do programa *Eye to Eye*, sobre o uso de esteroides. Couric perguntou:

– Só para constar, você já usou esteroides, hormônio do crescimento ou alguma outra substância que melhora o desempenho?

– Não – respondeu Rodriguez.

– Já ficou tentado a usar alguma dessas coisas? – insistiu Couric.

– Não – respondeu Rodriguez.

Parece bastante claro, não é? Mas vamos decodificar os sinais não verbais para ler o que há por trás das palavras.

FALANTE	VERBAL	NÃO VERBAL
Couric	– Só para constar, você já usou esteroides, hormônio do crescimento ou alguma outra substância que melhora o desempenho?	
Rodriguez	– Não.	A cabeça faz que sim. Microexpressão de desprezo.
Couric	– Já ficou tentado a usar alguma dessas coisas?	
Rodriguez	– Não.	Olha para a direita. A cabeça faz que não.

Os movimentos da cabeça denunciaram Rodriguez. Movimentar a cabeça para cima e para baixo é um sinal não verbal de sim. Quando vamos mentir, geralmente ensaiamos a fala, mas esquecemos os sinais não verbais. E foi exatamente isso que aconteceu com Rodriguez. Quando lhe perguntam sobre o uso de drogas, sua *fala* diz não, mas seu *corpo* diz sim.

Ele também deixou passar uma expressão facial de desprezo ou desdém, a elevação de um dos lados da boca.

Rodriguez talvez tenha sentido desprezo por Couric, que lhe fazia perguntas difíceis. Ou por si mesmo. É comum que, ao mentir, a pessoa demonstre desprezo pelo próprio ato, porque sabe que pode lhe trazer consequências ruins. A maioria das pessoas detesta ter que mentir.

Quando Couric pergunta "Já ficou tentado a usar alguma dessas coisas?", Rodriguez olha para a direita e movimenta a cabeça de um lado para outro, um sinal não verbal de "não". Isso é verdade. Afinal, ele não *se sentiu* tentado a tomar drogas, ele *tomou*.

Alguns anos depois, Rodriguez abriu o jogo e admitiu ter tomado esteroides.[14]

Qual é a moral da história? Em geral, as emoções vazam em nossos movimentos de cabeça, que revelam os verdadeiros sentimentos. Se quiser mais controle sobre sua mensagem, é essencial controlar os movimentos de cabeça. O movimento vertical significa sim, concordância, incentivo. O horizontal significa não, discordância e desestímulo.

Fazer que sim e que não é uma das ferramentas de persuasão mais subutilizadas. Em meados dos anos 1990, os advogados começaram a perceber que fazer que sim ou que não causava efeito nos tribunais. Eles observaram que os peritos que depunham costumavam olhar os jurados para ver se faziam que sim. Além disso, descobriram que, quando o jurado assentia com a cabeça, a concordância podia realmente ser contagiosa e contaminar a opinião dos jurados próximos.

Em 2009, pesquisadores decidiram testar a ideia de que falsos jurados que assentissem com a cabeça poderiam mudar a percepção da credibilidade do perito.[15] Os pesquisadores instruíram alguns jurados a só assentir quando o perito falasse. Esse pequeno sinal não verbal poderia mudar a opinião do tribunal? Ah, se podia! O resultado mostrou que o gesto afetou de forma significativa o crédito dado aos peritos e a concordância dos outros jurados com o depoimento. Assentir mudou o voto dos jurados no julgamento.

Assentir é um jeito ótimo de inspirar concordância nos outros. A maioria das pessoas comete o erro de esconder ou sufocar seus sentimentos em reuniões e interações. Quando concordar com algo, mostre.

Veja outro efeito estranho de assentir: você leva a outra pessoa a falar mais... 67% mais. Pesquisadores observaram candidatos sendo entrevistados para cargos no serviço público. Descobriram que, quando o entrevistador assentia com a cabeça, a duração da fala dos entrevistados aumentava 67%.

E se você estiver ao telefone ou o outro não puder ver sua linguagem corporal? Ainda assim vale a pena assentir. Em 2015, depois de uma das minhas palestras, fui procurada por uma mulher muito simpática chamada Nicole Seligman. Ela trabalhava como defensora na linha direta nacional de atendimento a vítimas de violência doméstica. Conversava com pessoas em situações traumáticas ou emotivas. Segundo ela, os defensores são treinados para assentir enquanto ouvem o relato ao telefone. "Embora a pessoa que liga não veja o movimento, o modo como a gente fala e se comporta na chamada será mais empático e caloroso e vai incentivar a pessoa a continuar contando sua história e buscar ajuda", explicou ela. O gesto de assentir gerava amabilidade, tanto para os operadores quanto para quem ligava.

Assentir é o supremo sinal de amabilidade, porque assinala empatia e *provoca* empatia. Quando assente ao escutar alguém que se abre, você incentiva a pessoa a se abrir mais e também se sente mais aberto.

Experimente você mesmo da próxima vez que seu parceiro ou parceira lhe disser algo importante, um colega lhe contar algo pessoal ou quando estiver numa conversa profunda com um amigo.

Assentir faz parte do fator "uau" porque é uma das maneiras mais rápidas de mostrar incentivo e concordância, e gostamos de pessoas encorajadoras e compreensivas.

> ⭐
> DICA DIVERTIDA
> ## O sinal de cabeça masculino
>
> Meus alunos me contaram que os homens têm o costume de fazer um sinal silencioso com a cabeça. Quando veem um conhecido, movem a cabeça para cima. Sem palavras, isso pergunta: "E aí?"
> Quando passa por alguém que não conhece mas quer cumprimentar, o homem move a cabeça para baixo. Sem palavras, isso diz "respeito". Experimente esse código: levante o queixo para os amigos, baixe para os desconhecidos.

Saiba o limite de velocidade

Há um aspecto do movimento de cabeça que é importante não esquecer no uso da técnica: a velocidade. Os melhores são lentos e meditativos. Assentir três vezes e devagar é o melhor. Assentir depressa parece impaciência.

Experimente fazer um exercício comigo. Diga as três frases seguintes lentamente, assentindo a cada uma: "Eu te entendo... Eu te entendo... Eu te entendo."

Você deve se sentir e soar empático, compassivo e bondoso.

Agora diga as três depressa, com um movimento rápido de cabeça para cada uma.

"Eu te entendo. Eu te entendo. Eu te entendo."

Deve parecer e soar corrido, apressado e impaciente. Assentir devagar diz: "Continue, tenho todo o tempo do mundo para você." Assentir depressa diz: "Já entendi, termina logo."

> ### DICA DIVERTIDA
> ### *Cuidado com a cabeça de mola**
>
> Estudos mostraram que as mulheres tendem a assentir mais que os homens.[16] Alguns anos atrás, percebi que, para mim, esse era um grande problema. Eu assentia demais, o que transmitia amabilidade em excesso. Eu parecia uma boneca de cabeça de mola. Era como se concordasse com tudo. Se você tiver esse problema, tente substituir o movimento por uma leve inclinação da cabeça. Ainda traz amabilidade, mas é mais moderado.

Princípio: Faça que sim para ouvir sim.

QUANDO ASSENTIR

- **Para cumprimentar.** Passou por alguém no corredor? Faça um pequeno movimento de cabeça e dê um sorriso. Entrou na videoconferência? Faça que sim e acene.
- **Para apoiar.** Alguém está dizendo algo que lhe agrada ou com que você concorda? Faça que sim com a cabeça.
- **Para incitar.** Precisa que alguém se abra? Quer que alguém continue falando? Tente assentir devagar três vezes.

QUANDO NÃO ASSENTIR

- Para mostrar sutilmente discordância ou descontentamento, procure não assentir. Assim você indica de modo suave que pensa diferente.
- Se já estiver exibindo muitos sinais de amabilidade, evite assentir. Ou, se já assentiu muito, não seja um "cabeça de mola".

---

* Em alguns lugares, como Bulgária, Índia e Paquistão, os gestos com a cabeça têm conotações diferentes. Verifique suas normas culturais.

- Se quiser que alguém pare de falar ou precisa que alguém se cale, evite assentir.

SINAL DE AMABILIDADE Nº 3: As sobrancelhas elevam as expectativas

No programa de TV *Dating in the Dark Australia*, os participantes se encontram às cegas com desconhecidos... em total escuridão. Os participantes podem conversar, se tocar e até se beijar, mas só podem se ver no último episódio, quando acontece a "revelação".

Na revelação, os participantes ficam em lados opostos de uma sala muito escura. Um participante é iluminado de cada vez, de modo que eles não podem ver a reação da outra pessoa à sua aparência. Em casa, vemos os dois com uma câmera especial de infravermelho. Mais adiante no episódio, os participantes decidem se querem continuar juntos.

A melhor parte do programa é ver as reações e expressões naturais da linguagem corporal. Como os participantes estão namorando sem se ver, seus sinais não verbais são puramente instintivos.

Num episódio, um casal promissor (Rob e Kim) entra na sala da revelação. Eles tiveram encontros maravilhosos, conversas profundas e muitos toques.[17]

Rob é o primeiro a ser revelado. "Eu estava muito nervoso. Tremia como vara verde", disse ele. Então a luz se acende.

Kim, do outro lado da sala, o observa. Imediatamente, ela ergue as sobrancelhas e sorri. Depois, cobre a boca e levanta as sobrancelhas outra vez. Sorri timidamente.

A luz de Rob se apaga. Kim ergue *ainda mais* as sobrancelhas.

Kim ergueu as sobrancelhas três vezes em quatro segundos porque gostou do que viu... e queria ver mais.

Se quiser transmitir empolgação, curiosidade e envolvimento numa interação, levante as sobrancelhas. Quando fazemos isso, indicamos que, como Kim, queremos ver mais. É como se quiséssemos tirar as sobrancelhas do caminho para enxergar melhor. Como acontece com todos os sinais de amabilidade, em situações sociais, profissionais e românticas, erguer as sobrancelhas é um sinal social positivo que aumentará seu fator uau. Universalmente, é um sinal de "Estou acompanhando", "Estou ouvindo", "Estou vendo".[18]

Pesquisadores constataram que também erguemos as sobrancelhas para mostrar a intenção de nos comunicar.[19] Isso acontece porque levantar as sobrancelhas aumenta a distância em que é possível o observador notar a direção de nosso olhar.

Em resumo, **erguer as sobrancelhas é um atalho não verbal**. É a maneira mais rápida de transmitir interesse, curiosidade e atenção. Podemos usá-lo como atalho em muitas situações. Por exemplo:

- **Quando buscamos confirmação.** Podemos erguer as sobrancelhas numa pergunta suave: "Isso faz sentido?"[20]
- **Quando escutamos ativamente.** Pesquisadores verificaram que erguer as sobrancelhas pode ser usado para demonstrar concordância numa conversa.[21] Isso é muito útil em videoconferências em que você está com o áudio desativado mas quer mostrar que está participando.
- **Quando queremos enfatizar um argumento.** Quando *você* ergue as sobrancelhas, os outros são levados a prestar atenção e é mais provável que façam contato visual com você. É como se você dissesse: "Escutem isso, vocês vão adorar."
- **Quando ficamos encantados.** É comum erguermos as sobrancelhas quando estamos positivamente enlevados.

Neil deGrasse Tyson ergue as sobrancelhas inclusive para avaliar o conteúdo que deve incluir em seus livros.[22] Quando estava escrevendo *Astrofísica para apressados*, Tyson contava fatos a pessoas em aviões e anotava quando erguiam as sobrancelhas. Não surpreende que as sobrancelhas tenham sido um bom guia: *Astrofísica para apressados* chegou à primeira posição da lista de best-sellers do *The New York Times* quando foi lançado, em maio de 2017.

Tyson achou que até um sinal pequeno como sobrancelhas sutilmente erguidas revela nossa preferência íntima. Com o uso estratégico desse movimento, você também pode demonstrar e revelar rapidamente entusiasmo e amabilidade.

Atenção: esse sinal consiste em erguer as *sobrancelhas*, NÃO as *pálpebras*.

Mostrar o branco dos olhos indica medo. É um sinal negativo. Quando erguer as sobrancelhas, tome cuidado para não erguer as pálpebras também.

E lembre-se de que é um atalho. Não é preciso ser longo. Na maior parte das vezes, será um gesto rápido, de menos de um segundo de duração. Manter as sobrancelhas erguidas por tempo demais vai deixar você com cara de surpresa permanente – isso não é muito legal.

> **Princípio**: Erguer as sobrancelhas é a maneira mais rápida de mostrar interesse e curiosidade e atrair a atenção de alguém.

QUANDO ERGUER AS SOBRANCELHAS
- Para incentivar alguém a se abrir. Você trabalha ou convive com alguma pessoa muito introvertida? Pessoas assim costumam ter dificuldade em expressar suas ideias. Você pode incentivá-las erguendo as sobrancelhas, sinalizando expectativa por ouvir o que pensam sem precisar dizê-lo verbalmente.
- Quando quiser mostrar interesse.
- Para cumprimentar alguém de quem você gosta.

QUANDO NÃO ERGUER AS SOBRANCELHAS
- Se alguém o irrita, evite. Nesse caso, erguer as sobrancelhas só vai incentivar a pessoa a continuar agindo da mesma maneira.
- Não exagere, senão você vai ficar com uma cara de surpresa permanente.
- No Japão, erguer as sobrancelhas indica interesse romântico, portanto, se estiver no país, tome cuidado para não enviar esse sinal em situações profissionais.

SINAL DE AMABILIDADE Nº 4: Sorrisos plenos

Uma afirmação que não vai surpreender ninguém: é 9,7 vezes mais provável que sejamos considerados amáveis quando sorrimos.[23] O **sorriso** é um sinal de pura amabilidade.

Mas o que pode surpreender é que sorrir não demonstra apenas amabilidade e alegria. Também indica envolvimento. **Sorrir nos torna mais memoráveis.** Pesquisadores puseram participantes de um estudo sob observação numa máquina de ressonância magnética funcional e lhes pediram que memorizassem o nome de algumas pessoas enquanto olhavam suas fotos.[24] Alguns rostos sorriam, outros não. Quando os participantes tentavam decorar o nome dos indivíduos sorridentes, seu córtex orbitofrontal, o centro de recompensa do cérebro, se ativava. Em poucas palavras: o cérebro gosta de pessoas que sorriem e faz um esforço maior para recordá-las. Os sorrisos nos encantam porque despertam *nossos* centros de recompensa, e é mais fácil memorizar pessoas e coisas que nos fazem bem.

O cérebro também gosta quando *nós* sorrimos. Pesquisadores constataram que sorrir aumenta o fluxo sanguíneo no cérebro.[25] É um dos poucos sinais não verbais que ativam todo o sistema nervoso e provocam a liberação de hormônios que proporcionam bem-estar. Isso nos dá mais energia e otimismo. Sorrir cria um uau interior e exterior. **Sorrir traz não apenas benefícios sociais, mas também interiores.**

⭐

DICA DIVERTIDA
Ciência do sorriso

Pesquisadores constataram que, para o cérebro, o sorriso pode ser tão compensador e estimulante quanto 2 mil barras de chocolate![26]

Isso significa que eu quero que você ande por aí com um sorriso fixo no rosto? Não! Isso seria forçado. E sorrisos falsos não são nada memoráveis.[27] Há uma diferença importantíssima entre os sorrisos falsos e os reais: os reais não se limitam à boca. A melhor maneira de perceber a diferença entre o sorriso real e o falso é que o real ativa aquelas ruguinhas no canto dos olhos, os pés de galinha:

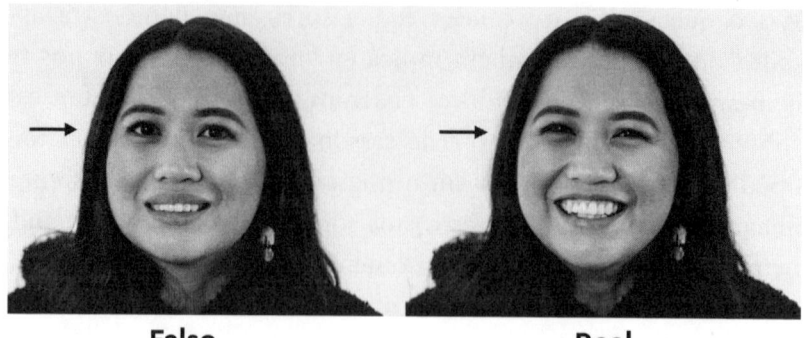

Falso **Real**

Por isso o sorriso real é tão importante: só ele causa impacto. Quando vemos alguém sorrir com autenticidade, nossos próprios músculos responsáveis pelo sorriso são ativados.[28] Na verdade, os pesquisadores constataram que é difícil fechar a cara quando alguém sorri para nós.[29]

Sua amabilidade gera amabilidade nos outros.

É por isso que a Disney ensina a seus funcionários em treinamento: "Comece e termine todas as interações e comunicações com os hóspedes com contato visual e um sorriso sincero."

Sincero significa que não há nada pior que um sorriso falso. Diretamente do manual deles: "Práticas como sorrir, cumprimentar e agradecer aos hóspedes são muito boas, mas, se essas ações consistirem em comportamentos mecânicos e automáticos, sua eficácia fica severamente limitada." Só sorria quando for genuíno. E, se puder, experimente o **sorriso pleno**.

Os sorrisos plenos **levam mais tempo para se espalhar pelo rosto**. Pesquisadores viram que são considerados mais atraentes. Em termos específicos: um sorriso que leva mais de meio segundo dá a sensação de que você está realmente apreciando a presença, a ideia ou a história de alguém.

E sabe a melhor parte? Quando verdadeiro, ele costuma levar ao riso, outro sinal de amabilidade. A maioria das pessoas pensa no **riso** como sinal de humor, indicando que algo é engraçado. Mas rir *com* alguém também é um ótimo jeito de formar laços.[30]

Pesquisadores viram que rir com alguém é um dos melhores catalisadores de conexão.[31] Isso acontece porque o riso é uma experiência positiva compartilhada que também estimula as endorfinas do bem-estar. O riso nos deixa mais abertos *e* nos incentiva a nos abrir.

⭐
DICA DIVERTIDA
Honre todo tipo de humor

Não se sinta pressionado a ser engraçado. É ótimo quando você consegue arrancar risadas, mas é melhor ainda valorizar o humor dos outros. Esteja sempre disposto a rir. Pense no riso como um cumprimento: você está dizendo ao outro que gosta dele.

Princípio: Sorrisos criam e espalham alegria... mas só se forem sinceros.

QUANDO SORRIR
- Não tenha um sorriso fixo no rosto, mas **esteja sempre disposto a sorrir.**
- Comece e termine com um sorriso pleno. Sorrir é especialmente importante assim que encontramos alguém (queremos saber: "Você está mesmo contente em me ver?") e quando concluímos uma interação (queremos saber: "Você gostou do nosso encontro?").
- Quando vir alguém sorrindo, veja se não tem vontade de sorrir também.
- Faça seu sorriso ser visto. Não sorria a portas fechadas nem pelas costas de alguém. Poupe seu sorriso para os outros. Não sorria de alguém, sorria *com* alguém. Sorria assim que ligar a câmera do Zoom ou no momento em que seu olhar cruzar com o da outra pessoa.

QUANDO NÃO SORRIR
- Se já está enviando excessivos sinais de amabilidade, poupe seus sorrisos para os grandes momentos.
- Precisa demonstrar desaprovação? Quer que alguém recue? Não sorria.

SINAL DE AMABILIDADE Nº 5: Um toque de confiança

Já se perguntou por que alguns times têm uma ótima química?

Um grupo de pesquisadores do campus de Berkeley da Universidade da Califórnia quis descobrir e criou um modo engenhoso de assistir aos jogos de basquete em nome da ciência. A equipe compareceu aos três primeiros jogos das finais da NBA da temporada 2008-2009 e contou todas as vezes que a câmera mostrava os jogadores se tocando – dos tapinhas nas costas e no traseiro a ombradas, abraços e mãos na cabeça. **Foi constatado que o time que mais se tocava ganhou mais partidas.**[32]

O Mavericks teve um total de 250 toques, quase o dobro do Miami Heat, que teve apenas 134 toques. Naqueles três jogos, o Mavericks teve 82% mais *high fives*.

No momento em que tocamos alguém ou somos tocados, nossa química muda. O toque estimula a potente ocitocina. Como aprendemos,[33] a ocitocina tem um papel complexo no organismo,[34] e nas interações ela aumenta a confiança, a amabilidade e o entrosamento. **Até pequenos toques (um soquinho no ombro, um tapinha nas costas) produzem ocitocina e incentivam a confiança.**

A ocitocina é a substância química do UAU. É como um aconchego. Já esteve com alguém e sentiu que vocês combinavam? É a sensação da ocitocina. **Estudos e mais estudos mostram que um toque sutil aumenta a confiança em todos os tipos de relacionamento, sejam sociais, românticos ou profissionais.** Também já se demonstrou que o toque faz a pessoa se sentir mais próxima e positiva a respeito de quem toca, seja um amigo, um familiar, um colega de trabalho, um desconhecido ou outro jogador do time. Quando confia nos colegas, você joga melhor, passa mais bolas, acredita que todos fazem sua parte.

A ocitocina também nos ajuda a decifrar melhor os outros.[35] Os mesmos responsáveis pelo estudo do basquete descobriram que quanto mais os integrantes do time se tocavam, mais conseguiam interpretar e mesmo prever o comportamento uns dos outros.

> ### DICA DIVERTIDA
> ### Minha arma secreta
>
> Sou muitíssimo fã de bater a mão aberta. Faço isso com os colegas quando o serviço é bem-feito. Faço com amigos sempre que um de nós conta uma boa piada. Aproveite todas as oportunidades: essa é uma das maneiras mais rápidas e fáceis de se tocar no meio de uma interação.

O toque também ajuda a ganhar mais dinheiro. Pesquisadores realizaram um estudo para saber se um toque simples mudaria o número de gorjetas recebidas por garçonetes.[36] E isso não funciona só com mulheres. Eles descobriram que um toque leve na mão ou no braço aumentava **em 23% a média das gorjetas das garçonetes e em 40% a dos garçons.**

Mais interessante ainda é que o toque aumentou a média das gorjetas dos fregueses *mais jovens* em 62%, mas a dos mais velhos só aumentou em 15%. Os jovens adoram o barato da ocitocina!

Seja estratégico, não ameaçador

Os toques não são todos iguais. O toque é um sinal não verbal que varia de uma cultura para outra. Um estudo chegou a constatar que as nuances do toque são diferentes entre três países europeus muito próximos: França, Holanda e Inglaterra.[37] Em algumas culturas, as pessoas se cumprimentam com beijos no rosto; em outras, se curvam. Em algumas culturas, amigos do mesmo sexo andam de mãos dadas em público. Em certas culturas, os pés são considerados zonas proibidas e vedadas ao toque.

Como agir diante dessa variação? Pense no toque em termos de zonas. Nas culturas ocidentais, as mãos e os antebraços costumam ser zonas seguras e menos íntimas, o que faz dos apertos de mão e dos toques no braço bons sinais de amabilidade em situações profissionais. Para amigos, familiares e outros relacionamentos íntimos, o contato com a parte superior do braço, os ombros, a parte superior das costas (tapinhas) e as bochechas (beijo no rosto) costuma ser bem aceito.

Quando interagir, pense nas zonas de toque, as suas e as das pessoas da sua vida. Quais são suas zonas de conforto? Observe os sinais de convite e de espera. Se tocar demais, com muita rapidez ou intimidade, você verá sinais de espera. Quando o toque é bem-vindo, você verá sinais de convite.

> DICA DIVERTIDA
> **Mentirosos tocam menos**
>
> Precisa de mais uma razão para usar o toque adequadamente? Já foi constatado que tocamos menos os outros quando estamos mentindo. Talvez seja para evitar criar laços com a pessoa.

E quanto às chamadas de vídeo? Às vezes basta mencionar o toque. Quando entro em chamadas de vídeo, digo **"Toca aqui virtualmente"**, estendendo a mão para a tela, ou **"Aqui vai um abraço virtual"**, e "abraço" a câmera. Sempre recebo em resposta uma risadinha de simpatia e sinais de amabilidade, mesmo não sendo possível o toque real.

E se vocês estiverem frente a frente mas não puderem se tocar? Digamos que seja época de gripe ou que haja uma pandemia. O Dr. Essel disse que, na pandemia de Covid-19, ele tocava o cotovelo no dos filhos porque não podiam apertar as mãos. Isso sempre produzia uma risadinha e um pequeno toque. Ele diz também que expressar o desejo de formar laços é importante: "Às vezes falo com eles assim: 'Que pena que não posso apertar sua mão. Gostaria muito. Mas é muito bom ver você hoje.'"

Ele também faz *high fives* no ar e dá abraços sem encostar. A mera ideia do toque gera amabilidade.

> **Princípio**: Toque intencionalmente para gerar confiança.

QUANDO TOCAR
- Quando quiser transmitir amabilidade, proximidade e confiança.
- No começo, no meio e no fim de uma interação. Não basta começar com um aperto de mão e parar por aí. Toque o braço da pessoa para enfatizar um argumento, por exemplo, e termine com um abraço caso se sinta à vontade.

QUANDO NÃO TOCAR
- Quando não se sentir à vontade com alguém ou perceber que a pessoa não se sente à vontade com você. Caso veja sinais de espera, vá com calma.
- Cuidado com o toque condescendente. Não gostamos de receber tapinhas na cabeça, pois nos lembra nossos pais quando éramos crianças.

SINAL DE AMABILIDADE Nº 6: O espelhamento torna você magnético

Eram quatro da madrugada e eu e meu marido, sonolentos, nos preparávamos para uma viagem. Arrastamos as malas até o saguão do hotel e desabamos sobre o balcão da recepção.

– Bom dia! – entoou a recepcionista. – Que dia feliz! – cantarolou ela.

Observei-a com olhos desfocados. Ela se achava uma princesa da Disney? Aquilo era um pouco excessivo para as quatro da manhã.

Então ela pegou o embalo:

– Tiveram uma ótima estada? Espero que sim! Mal posso esperar para que voltem. Vocês têm alguma sugestão a fazer? – E acrescentou, sem esperar resposta: – Querem que eu chame alguém para ajudar com as malas?

– Quero, por favor – respondeu meu marido.

Então ela se virou para o saguão e gritou:

– George? Geooooooorge?!

– Na verdade, não precisa. Nós mesmos levamos, obrigada.

Ela deu um sorriso bem treinado e fez um amplo gesto de despedida, quase derrubando meu copinho descartável de café. Meu marido e eu pegamos as malas e corremos para a porta.

– Espero que voltem! – ela gritou.

Assim que escapamos, meu marido comentou:

– Nossa. Isso foi um pouco DEMAIS.

Há um grande mito sobre encantar os outros. Encantar não é exibir o máximo possível de energia. Encantar não é cegar a pessoa com seu brilho (quem quer isso?). Encantar é colocar-se **no nível *do outro* em vez de forçar o outro a ir para o seu.**

Amabilidade é fazer alguém se sentir bem-vindo. Pode significar ser calmo e sereno com quem está muito estressado. Ou mostrar empolgação com quem está entusiasmado. Ou até ser contemplativo e empático com quem precisa de conselhos.

Até a Disney, o lugar mais feliz da face da Terra, reconhece a necessidade de amabilidade "apropriada" ou comedida. Quando um pai ou mãe não consegue encontrar o filho no parque, não faz sentido que o funcionário da Disney seja só sorrisos e alegria. Nesses casos, os funcionários pegam o caminho mais útil e encantador: assentem, demonstrando compreensão, e se inclinam para a frente a fim de obter mais informações e ser o mais competentes e eficientes que puderem.

O Dr. Essel tem muita consciência disso com seus pacientes. Às vezes ele recebe uma família para uma consulta de rotina e se mostra leve e positivo – faz piadinhas e sorri mais. Quando a criança está doente ou o diagnóstico é difícil, ele muda completamente o comportamento não verbal, a energia e o tom de voz para se adequar à gravidade da situação. "Procuro me adequar ao comportamento da família. Se o clima no consultório é triste e solene, tomo cuidado para não chegar com espalhafato. Tento acalmar a situação e dar atenção a todos", explica ele.

Essa prática não verbal se chama **espelhamento** ou **mímica**. Espelhamos o outro de forma não verbal, com a linguagem corporal e as expressões faciais. Podemos espelhar também vocalmente, com o volume, o tom e o timbre da voz. E podemos espelhar verbalmente, com o tipo de palavra que usamos.

Por sorte, *já* espelhamos o outro nas nossas interações. No Capítulo 2, falei que nossos sinais são contagiosos – que é comum nos "contaminarmos" com o clima e os sinais não verbais das pessoas com quem estamos. Estudos constatam que os seres humanos começam a sincronizar a taxa de piscadelas, os movimentos dos braços e os movimentos do corpo sem sequer perceber.[38]

Os espelhos mágicos

Há diversos benefícios em espelhar as pessoas.

Em primeiro lugar, **espelhar o outro faz você ganhar mais e se sentir bem com isso.** Pesquisadores do MIT acompanharam a quantidade de espelhamento em negociações salariais reais de executivos de nível médio que se transferiam para uma nova empresa.[39] Eles viram que, quanto mais espelhava o outro na negociação, mais o novo contratado elevava seu salário final, de 20% a 30%. As negociações com espelhamento também foram classificadas como mais agradáveis pelo "espelhador" e pelo "espelhado".

Em segundo lugar, **o espelhamento nos torna mais simpáticos e convincentes.** As pessoas que foram espelhadas, mesmo quando não notaram conscientemente, disseram mais tarde que tiveram uma impressão mais favorável de quem as espelhou.

Num experimento, uma equipe de pesquisadores fez um ator parar pessoas nas ruas e lhes pedir que respondessem a uma pesquisa.[40] Em metade das vezes, o ator espelhou sutilmente o comportamento não verbal dos que respondiam à pesquisa. Se a pessoa na rua se inclinava, o ator se inclinava também; se a pessoa cruzava os braços, o ator os cruzava igualmente; se a pessoa tinha uma postura curvada, o ator fazia o mesmo. Na outra metade das vezes, o ator se comportou normalmente.

Mais tarde, os pesquisadores perguntaram aos pesquisados como avaliavam a pessoa que lhes fizera as perguntas. Embora não fizessem ideia do que tinha acontecido, as pessoas espelhadas disseram se sentir emocionalmente mais próximas do pesquisador!

Em terceiro lugar, **o espelhamento ajuda a se sincronizar com alguém porque permite a empatia.** Num estudo, os participantes assistiram a vídeos de casais discutindo[41] e, em seguida, tiveram que adivinhar as emoções dos casais. Os pesquisadores descobriram que a fisiologia dos participantes começou a se sincronizar com a das pessoas que viam. E aí é que ficou ainda mais interessante. Quanto *mais* o corpo do participante espelhava o do casal, *melhor* era a identificação das emoções. Mais uma vez, temos o Ciclo dos Sinais em ação: identifique um sinal, internalize a informação, codifique-o em seu corpo.

Há mais um aspecto importante do sucesso do espelhamento: espelhe o que você quer atrair. Não espelhe a linguagem corporal negativa; isso só vai destacá-la. O espelhamento eficaz combina e enfatiza a linguagem corporal positiva, interessada e envolvente. Isso cria um ciclo de feedback positivo. Se o outro mostrar abertura, você mostra abertura; se o outro continua a aceitar sua abertura, você continua a aceitar a dele. Assim se cria a abertura exponencial!

Cuidado: o espelhamento é tão potente que é preciso ser sutil. Se você sair copiando todos os sinais do seu interlocutor, vai ser assustador. O segredo é espelhar com sutileza; não há necessidade de reproduzir todos os gestos.

> **Princípio**: Sintonize-se com as pessoas por meio do espelhamento: reproduza o positivo, transforme o negativo.

QUANDO ESPELHAR
- Espelhe toda linguagem corporal positiva para mostrar que você está alinhado com alguém.
- Se quiser incentivar a amabilidade, espelhe a amabilidade do outro para lhe dar destaque. Se quiser estimular a competência, espelhe os sinais de competência do outro para enfatizá-los.

QUANDO NÃO ESPELHAR
- Quando se sentir pouco à vontade ou vir um sinal que não lhe parece natural.
- Não espelhe sinais negativos para não estimulá-los.
- Se não estiver alinhado com alguém e quiser que a pessoa perceba isso, não a espelhe.
- Se sentir que está brincando de mímica, você está exagerando no espelhamento. Seja sutil.

Encante a todos

Quando entra num parque da Disney, o visitante é recebido com grandes sorrisos e acenos autênticos. Os membros do elenco assentem quando você pede ajuda e inclinam a cabeça na sua direção quando você lhes faz uma pergunta. Eles demonstram tanto entusiasmo quanto você pela atração. Erguem as sobrancelhas se você lhes disser que é sua primeira vez no parque e dão um *high five* no seu filho. E você pensa: *Uau, este dia vai ser incrível.*

A Disney começa com amabilidade e depois arrasa no know-how. Os sinais de amabilidade são importantíssimos para dar uma primeira impressão encantadora. Regrinha básica: **mostre três sinais de amabilidade nos três primeiros minutos de interação.**

Os sinais de amabilidade podem enfatizar e até substituir palavras amáveis. Veja este resumo:

PALAVRAS AMÁVEIS	SINAL DE AMABILIDADE
"Que interessante."	Erguer as sobrancelhas
"Concordo."	Assentir
"Estou escutando."	Inclinar a cabeça de lado
"Que máximo!"	Inclinar-se para a frente
"Eu respeito você."	Defrontar-se
"Confio em você."	Tocar
"Penso da mesma maneira."	Espelhar

DESAFIO DO CAPÍTULO

Vamos expandir nossa Tabela de Sinais acrescentando esses sinais de amabilidade.

SINAL	DECODIFICAR	CODIFICAR	INTERNALIZAR
Assentir	Você percebe quem assente ao que você fala? Você se abre mais com quem faz isso?	Da próxima vez que quiser que alguém se abra com você, experimente assentir três vezes, devagar.	Quando seu interlocutor não assente nunca ao que você fala, você fica inseguro achando que ele discorda de você?
Inclinar a cabeça	Tente perceber esse sinal três vezes em suas próximas conversas. Sobre o que a pessoa quer saber mais?	Experimente inclinar a cabeça quando precisar dar uma notícia difícil.	Como se sente quando alguém inclina a cabeça enquanto fala com você? E quando é você quem inclina a cabeça, você se sente mais aberto?
Erguer as sobrancelhas	Tente perceber esse sinal três vezes nas suas próximas conversas. O que deixou o outro curioso?	Experimente erguer as sobrancelhas ao cumprimentar alguém. Depois, tente fazer isso quando ouvir algo interessante.	Como se sente ao erguer as sobrancelhas? Tente fazer isso rápido e também devagar. Descubra sua velocidade ideal.

Sorrir	Veja se consegue perceber um sorriso falso numa interação. Depois, tente entender por que não recebeu um sorriso sincero.	Tente não dar sorrisos falsos na próxima semana. Só sorria quando tiver vontade genuína.	Você se sente mais autêntico quando só dá sorrisos genuínos? Gostaria de ter mais razões para sorrir?
Toque	Pense nas três pessoas que você mais vê. Qual é o mapa do toque delas?	Qual é seu mapa do toque?	Que tipo de toque o deixa pouco à vontade? Quem toca você e o deixa pouco à vontade? Estabeleça seus limites pessoais.
Espelhar	Quem mais espelha você? Quem menos o faz?	Tente espelhar alguém de quem você gosta. Tente espelhar alguém de quem não gosta. Há diferença?	Espelhar faz você se sentir mais sincronizado com alguém? Ou o distrai? Só use o espelhamento quando se sentir bem em fazê-lo.

CAPÍTULO 5
COMO PARECER PODEROSO

Richard M. Nixon estava passando por uma fase de azar. A poucas semanas do primeiro debate presidencial americano televisionado, contra John F. Kennedy, Nixon bateu o joelho na porta de um carro e acabou no hospital.[1] Saiu semanas depois, com 10 quilos a menos, gripado, frágil e fraco.

Na segunda-feira, 26 de setembro de 1960, Nixon chegou ao estúdio de televisão com febre baixa e o joelho enfaixado. Ao sair do carro, bateu mais uma vez o joelho machucado, agravando o ferimento.

Infelizmente para Nixon, a situação só piorou no resto da noite. Na verdade, seu desempenho no debate mudou o rumo da eleição, e tudo se resumiu a seus sinais negativos.

A primeira coisa que vemos são os dois candidatos sentados um de cada lado do moderador, Howard K. Smith. Em termos não verbais, não poderiam estar mais diferentes.

jfklibrary.org

1. **Pés de corredor:** Primeiro, olhe como os dois homens posicionaram os pés. Kennedy cruzou as pernas, numa posição relaxada. Nixon exibe um sinal chamado **pés de corredor**, que é quando a pessoa põe um pé para trás, como se estivesse prestes a disparar; os corredores usam essa posição antes de partir. É um sinal de impaciência. Imagine a mensagem passada aos possíveis eleitores se você avisa que está prestes a fugir deles! Hoje sabemos que provavelmente Nixon adotou essa posição para poupar o joelho machucado, mas ele manteve essa postura durante quase todo o debate. A condição ideal numa situação dessas seria se mostrar relaxado, os pés apoiados no chão e apontados para o público... como Kennedy.

    Sua postura calma o fez parecer confiável, forte e confiante.

2. **Mãos cerradas:** Em seguida, dê uma olhada nas mãos dos dois candidatos. No caso de Kennedy, estavam cruzadas no colo. Já Nixon segurava um dos braços da cadeira com força, o punho fechado. É um sinal imediato de ansiedade. À primeira vista, parecia que Nixon se segurava naquela cadeira para salvar sua vida. **Fechamos as mãos com força quando estamos tentando controlar a tensão.** Também fazemos isso quando estamos tentando conter a raiva. É um modo de nos concentrarmos externamente nas emoções internas sem alterar demais a aparência geral, e costuma ser incons-

ciente. Esse sinal fez Nixon parecer, ao mesmo tempo, ansioso e zangado.

3. **Autoconforto:** A mão direita de Nixon descansa no alto da coxa. Esse não é um sinal negativo por si só; na verdade, é positivo manter as mãos visíveis e relaxadas. No entanto, durante o debate Nixon esfregou o alto da coxa constantemente, numa tentativa de se tranquilizar. Quando estamos nervosos, tentamos nos acalmar nos tocando. Fisicamente, dizemos ao corpo que vai dar tudo certo. Podemos torcer as mãos, esfregar a nuca ou, como Nixon, passar a mão nas pernas ou nos braços. Esse sinal, além de distrair o espectador, fez Nixon parecer muito nervoso.

Sabe outra razão para esfregarmos as coxas? Porque nossas mãos estão suadas! Nesse debate, não importa se Nixon estava suando ou não, o fato é que parecia que ele estava secando as mãos na calça. Deselegante... e pouco digno de um presidente.

E tudo isso acontece no primeiro 1,2 segundo... antes mesmo que os candidatos digam uma única palavra.

4. **Direção do olhar:** Então, em dois segundos, antes mesmo que o debate começasse, a situação degringolou. Nixon cometeu um enorme erro não verbal: olhou para a direita. Não parece muita coisa, não é? Do ponto de vista não verbal, foi o beijo da morte do carisma.

Você se lembra de que o olhar é importante para obter confiança e atenção? Quando Nixon desviou os olhos da câmera (e de nós), imediatamente perdemos a confiança. Pior ainda: quando ele olhou para a direita, nos deu vontade de olhar para lá também... para Kennedy! Basicamente, Nixon nos disse, de forma não verbal: "Não olhem para mim, olhem para meu adversário."

E ele manteve essa postura durante 11 segundos! Então alternou constantemente entre as câmeras, Kennedy, o moderador e os repórteres na plateia durante todo o debate. Na época, Nixon tinha o apelido de "Tricky Dick" ("Ricardinho Astuto"), e esse olhar inconscientemente maroto reforçou sua reputação.[2]

Enquanto isso, Kennedy encarava diretamente as câmeras.

jfklibrary.org

5. **Expressão de desprezo:** Em certo momento, o moderador apresentou Nixon e a câmera deu um zoom em seu rosto. Vimos vários sinais rápidos. Primeiro, um movimento impulsivo da cabeça. Nixon virou a cabeça de um lado para o outro e, depois, para cima e para baixo. Então mostrou por um instante uma microexpressão de **desprezo** – a elevação de um dos cantos da boca. Esse sinal negativo indica desdém, escárnio e pessimismo.

Então a câmera passou para Kennedy, que fitava bem à frente, mantinha o rosto calmo e fez um pequeno gesto afirmativo com a cabeça para o público. A diferença entre os dois não poderia ser maior.

Nos 58 minutos seguintes, Kennedy ficou cada vez mais parecido com um vencedor. Calmo, confiante, seguro: tudo que se quer num líder. E Nixon codificava sinais e mais sinais que corroíam sua credibilidade.

Antes desse debate, Nixon ia constantemente bem nas pesquisas, mas seu desempenho mudou o curso da eleição inteira.[3] Nixon aprendeu com os erros, consertou seus sinais e teve um desempenho excepcional nos debates restantes. Mas não adiantou. Aquela única noite lhe custou a eleição.

Seis semanas depois, Kennedy venceu no voto popular por 49,7% contra 49,5%. Os estudos revelaram que mais da metade dos eleitores foi influenciada pelos debates e 6% afirmaram que os debates, sozinhos, foram o fator decisório.

Nixon não era um mau candidato; só teve uma noite ruim de transmissão de sinais. Mais tarde, em suas memórias, admitiu: "Eu deveria ter lembrado que 'uma imagem vale mais do que mil palavras.'"

Os dois homens eram poderosos. Mas só um *pareceu* poderoso.

O que podemos aprender com o debate Nixon-Kennedy? A aparência de poder. Kennedy usou com habilidade muitos sinais de competência da Escala do Carisma para criar uma presença poderosa e memorável que o levou à presidência. Agora é sua vez de aprender a usá-los para elevar sua competência.

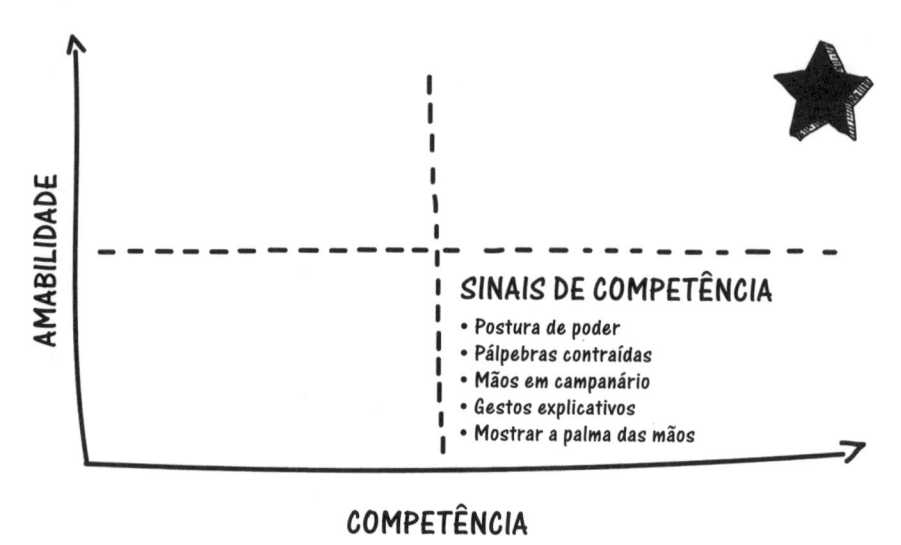

```
AMABILIDADE ↑
            |
            |              ★
            |
            - - - - - -+- - - - - - - - - - - →
                       | SINAIS DE COMPETÊNCIA
                       | • Postura de poder
                       | • Pálpebras contraídas
                       | • Mãos em campanário
                       | • Gestos explicativos
                       | • Mostrar a palma das mãos
            +----------+----------------------→
                    COMPETÊNCIA
```

SINAL DE PODER Nº 1: Postura poderosa

Vamos fazer um diagnóstico de posturas. Pode ficar em pé aí na frente? Fique em pé como ficaria se conversasse com um profissional conhecido. Se puder, pegue duas canetas ou lápis e segure um em cada mão (depois explico por quê). Deixe os braços ao lado do corpo. Agora vamos fazer a avaliação examinando as três partes essenciais de sua postura.

1. **Os ombros.** Relaxe-os. Aumente a distância entre os ombros e o lóbulo das orelhas. Sei que soa esquisito, mas a ansiedade nos faz contrair os ombros para proteger o pescoço e "enfiar" a cabeça para

dentro. Quer se sentir e parecer imediatamente mais confiante? Erga a cabeça e baixe os ombros.

2. **Os pés.** Estão unidos com força? Estão abertos numa largura maior do que o quadril? Deixe os pés uns 10 centímetros mais distantes do que deixaria normalmente. Em pé ou sentado, você se sentirá instantaneamente mais embasado se mantiver os pés afastados e bem firmes no chão. Se gosta de cruzar as pernas, tudo bem. Mas observe Kennedy e mantenha um pé firme no chão e o outro, relaxado. Se puder, vire-os para a pessoa com quem você está.

3. **As mãos.** Relaxe-as e deixe um espacinho entre os braços e o tronco. Agora olhe as canetas que está segurando. Você as segura com força? Segure-as de leve, para não **cerrar os punhos** sem querer.

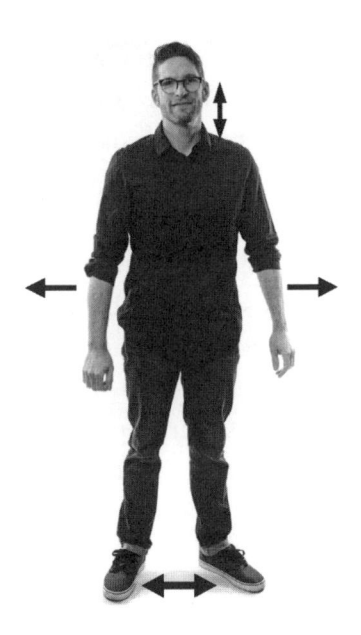

Em seguida, se houvesse raios laser saindo pela frente das mãos, eles se cruzariam? Gire os braços a partir dos ombros para que as canetas apontem diretamente para a frente, deixando os raios laser paralelos aos quadris. Isso muda em alguns centímetros a posição dos ombros, mas você vai imediatamente parecer (e se sentir) sutilmente mais poderoso. Quando nos sentimos confiantes, jogamos os ombros para trás e mantemos os braços soltos ao lado do corpo. Isso nos permite fazer gestos e indicar abertura ao mundo.

Essas áreas são os três elementos da postura. Elas são significativas. Sua **postura** é o sinal mais importante para transmitir confiança aos outros.

Gostamos de ficar perto de pessoas que se mostram confiantes porque queremos pegar um pouco dessa confiança para nós! Um estudo de 2016 acompanhou 144 encontros rápidos de busca por parceiros românticos (*speed dating*) e constatou que a expansividade da postura era a característica com mais atração.[4] **Os participantes que ocupavam mais espaço tinham probabilidade 76% maior de serem escolhidos para futuros encontros.**

A postura poderosa não é importante apenas para a confiança *percebida*, mas também para a confiança *real*.

Uma regra simples: quanto mais poderoso se sentir e mais espaço ocupar, mais poderoso você vai parecer.[5] Quando nos sentimos confiantes, temos segurança para ocupar espaço e ficamos mais à vontade quando nos notam.

Quando nos sentimos impotentes ou ansiosos, ocupamos menos espaço, somos menos percebidos e um alvo menor para possíveis ameaças. Nós nos encolhemos: curvamos os ombros para a frente e deixamos os braços grudados às laterais do corpo para nos proteger e não expor as áreas vulneráveis.

Um estudo fez os participantes se sentarem em postura contraída ou expansiva enquanto escreviam sobre suas características positivas ou negativas.[6] Os participantes com postura expansiva acreditaram mais no que escreveram, sem importar se era positivo ou negativo. Os participantes com postura contraída disseram sentir um estresse geral maior do que os participantes na postura expansiva. **A postura expansiva ajuda a se sentir e a parecer mais poderoso.**

⭐
DICA DIVERTIDA
Tamanho importa

Quando usamos um computador ou nos curvamos sobre o celular, assumimos uma postura contrária à poderosa. Pesquisadores afirmam que telas maiores inspiram mais confiança assertiva.[7]

Isso significa que você deve entrar em todas as salas como se fosse o Rocky? Ficar como o Super-Homem em eventos de networking? Não, por favor!

As melhores correções da postura são pequenas: alguns *centímetros* de movimento. Essas alterações minúsculas criam uma grande mudança e indicam mais confiança aos outros e a você.

> **Princípio**: Use a postura confiante para inspirar confiança.

QUANDO USAR A POSTURA PODEROSA

- Sempre que quiser parecer e se sentir mais competente, use nossas correções fáceis da postura. Relaxe os ombros. Gire as mãos para longe do corpo. Afaste os pés um pouquinho.
- Quando olhar o celular! Tendemos a nos acorcundar e nos contrair quando olhamos o celular. Erga o aparelho e mantenha os ombros voltados para fora para manter a presença poderosa.
- Um modo fácil de ser mais expansivo é se apoiar em alguma coisa. Caso se sinta confortável, tente se apoiar numa mesa à sua frente, pousar o braço numa cadeira ou se encostar numa mesa alta ao lado.
- Escolha a cadeira certa em reuniões, eventos sociais e jantares de networking. Adoro cadeiras com descanso para os braços porque elas facilitam criar espaço entre o tronco e os braços. Mas tome cuidado para não invadir o espaço dos outros, pois pode ser considerado socialmente agressivo.

QUANDO NÃO USAR A POSTURA PODEROSA

- Se quiser mostrar deferência, humildade ou arrependimento. Ou se estiver pedindo desculpas.
- Se quiser acalmar alguém ou mostrar que você não representa uma ameaça. Certa vez, um assistente social me disse que, quando alguém estiver em pé e gritar com você, sente-se. Imediatamente você ocupa menos espaço e mostra ao outro que não quer conflitos. Também o incentiva a respirar e a se sentar também.

- Se não quiser ser notado. Sei que você nunca iria despreparado a uma reunião (claro, claro), mas, se isso acontecer, ocupar menos espaço tornará você menos perceptível.

SINAL DE PODER Nº 2: Ver para saber

O que Dwayne "The Rock" Johnson, Blake Shelton e John Legend têm em comum?

Os três foram considerados "o mais sexy homem vivo" pela *People*. Todos os anos, a revista publica uma lista dos 50 homens vivos mais sexy.

Em nome da ciência, peguei o número mais recente e examinei as páginas. Logo notei um sinal não verbal específico em quase todas elas.

Consegue adivinhar o que quase todos os homens mais sexy fizeram?

Além dos bíceps, as pálpebras inferiores estavam bem contraídas.

Às vezes, contrair as pálpebras inferiores é chamado de "olhos duros", "olhos de aço" ou "olhos estreitos". Esse **sinal das pálpebras contraídas** é um sinal de intensidade, avaliação e exame; o olhar diz "Olhe para mim, sou profundo e pensativo".

Não é negativo nem positivo, mas indica uma emoção específica: a intensidade.

Quando queremos enxergar melhor, estreitamos os olhos contraindo as pálpebras inferiores. Fazemos isso por uma interessante razão biológica.* Quando arregalamos os olhos, em geral por força de emoções como medo e surpresa, conseguimos ver mais.[8] Quando estamos com medo, queremos absorver o máximo possível do ambiente para avaliar ameaças ou rotas de fuga. Quando estreitamos os olhos, bloqueamos a luz e podemos ver com mais detalhes.

Experimente. Veja se consegue avistar um pontinho numa parede próxima. Tente mesmo vê-lo. As pálpebras inferiores se enrijecem quando você tenta enxergar melhor? Sente que está fazendo o olhar de aço do filme *Zoolander*? Então está fazendo certo.[9]

---

* Will Ferrell e Ben Stiller tiveram a ideia do olhar azul-aço no filme *Zoolander*, como uma referência a Pierce Brosnan, conhecido por contrair a pálpebra inferior nos lançamentos de seus filmes.

Esse é um de meus sinais favoritos, por ser muito fácil de perceber (e esquecido com frequência). No momento em que vê alguém contrair as pálpebras inferiores, você sabe que a pessoa está tentando entender mais profundamente.

Em situações sociais, alguém pode contrair as pálpebras inferiores enquanto tenta conhecer e entender você melhor. É como se a pessoa dissesse "Quero muito ver você".

Em situações românticas, isso pode demonstrar intenso interesse, e é por isso que esse sinal é visto frequentemente em fotos sedutoras de homens importantes.

Em situações de negócios, gostamos de ver as pessoas muito concentradas e determinadas. Pálpebras contraídas mostram discernimento potente e pensamento profundo.

No entanto, a contração das pálpebras inferiores pode passar rapidamente do interesse intenso à confusão e à suspeita. Fico *sempre* de olho na contração das pálpebras inferiores para ver se alguém está confuso com o que digo. Assim posso anular imediatamente a preocupação.

A contração súbita das pálpebras indica que alguém passou de apenas escutar a esmiuçar.

É um sinal para você fazer uma pausa. Viu a contração das pálpebras? Experimente:

- Fazer perguntas. Diga: "Alguma pergunta até aqui?"
- Repita o que acabou de dizer de um modo diferente.
- Conte uma história ou dê um exemplo para demonstrar a questão.
- Faça uma verificação rápida. Pergunte: "Tudo entendido?"

Um grande erro que os apresentadores cometem é deixar de decifrar os sinais da plateia e só pensar em codificar. Passam todos os sinais de competência, amabilidade e confiança, mas se esquecem de ver se seu conteúdo está repercutindo e fazendo *os outros* se sentirem competentes, amáveis e confiantes. Até a apresentação mais perfeita será analisada por um parceiro experiente. Prepare-se para essa análise!

Certa vez, fiz uma apresentação sobre a ciência da liderança a um pequeno grupo de executivos. Tudo ia bem, muitas risadas e momentos de percepção. Mas, quando comecei a falar da ocitocina como a substância da conexão, notei várias contrações das pálpebras inferiores do CEO. Como o grupo era bem pequeno, parei, olhei para ele e perguntei: "Esse sinal lhe lembra alguma coisa, Greg? Parece que você tem alguma hesitação."

Imediatamente ele pareceu aliviado e se disse confuso; sua única experiência com a ocitocina tinha sido quando o médico a ministrara à esposa para induzir o parto!

Risadas por todos os lados. Então expliquei: "Isso mesmo! Mas, em pequenas doses, em situações sociais, ela faz a gente ficar amável e afetuoso. A ocitocina é uma substância complexa, mas essencial nas ligações humanas. Literalmente desde o parto."

Foi um ótimo momento de aprendizado. Em primeiro lugar, o CEO sentiu que abordei prontamente sua preocupação. Ele me chamou depois para muitos treinamentos em vários níveis da empresa.

Em segundo lugar, foi uma ótima oportunidade de aprendizado para *mim*. Agora, quando ensino a ocitocina, *começo* com essa ressalva: "A ocitocina é uma substância complexa com muitos efeitos sobre o corpo. Mas, no contexto que nos interessa, precisamos saber…" Eu me tornei uma professora melhor porque aprendi a abordar a confusão antes que ela começasse.

> **Princípio**: A contração das pálpebras inferiores mostra contemplação, suspeita e exame; esteja preparado para ela!

QUANDO CONTRAIR AS PÁLPEBRAS
- Quando quiser mostrar que está intensamente concentrado e usando sua competência para escutar.
- Se não quiser ser interrompido, contraia as pálpebras inferiores para mostrar que está muito concentrado numa tarefa.
- Quando tiver suspeitas e quiser que o outro fale mais sobre determinada questão.
- Perdoe-me por esta: quando quiser que os outros achem que você deveria estar na capa da revista *People*. Muitos homens e mulheres acham esse sinal muito atraente. (Essa dica está reservada apenas para os mais confiantes. Caso se sinta bobo, não faça!)

QUANDO NÃO CONTRAIR AS PÁLPEBRAS
- Não o faça por mais do que cinco segundos. Isso só vai indicar aos outros que você está com algum problema nos olhos. A contração é rápida, não é preciso mantê-la.
- Quando alguém é muito chato e não para de falar. Contrair as pálpebras inferiores vai fazer você parecer mais interessado.

SINAL DE PODER Nº 3: As mãos em campanário das pessoas inteligentes

A ex-chanceler alemã Angela Merkel faz esse gesto. O presidente francês Emmanuel Macron faz esse gesto. A ex-primeira-ministra Theresa May faz esse gesto. O que todas essas pessoas poderosas usam? O gesto de **erguer as mãos e tocar a ponta dos dedos (mãos em campanário)**.

Nesse gesto, as palmas das mãos estão estendidas, voltadas uma para a outra, e só a ponta dos dedos se toca, como o telhado de uma casa. É uma demonstração universal de confiança.

Num estudo, os participantes viram imagens de um líder usando sete posições diferentes das mãos.[10] As mãos em campanário foram consideradas o gesto mais positivo das sete opções. Isso acontece porque esse gesto combina de forma suficiente alguns sinais poderosos:

- **Mostra que estamos relaxados.** Quando estamos ansiosos, tendemos a cerrar os punhos ou tensionar as mãos. O gesto das mãos retas e erguidas com os dedos se tocando só pode ser feito com as mãos relaxadas. Assim, ele indica nosso estado de calma.
- **Mostra confiança.** Lembre-se do Sinal de Poder nº 1, a postura poderosa: expansividade mostra confiança. O gesto das mãos em campanário é o mais expansivo que podemos fazer. As mãos estão na frente do corpo, os dedos esticados, as palmas abertas. É uma postura de poder.
- **Mantém a palma das mãos visível.** Inconscientemente, quando vemos a palma das mãos de alguém, temos certeza de que essa pessoa não está nos escondendo nada.

Esse gesto é poderoso para convencer os outros de sua dedicação e confiança no que está dizendo. Mostra que você está relaxado e aberto e que os outros também deveriam estar.

Num estudo com professores de Medicina, pesquisadores descobriram que o gesto das mãos unidas é um ótimo **sinal complementar** do ensino.[11] O sinal complementar é um sinal não verbal usado para enfatizar uma ideia. O campanário é um forte sinal não verbal complementar quando se dá uma diretiva; ele indica: "Vamos pensar e considerar essa nova informação." Outros ótimos sinais complementares são:

- Inclinar a cabeça ao dar más notícias.
- Inclinar-se para a frente ao revelar o ponto mais importante da reunião.
- Defrontar-se com uma pessoa introvertida para incentivá-la a falar.

Além de indicar que *você* é um pensador contemplativo, o gesto das mãos juntas com a ponta dos dedos se tocando também é um ótimo sinal para incentivar *os outros* a escutar e pensar.

Fazer esse gesto diante do corpo é um ótimo jeito de comunicar à plateia que está na hora de refletir sobre o que você acabou de dizer.

Em *Shark Tank*, esse é um dos gestos favoritos do investidor Kevin O'Leary. Quando está pensando sobre um negócio, considerando como estruturar uma oferta ou aguardando para contestar as ideias de alguém, ele usa esse gesto, indicando aos candidatos que está refletindo seriamente e que devem esperar. Também é um sinal esperto para que os outros investidores saibam que ele está mesmo considerando aceitar o negócio e que deveriam ficar atentos. O gesto também tem o bônus de fazer o público em casa vê-lo como calmo e contido, seja lá o que estiver pensando ou sentindo.

> **Importante**: O gesto das mãos em campanário pode acabar perigosamente próximo dos chamados **dedos do mal**. Se não quiser que achem que você está maquinando um plano cruel, não batuque os dedos ao uni-los! Os dedos do mal são um sinal conspiratório e devem ser evitados.

> **Princípio**: O gesto do campanário é uma postura de poder com as mãos. Use-o para sinalizar um momento de reflexão confiante.

QUANDO UNIR AS MÃOS EM CAMPANÁRIO
- Quando quiser sinalizar competência, reflexão e autoconfiança.
- Para mostrar que você está escutando com atenção, que leva a sério o que foi dito e que os outros deveriam fazer o mesmo.
- Para ancorar as mãos e parar de remexê-las. Às vezes sugiro esse gesto a pessoas que não param de mexer as mãos, assim elas têm como ocupá-las. É difícil simplesmente parar de mexer as mãos. Substituir isso pelo gesto do campanário é bem mais fácil.

QUANDO NÃO UNIR AS MÃOS EM CAMPANÁRIO
- Se você se sentir bobo fazendo isso. **Como todo sinal, experimente usá-lo algumas vezes e só o adote caso lhe pareça natural.**
- Não é para ficar com as mãos assim o tempo todo. Faça outros gestos, faça anotações, cumprimente as pessoas com um aperto de mãos, deixe as mãos relaxadas em outras posições, etc. Forme o campanário para sinalizar momentos de reflexão.

SINAL DE PODER Nº 4: Excelência na explicação

Maria Konnikova estava jogando pôquer fazia três dias inteiros.[12] O torneio tinha começado com 290 pessoas, que se reduziram a apenas 62 depois das primeiras 14 horas de jogo.

No terceiro dia, Konnikova estava na última mesa, enfrentando Alexander Ziskin, campeão experiente, com dois títulos na carreira, que já tinha ganhado mais de 1,2 milhão de dólares. Já Konnikova aprendera a jogar havia menos de um ano e era sua primeira participação no torneio. As câmeras a vigiavam atentamente. Nunca uma novata chegara tão longe tão depressa.

Depois de algumas rápidas mãos dramáticas, Konnikova fez o adversário apostar tudo e perder. Ela venceu o torneio, levando 86.400 dólares para casa.

Konnikova não é uma jogadora de pôquer profissional. Natural da Rússia, ela foi para os Estados Unidos, frequentou as universidades Harvard e Columbia e obteve um doutorado em Psicologia.

Em 2017, ela decidiu passar um ano aprendendo a jogar pôquer e escreveu um livro sobre a experiência. Apesar da falta de conhecimento, Maria tinha uma grande vantagem: a pesquisa. Antes de começar, Konnikova desenterrou um estudo pouco conhecido e achou que ele lhe daria uma vantagem sobre os jogadores experientes.

Antes de eu lhe contar o que dizia esse estudo, vamos fazer um rápido teste. Imagine que eu lhe ofereci 10 mil dólares para observar um grupo de cinco pessoas jogando pôquer. Sua missão é escolher o jogador com a melhor mão, mas tem um detalhe: você precisa escolher quais partes das pessoas quer ver para fazer sua avaliação. As opções são:

A. **Só a cabeça.** E nada mais.
B. **Só os braços.** Você só pode ver os movimentos das mãos e dos braços dos jogadores.
C. **Corpo inteiro.**

A maioria das pessoas escolheria C, corpo inteiro. Afinal, quanto mais, melhor, certo? Errado. Os pesquisadores fizeram exatamente essa experiência e descobriram que, quando mostravam vídeos do corpo inteiro de jogadores de pôquer, o palpite dos participantes sobre a mão dos jogadores não foram melhores do que ao acaso.

O segundo palpite mais popular seria A, só a cabeça. As expressões faciais são reveladoras, não é? Nada disso. A resposta, surpreendentemente, também está errada.

"Quando observavam o rosto, a avaliação dos participantes caía *abaixo* do nível do acaso", explicou Konnikova. Bons jogadores de pôquer são muito hábeis em esconder emoções faciais e evitar movimentos de cabeça reveladores.

O melhor é B, só os braços!

Como assim? As mãos revelam algum segredo? Pior que sim. Um pesquisador constatou que jogadores confiantes com mãos vencedoras têm movimentos fluidos, jogam suavemente.

Há dois sinais importantes que podemos aprender com Konnikova. O primeiro é a importância da **fluidez** e da precisão dos movimentos. **Pessoas poderosas e confiantes não desperdiçam energia em movimentos inúteis.** Movem-se com intenção. Não hesitam. Não empacam. Não são bruscas. Sabem exatamente o que querem. Pessoas que pensam com clareza agem com clareza. E os pesquisadores constataram que isso não vale apenas para mesas de pôquer.

Quando mostro em palestras o debate Nixon-Kennedy, sempre apontam como a maior diferença os movimentos de Nixon. Ele é brusco, se remexe, se contrai. Desperdiça energia. Isso distrai os espectadores e faz Nixon parecer indeciso. Kennedy fica parado até que seja importante se mexer. Não desperdiça um único movimento. Sua precisão o faz parecer confiante, decidido e organizado.

O segundo sinal que aprendemos com Konnikova é que o conhecimento que obtemos observando as mãos é subvalorizado. As pessoas dizem que os olhos são a janela da alma, mas eu digo que as mãos revelam mais. Pessoas poderosas sabem, intuitivamente, que as mãos são importantíssimas na comunicação.

Tendemos a pensar nas pessoas poderosas como seres estoicos, impassíveis, indecifráveis. Mas não há pesquisas que comprovem isso.

Pesquisadores pediram aos participantes que classificassem fotos de líderes fazendo gestos positivos, como o das mãos em campanário, em relação a líderes que não faziam gestos,[13] e constataram que "os participantes perceberam o líder sem gestos como distante e o líder com gestos positivos como mais imediato e atraente". Ser imediato é definido como ser acessível, positivo e envolvente: uma vitória social imediata. Por outro lado, quando puseram as mãos nas costas ou no bolso ou cruzaram os braços no peito, os líderes foram considerados mais defensivos e distantes.

Isso faz sentido intuitivamente: nossas mãos nos ajudam a fazer as coisas. Pegamos com as mãos, escrevemos com as mãos, construímos com as mãos. Quando não são vistas ou estão indisponíveis, parecemos menos propensos a agir.

Pessoas muito competentes transmitem poder e capacidade com o que chamo de **gestos explicativos**. São sinais não verbais que ajudam a ampliar, explicar e expressar mensagens verbais.

> ⭐
> DICA DIVERTIDA
> **Mãos são sinceras**
>
> É difícil mentir com as mãos. Por exemplo, tente dizer o número 3 em voz alta e erguer cinco dedos. Difícil, não é? Gostamos de prestar atenção nos gestos porque, intuitivamente, sabemos que são mais usados pelos que dizem a verdade. Pesquisadores verificaram que, ao mentir, tendemos a cruzar as mãos para impedir gestos reveladores.[14] Em geral, quando está mentindo, a pessoa não faz gestos porque recita informações verbais decoradas.

Pesquisadores constataram que gestos decisivos e confiantes aumentam em 60% a compreensão da mensagem.[15] **E alguns gestos são tão poderosos que transmitem 400% mais informações!** Os gestos podem transmitir importância, tamanho, emoção, necessidades e apontar a direção da conversa.

Minha equipe e eu estudamos centenas de horas de TED Talks em busca de padrões. Nosso objetivo era descobrir se havia diferenças não verbais entre as mais e as menos assistidas.

De fato, os gestos são o segredo. Em geral, os palestrantes mais populares faziam mais gestos: uma média de 465 em 18 minutos, contra 272 dos palestrantes menos populares.

Além disso, notamos que os palestrantes mais populares usavam gestos explicativos para transmitir sua mensagem com clareza. Veja a seguir os mais comuns, que você também pode usar:

1. **Números:** Sempre que mencionava um número, o palestrante o indicava nos dedos, enfatizando-o de forma não verbal.

2. **Grande ou pequeno:** Também notamos que os palestrantes ajudavam o público a entender o tamanho ou a importância das coisas com gestos. Quando mencionavam algo pequeno ou sem importância, eles só erguiam os dedos a poucos centímetros um do outro. Quando mencionavam algo muito importante, erguiam as mãos como se segurassem uma bola de praia.

3. **Eu/você:** Os palestrantes de fala mais poderosa usam os gestos para ajudar *você* a acompanhar o conteúdo que estão expondo. Quando falam de sua opinião ou de algo pessoal, fazem gestos na direção de si mesmos, às vezes tocando o coração. Quando incentivam o ouvinte a fazer algo, gesticulam na direção da plateia.

4. **Controle remoto:** É o gesto de poder favorito dos políticos. A mão fica quase fechada, com o polegar virado para cima – como se segurasse um controle remoto. É um gesto sutil de positivo que, em muitas culturas ocidentais, significa "ok" ou "tudo bem". É um modo positivo de apontar ou gesticular na direção de algo ou alguém, evitando apontar o dedo (o que não é agradável).

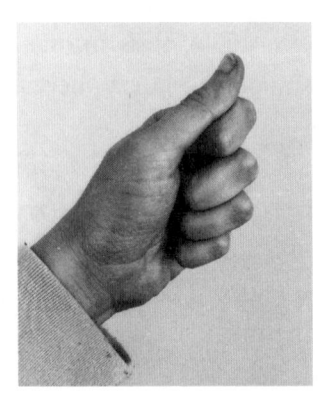

5. **Eles/nós:** É o gesto mais forte que minha equipe e eu notamos. Os palestrantes muito competentes apresentam duas opiniões ou dois grupos usando as mãos para diferenciá-los. Por exemplo, ao falar dos liberais, o político ergue a mão esquerda; ao falar dos controladores,

a mão direita. No fim do discurso, a plateia só precisa olhar qual mão está gesticulando para saber de quem a pessoa está falando. Assim, de forma não verbal, o político nos mostra os personagens de sua história e atribui significado com as partes de seu corpo, que usa mais tarde como atalhos para não precisar se repetir.

> ⭐
> **DICA DIVERTIDA**
> **Não aponte**
>
> Um sinal não verbal muito popular é **apontar**. E vejam que esquisito: gostamos de apontar, mas não de ser *apontados*. Parece acusador e agressivo. Aponte para objetos ou lugares, mas tente não apontar para pessoas. Se fizer um gesto na direção da plateia ou de alguém específico, use a mão aberta ou na posição do controle remoto (veja explicação a seguir).

Os gestos explicativos indicam competência porque baixam a carga cognitiva do falante *e do ouvinte*. A pesquisadora Susan Goldin-Meadow estudou durante décadas o poder dos gestos.[16] Ela acredita que nos conectamos melhor com quem gesticula porque isso nos ajuda a acompanhar e entender o conteúdo. Os gestos não verbais dão profundidade ao conteúdo verbal que ouvimos. É isso que torna os gestos explicativos um sinal de extrema competência. **Quanto mais conhece seu conteúdo verbal, mais facilmente você consegue demonstrá-lo.**

Quer ser um grande comunicador? Ser capaz de explicar qualquer coisa a qualquer um? Fale usando duas trilhas: **a verbal e a não verbal**.

Se tiver uma grande ideia, mostre isso com as mãos aos ouvintes. Se tiver três grandes ideias, levante um dedo ao citar a primeira, dois dedos quando chegar à segunda e três dedos na última ideia. Isso ajudará você a manter a linha de raciocínio e ajudará os ouvintes a acompanhar e recordar cada item mencionado.

> ⭐
> **DICA DIVERTIDA**
> **Isso vai ser bom**
>
> Um dos meus sinais favoritos como apresentadora é o "Isso vai ser bom". Esfregar as mãos em expectativa é um jeito ótimo de empolgar o público. Tirar os óculos ou arregaçar as mangas também pode ter o mesmo efeito, indicando que você está mergulhando de cabeça no assunto.[17]

Os gestos também nos ajudam a nos exprimir com mais clareza.[18] Faça uma experiência: me conte sua lembrança favorita da infância... sentado sobre suas mãos. É difícil, não é? As mãos são vias de saída do pensamento. Quanto mais gestos usamos, mais fluentes somos em nossas histórias e explicações. Os gestos, além de ajudar quem ouve, ajudam quem fala.

> ⭐
> **DICA DIVERTIDA**
> **Maestro**
>
> Pesquisadores constataram que os seres humanos gesticulam para manter o ritmo das próprias palavras.[19] É como ser o regente de si mesmo. Já viu um palestrante entrar no fluxo ao contar uma história, com as mãos ondulando de leve com as palavras? É um **gesto rítmico**. Os movimentos que acompanham o ritmo são simples, rápidos e se repetem, seja qual for o conteúdo (ao contrário dos gestos explicativos, que correspondem a uma afirmativa verbal ou a enfatizam).

Quando analisaram pessoas que contavam histórias, pesquisadores constataram que os participantes usavam tanto o ritmo quanto os gestos explicativos ao narrar.

> **Princípio**: Os gestos explicativos ajudam você a explicar e os ouvintes a entender.

QUANDO GESTICULAR
- Quando fizer questão que algo seja muito bem compreendido.
- Para mostrar que você tem confiança no que está dizendo e é competente em tratar do assunto.
- Para ser mais cativante no palco ou em videochamadas. Gestos dão uma nova dimensão às suas explicações.

QUANDO NÃO GESTICULAR
- Se quiser que olhem para outro ponto e não para você. Por exemplo, trabalho com muitos engenheiros e pessoas de outras profissões que têm que explicar conceitos muito técnicos. Em geral, eles passam slides. Quando quiser que alguém olhe seu gráfico, vídeo ou demonstração e não você, não gesticule tanto. Os gestos distrairão o espectador.
- Se os ouvintes estão olhando só para suas mãos, talvez você esteja exagerando. **Os gestos são os backing vocals.** Devem ficar ao fundo, apenas para enfatizar questões verbalizadas, mas não devem roubar a cena.
- Se as pessoas se esquivam quando você gesticula, você está exagerando. Nesse caso, experimente segurar uma caneta, o controle de algum dispositivo ou um copo d'água para manter as mãos sob controle. Tente manter as mãos dentro da zona de *strike* (do beisebol): abaixo da linha dos ombros, acima da linha da cintura e no máximo a 30 centímetros do corpo.

> ⭐
> **DICA DIVERTIDA**
> **Mãos em repouso**
>
> Alguns pesquisadores notaram um gesto chamado **mãos da humildade**.[20] É quando alguém deixa as mãos relaxadas diante do corpo, no nível da cintura. Pode-se fazer isso em pé ou sentado. Kennedy usou esse gesto durante todo o primeiro minuto do já mencionado debate presidencial. É um sinal positivo que se pode usar quando se escuta alguém; mostra que suas mãos estão calmas e relaxadas e mantém o tronco aberto.

SINAL DE PODER Nº 5: O poder da palma das mãos

María Eva Duarte foi uma criança nascida fora do matrimônio, em 1919, numa aldeia rural pobre da Argentina. Apelidada de Evita, aos 16 anos fugiu para a capital, Buenos Aires, para realizar seu sonho de se tornar uma estrela.[21]

Quando trabalhava numa estação de rádio local, ela conheceu seu futuro marido, Juan Perón, que ocupava um cargo no governo. Evita começou a ajudá-lo na campanha para um cargo ainda mais elevado: presidente do país. Ela organizou comícios, discursou para trabalhadores e comandou manifestações de massa em nome dele.

Logo se tornou uma estrela por seu próprio mérito. Perón ganhou a eleição e Evita passou a desempenhar um papel ainda maior no governo. Encabeçou a luta pelos direitos dos trabalhadores e ajudou a dar às mulheres argentinas o direito ao voto. Seus discursos eram assistidos por milhares de fãs ardorosos.

Evita ficou conhecida por um sinal não verbal característico: gesticular **mostrando a palma das mãos**. Assista a vídeos de discursos de Evita e você a verá mostrar a palma da mão dezenas de vezes – com acenos, beijos e os braços erguidos. Ela usava esse gestual para guiar o público, tranquilizá-lo ou empolgá-lo conforme necessário.

Em 17 de outubro de 1951, mais de 1 milhão de pessoas se reuniu para ouvir um dos últimos discursos de Evita. Ela acabara de receber o diagnóstico do câncer que a mataria alguns meses depois. O discurso foi feito num comício de trabalhadores. Ela exigiu mudanças, falou contra a injustiça e então, numa foto que se tornaria simbólica, ergueu os braços acima da cabeça, as palmas das mãos voltadas para o céu.

Um dos discursos mais famosos da história, esse momento foi interpretado por Madonna no filme *Evita* e inspirou a canção "Don't Cry for Me Argentina", de Andrew Lloyd Weber. O interessante é que, sempre que se conta a história de Evita, é comum acompanhá-la com esse famoso gesto de **mostrar a palma das mãos.**

A palma das mãos é nosso maior chamariz – e, para ser poderoso, é preciso chamar a atenção. Quando queremos a atenção de alguém que está no outro lado da sala, acenamos. Quando queremos que os professores nos escolham para responder a uma pergunta, levantamos a mão com a palma voltada para eles. Quando queremos que alguém pare, estendemos a palma da mão diante do corpo.

Mostrar a palma das mãos é mais do que um gesto explicativo; ele chama a atenção. Adoramos ver a palma das mãos e estamos sempre atentos a ela.

Quando vemos a palma da mão de alguém, sabemos que a pessoa não nos esconde nada. A palma aberta é oposta ao punho fechado e demonstra que não há ansiedade nem agressão ocultas.

Também é com a palma da mão que reconhecemos a presença dos outros de forma não verbal. Já pensou que alguém acenava para você, acenou de volta e só depois percebeu que o primeiro aceno era para outra pessoa? É um erro embaraçoso, mas muito humano. Adoramos ser reconhecidos e estamos sempre de olho para ver se alguém acena para nós, nos chama, abre a palma para um aperto de mão ou nos faz um gesto.

Quando mostramos a palma das mãos, os outros prestam atenção. Somos hipersensíveis aos sinais com a palma das mãos porque sabemos que as mãos são nossa arma mais fatal. Pesquisadores constataram que, quando erguemos a palma das mãos, ativamos o sistema límbico, especificamente a amígdala, que é a área defensiva do cérebro.[22] Em outras palavras, mostrar a palma sinaliza nossas emoções. Basta avistar alguém fazendo um gesto que mostra a palma para nossos neurônios-espelho sentirem o que o outro sente. Ver alguém mostrar a palma da mão ativa o sistema límbico como se fôssemos nós que a mostrássemos.

Muitas pessoas poderosas marcam os discursos com a pose típica de Evita: braços acima da cabeça, palmas das mãos expostas. O presidente russo Vladimir Putin costuma erguer as mãos com as palmas voltadas para o público enquanto fala. O papa Francisco ergue a palma da mão para abençoar. Boxeadores famosos como Mike Tyson, Muhammad Ali e Floyd Mayweather erguem as mãos, as palmas voltadas para o público, quando ganham uma luta. **Normalmente, os vencedores expõem a palma das mãos e as erguem para o céu.**

Como somos inconscientemente hiperatentos aos sinais com a palma da mão, vamos usá-los de modo intencional. Vejamos os gestos mais comuns que mostram a palma da mão e o que significa cada um:

- **Pré-aperto de mãos:** Estenda a mão virada para cima em saudação e você estará pedindo um aperto de mão.
- **Pré-abraço:** Erga as duas mãos à frente, com as palmas voltadas para a outra pessoa, e você estará pedindo um abraço.
- **Empolgação:** Erga as mãos viradas para cima e levante-as e abaixe-as e você estará pedindo que o público se empolgue, se levante ou aplauda.
- **Calma:** Estenda as mãos à frente, viradas para baixo, e levante-as e abaixe-as, e você estará pedindo às pessoas que se acalmem, se sentem ou se calem.
- **Pare:** Erga o braço e mostre a palma da mão a alguém; isso significa "parar". Pode dizer à pessoa que se cale ou não se aproxime mais.
- **Conte mais:** Levante as mãos à frente com as palmas para cima e gesticule na direção de alguém para lhe dizer que você está aberto e quer saber mais.
- **Vou explicar:** Erga uma das mãos virada para cima e gesticule enquanto fala para reforçar que você está explicando alguma coisa. É como se você segurasse a ideia na mão enquanto explica.
- **É o seguinte:** Com as mãos viradas uma para a outra, estenda e recolha os braços (como se puxasse uma caixa para si e depois a entregasse a alguém) para mostrar que você está explicando ou apresentando uma ideia.

A melhor maneira de exibir a palma das mãos é mostrá-la e não apontar. **A palma aberta é um convite, o dedo apontado é uma acusação.** Se quiser que alguém olhe seus slides, consulte o folheto, veja um gráfico ou olhe alguma coisa, aponte com a palma da mão aberta.

Atenção: Já notou que alguns desses gestos com a palma da mão saem da posição de *strike*, que vimos no último sinal de poder? Esse é meu macete: **quanto maior a sala, maior pode ser o gesto.** Quando estiver numa reunião, num encontro, sentado com amigos, a zona de *strike* é ideal. Em espaços maiores, como auditórios, salões de baile ou palcos, os gestos maiores são mais aceitáveis. Duvido que Evita usasse o gesto famoso de braços erguidos com as palmas para cima numa conversa íntima com um diplomata. Mas no palanque diante de milhares? Funcionava perfeitamente.

> **Princípio:** Mostre a palma da mão para pedir atenção.

Esses gestos com a palma da mão não são difíceis de decifrar; na verdade, você deve ter reconhecido vários que sabe por instinto. Minha meta é ajudar a *codificá-los* com mais objetividade.

Os sinais com a palma da mão falam por você. Esses sinais são mais poderosos quando usados como substituto da fala ou para enfatizar uma questão verbal. Veja:

QUANDO MOSTRAR A(S) PALMA(S) DA(S) MÃO(S)

- **O sinal "me chame":** você quer falar numa reunião, mas não encontra abertura. Mostre suas palmas ao grupo. Isso indicará com sutileza que você gostaria de dizer alguma coisa para que as pessoas se virem em sua direção.
- **O sinal de "dar":** você tem uma ótima ideia para alguém. Na verdade, é tão boa que é praticamente uma dádiva de conhecimento. Você quer que a pessoa saiba disso. Enquanto demonstra sua ideia numa apresentação, erga uma das mãos como se oferecesse algo aos outros e diga: "Esta é a ideia que quero muito contar a vocês." Isso provocará sua atenção a algo bom que está sendo oferecido.

- **O sinal de dar de ombros:** Alguém lhe explica algo complexo, mas você quer que a pessoa vá mais devagar e esclareça. Erga a palma das duas mãos e dê de ombros de forma sutil, mas clara, no gesto de "Não entendo". Isso indica que você precisa de esclarecimento (e é muito mais educado do que interromper a pessoa).
- **O sinal "Me deixe explicar":** você tem uma apresentação muito técnica a fazer a um cliente ou colega. Há slides, tabelas e gráficos projetados na frente da sala, mas você precisa explicar cada um em profundidade. Quando falar e quiser que os outros olhem para você, use gestos explicativos. Quando quiser que as pessoas prestem atenção nos slides, indique a tela com a mão aberta. Isso mostra às pessoas exatamente para onde e quando deveriam olhar. Também faz você parecer mais competente e lhe dá mais controle do fluxo de informações.

QUANDO NÃO MOSTRÁ-LA(S)
- **Se estiver escondendo alguma coisa.** Se não quiser ser notado nem questionado, esconda a palma das mãos. É um sinal sutil que ajuda os outros a deixarem você em paz.
- **Se ficar mostrando a palma das mãos o tempo todo.** As pessoas adoram ver a palma de suas mãos, mas erguê-las o tempo todo para o mundo soa pouco autêntico. Mostre-as com intenção, não o tempo todo.

SINAL DE PODER Nº 6: Como fazer, com gentileza, alguém parar de interromper

As pessoas o interrompem? Ou você tem dificuldade com gente que não para de falar?

Pessoas poderosas conseguem controlar o fluxo da conversa com sutileza e educação usando sinais não verbais. Eis meus sinais favoritos para fazer alguém parar de falar, começando com o menos agressivo e terminando com intervenções mais sérias.[23]

O peixe

Digamos que você esteja conversando com alguém que não para de falar. Um jeito de fazer a pessoa parar de falar é abrir a boca uns dois centímetros e deixá-la aberta alguns segundos, com uma cara de peixe. Sabemos intuitivamente que, quando alguém abre a boca para falar, temos que nos calar.

Quando abre a boca, você indica sutilmente que tem algo a dizer e que não vai esperar a pausa do outro. O simples ato de abrir a boca de leve fará as pessoas se calarem e lhe darem a vez de falar. Também é possível usar o peixe quando alguém interromper antes de você terminar. Quando interrompidos, é comum fecharmos a boca com frustração. O melhor é deixá-la aberta alguns segundos para mostrar, de forma não verbal, que você estava no meio da frase ou do pensamento.

O marcador de livros

Eu convivo com uma pessoa que me interrompe com frequência. Ela aproveita qualquer brecha para dar suas ideias. A situação chegou a tal ponto que, quando eu parava um segundo para respirar, ela começava a falar. Isso me fazia correr ao expor meus pensamentos e falar cada vez mais depressa, na esperança de impedir a interrupção. Era muito cansativo. Até que aprendi um pequeno sinal não verbal: o **marcador de livros**.

Quando estiver falando com alguém que tem mania de interromper os outros mas precisar fazer uma pausa (para pensar ou respirar), levante a mão ou o indicador. É como se esse gesto sutil de "pare" indicasse onde você parou em seus pensamentos, como um marcador de livros. Você diz, sem falar: "Espere, ainda não acabei."

Também se pode fazer isso com gente que fala muito. Experimente levantar a mão no gesto do marcador de livros. É um jeito gentil de pedir uma pausa para que você possa falar. Esse movimento da mão também deve chamar a atenção do outro para você e afastá-lo dos pensamentos dele, servindo de lembrete: "Tem mais alguém nesta conversa!"

O marcador de livros funciona ainda melhor quando feito junto com o peixe.

O toque da âncora

A pessoa *continua* falando? Vamos subir um degrau para o que chamo de **toque da âncora**. Às vezes alguém se envolve com a própria história e fica com a cabeça em outro universo. É como se você precisasse trazer a pessoa de volta à terra. Para isso, é preciso ancorá-la.

Você pode ancorar a pessoa tocando-a de leve na mão, no antebraço, no braço ou no ombro. É um toque leve, como se dissesse *Ainda estou aqui! Agora é minha vez.*

Esse gesto tira a pessoa do monólogo, porque, embora não preste atenção em seus gestos ou expressões faciais, ela *vai notar* se você a tocar. Até as pessoas que adoram falar ficarão caladas um instante quando forem tocadas. Use esse momento de silêncio para interromper e dizer o que tem a dizer... ou se despedir.

> ⭐
> DICA DIVERTIDA
> **A técnica da pré-visualização**
>
> Se você sabe que vai precisar conversar com uma pessoa faladora ou interruptora, desestimule-a a falar demais dizendo-lhe com antecedência o que você precisa transmitir. Por exemplo, se tem três questões a apresentar, diga à pessoa que tem três coisas a dizer. Então levante os dedos conforme explica cada uma. Você também pode pré-visualizar dizendo algo como "Quero lhe falar de uma grande ideia e posso levar um minuto para explicar". Assim, a pessoa sabe que precisa lhe dar um pouco mais de tempo.

Crie uma presença poderosa

Se os sinais de amabilidade encantam, os de poder se agigantam. Combinados, eles criam uma presença memorável.

Em 2014, pesquisadores estudaram líderes muito carismáticos e descobriram que usam sinais não verbais para comover, inspirar ou cativar os outros.[24] E sua presença é contagiante. **A confiança deles gera confiança nos outros.**

Eles também se caracterizam pela capacidade de decodificar a necessidade emocional dos outros e **codificar** os sinais certos para inspirar e provocar emoções nas pessoas.

Quando mostraram aos participantes discursos gravados dos líderes e lhes pediram que classificassem os oradores de acordo com o carisma, os pesquisadores constataram que os oradores com nota mais alta fundiam os sinais de competência e de amabilidade. Eles:

- Usavam gestos dinâmicos com as mãos e o corpo.
- Tinham uma postura mais ereta.
- Mantinham contato visual, principalmente no fim das frases.
- Deixavam o corpo em uma postura mais aberta e não usavam comportamentos de bloqueio.
- Assentiam mais vezes.
- Eram mais expressivos em termos emocionais, no rosto, nos gestos e no tom de voz (falaremos mais disso na seção sobre sinais vocais).
- Convidavam os outros a falar.
- Sentavam-se à cabeceira da mesa.
- Tinham um repertório maior de sinais e estratégias para se exprimir.
- Tocavam-se menos, mas tocavam mais os outros.

Um cliente meu – vamos chamá-lo de Dave – lidera uma equipe com milhares de pessoas de uma cadeia de suprimentos internacional. Toda semana ele se reúne com os gerentes para falar das metas da semana. Ele me contou que essas reuniões tinham se estragado. As pessoas se atrasavam e faziam Dave perder tempo até todos chegarem. Não havia muito engajamento quando ele pedia feedback sobre os novos projetos. Dave desconfiava que as pessoas olhavam o e-mail enquanto ele apresentava mudanças importantes da empresa.

Juntos, assistimos a uma gravação do Zoom de uma reunião recente. Notamos na mesma hora algumas oportunidades perdidas que poderiam revigorar esses encontros importantes.

No começo da reunião, Dave entrou na sala de cabeça baixa e com o laptop diante do peito – um comportamento de bloqueio. Enquanto esperava os outros chegarem, ficou mexendo no celular – uma postura de pouco poder. E não cumprimentou as pessoas que foram chegando.

Quando a reunião começou, Dave passou os slides rapidamente, indicando-os com gestos para trás. Em vez de fitar o público, ele mal erguia os olhos, e o brilho da tela do laptop iluminava seu rosto. Quando não clicava para passar os slides, as mãos ficavam ocultas no colo, embaixo da mesa.

E contamos: Dave sorriu uma única vez... pelo aniversário de um colega.

Não foi uma reunião horrível, apenas chata e estéril. A presença de Dave não era ofensiva nem agressiva, mas fácil de esquecer.

Ele precisava fazer um reset de presença. Identificamos alguns sinais simples que Dave poderia empregar com facilidade para remodelar as reuniões.

Começamos transformando aquela entrada fácil de esquecer numa entrada grandiosa. Era ele quem comandava a reunião, que precisava começar quando ele entrasse. Nada de esperar. A demora para começar incentivava os outros a se atrasarem e indicava baixa energia e pouco impacto.

Na reunião seguinte, Dave entrou com o laptop *ao lado do corpo* e acenou para todos. Deu um grande sorriso e disse:

– Bom dia!

Enquanto passava pelos outros, tocava o ombro de cada um e dizia alô. Fez contato visual com os que estavam no outro lado da sala e cumprimentou pessoalmente todos os participantes.

Dave se sentou, ligou o computador e o empurrou para o lado, de modo a não bloquear mais a visão de ninguém na sala.

– Hoje temos algumas coisas na pauta, mas vamos começar com notícias rápidas sobre cada um. Digam como estão indo e em que projetos vão trabalhar esta semana.

Decidimos que a melhor maneira de fazer contato visual intencional seria começar com notícias rápidas de cada um. Deu certo em vários níveis. Primeiro, tirou todo mundo do e-mail. Segundo, quem se atrasasse não perderia nada importante enquanto cada um dizia o que estava fazendo. Terceiro, permitia que Dave olhasse cada pessoa, se inclinasse para ela e se defrontasse. Ele também se sentiu à vontade com o gesto das mãos em campanário enquanto ouvia as respostas.

Na parte dos slides, arranjamos um controle remoto para trocar os slides e deixar Dave mais livre para gesticular. Ele achou que seria estranho ficar em pé e apresentar com todos sentados; então sugerimos que posicionasse a cadeira alinhada ao meio da mesa e deixasse o computador bem para o lado. Isso abriu sua linguagem corporal, lhe permitiu gesticular mais e facilitou o ato de se virar e se defrontar com as pessoas enquanto falava.

Acrescentamos aos slides dois momentos-surpresa de humor: um meme engraçado para dar a partida e uma história de atendimento ao cliente no fim. Isso provocou risadas em todos. Em alguns slides técnicos, acrescentamos gestos explicativos para ajudar a compreensão.

No fim da apresentação, Dave abriu para perguntas. Em geral, isso não dava muito certo, mas dessa vez ele pousou o controle e abriu as mãos, mostrando as palmas, para a sala.

– Eu adoraria ouvir o que vocês estão pensando. – Dave então olhou para uma das principais engenheiras e perguntou: – Sarah, eu gostaria muito de saber o que você achou do novo modelo. Deixei alguma coisa de fora? – Ele levantou as sobrancelhas e se inclinou na direção dela.

Isso deu início a uma discussão da mesa inteira sobre a questão, com Dave dirigindo a conversa com gestos com a palma aberta e inclinações da cabeça. Ele assentiu para incentivar um colega introvertido a continuar falando sobre uma questão importante. Em geral, a reunião teve um clima muito diferente. As pessoas falaram mais, discutiram mais e ficaram longe dos computadores. O mais importante foi que Dave *se sentiu* mais capacitado como líder. Sabia exatamente o que precisava fazer para incentivar a equipe e inspirar confiança. Parou de tentar adivinhar. Sabia onde pôr as mãos, onde ficar em pé e como envolver os outros, principalmente os introvertidos. Sua confiança inspirou confiança em todos.

Depois da reunião, um dos engenheiros lhe mandou uma mensagem: "Foi uma ÓTIMA reunião. Adorei!" Isso nunca tinha acontecido. Foi o começo de muitas ótimas reuniões futuras.

Como é sua presença? Você inspira competência? Amabilidade? Carisma? Agora você tem um portfólio de sinais para usar e chegar ao ponto certo do carisma.

SINAIS DE AMABILIDADE
- Inclinar a cabeça
- Assentir
- Erguer as sobrancelhas
- Sorrisos plenos
- Toque
- Espelhamento

SINAIS DE CARISMA
- Defrontar-se
- Antibloqueio
- Inclinar-se para a frente
- Bom uso do espaço
- Olhar

SINAIS DE COMPETÊNCIA
- Postura de poder
- Pálpebras contraídas
- Mãos em campanário
- Gestos explicativos
- Mostrar a palma das mãos

AMABILIDADE

COMPETÊNCIA

DESAFIO DO CAPÍTULO

Vamos expandir nossa Tabela de Sinais acrescentando esses sinais de competência.

SINAL	DECODIFICAR	CODIFICAR	INTERNALIZAR
Postura de poder	Você percebe que algumas pessoas se encolhem perto de você? Ou que se expandem?	Tente afastar um pouco mais os pés. Relaxe os ombros. E agora, se sente mais confiante?	Algumas pessoas, lugares ou temas fazem você se contrair em ansiedade? Ou se expandir com confiança? Fique com o que lhe dá confiança.
Contração das pálpebras inferiores	Tente perceber três contrações das pálpebras inferiores em conversas ou na mídia. O que a pessoa estava tentando entender melhor?	Experimente contrair as pálpebras inferiores para incentivar alguém.	Quando usa a contração das pálpebras inferiores, você se sente mais curioso ou mais reprovador? Tente manter o sinal positivo.
Mãos em campanário	Você conhece alguém que costuma fazer esse gesto? Algum de seus personagens favoritos usa o campanário na TV ou em filmes?	Tente usar as mãos em campanário em pelo menos três situações distintas (ex.: uma videochamada, conversando com um amigo e durante uma reunião). Como você se sente?	Fazer o gesto das mãos em campanário faz você se sentir bobo ou forte? Você decide se dá certo com você!

Gestos explicativos	Em sua vida, quem gesticula demais? Quem gesticula de menos?	Experimente acrescentar mais gestos a seu discurso rápido de vendas.	Você presta atenção demais nas mãos enquanto fala? Não precisa! Basta encontrar alguns gestos de que goste e usá-los naturalmente.
Mostrar a palma das mãos	Consegue pensar em algum exemplo da cultura pop de gente mostrando a palma das mãos?	Você usa esse gesto? Tente usá-lo três vezes esta semana.	Expor a palma das mãos faz você se sentir vulnerável ou poderoso? Descubra a forma de fazer esse gesto que dê certo para você.

CAPÍTULO 6

COMO IDENTIFICAR "VILÕES"... E NÃO SER UM DELES

Em 25 de agosto de 2005, o ciclista Lance Armstrong, campeão do Tour de France, foi ao programa *Larry King Live* para convencer o público de que não usava doping.[1] Escutei suas palavras, observei suas expressões quase sinceras e pensei: *Esse sujeito está escondendo alguma coisa.*

Na época, eu não sabia por que tive essa sensação. Hoje, sei que Armstrong dava sinais não verbais negativos de todos os tipos e instintivamente eu os percebi.

Com alguns minutos da entrevista, Armstrong contou uma mentira deslavada sobre seu uso de substâncias para melhorar o desempenho. "Que maluquice", disse ele. "Eu nunca faria isso... isso é... Não. Não tem como." Então ele **apertou os lábios**.

Apertar os lábios indica que a pessoa está omitindo ou reprimindo seus verdadeiros sentimentos. Quando hesitamos em dizer alguma coisa, apertamos os lábios para "não deixar sair".

Oito anos depois, Armstrong finalmente admitiu seu imenso esquema oculto de uso de doping desde a década de 1990.

O sinal dos lábios apertados cai diretamente na Zona do Perigo. Os sinais da Zona do Perigo são bandeiras de alerta que indicam a possibilidade de algo negativo. Quando vistos, merecem mais investigação. Indicam ansiedade, tédio, confusão, defensividade, mente fechada, incompetência ou agressão. Esteja sempre de olho para **decodificar** e abordar esses sinais, e tome cuidado para você mesmo não **codificá-los**.

Larry King Live, CNN. Na imagem: "Exclusivo: Lance Armstrong se manifesta. / O sobrevivente de câncer, ciclista e sete vezes campeão do Tour de France nega acusações de uso de substâncias."

SINAIS DE AMABILIDADE
- Inclinar a cabeça
- Assentir
- Erguer as sobrancelhas
- Sorrisos plenos
- Toque
- Espelhamento

SINAIS DE CARISMA
- Defrontar-se
- Antibloqueio
- Inclinar-se para a frente
- Bom uso do espaço
- Olhar

SINAIS DE COMPETÊNCIA
- Postura de poder
- Pálpebras contraídas
- Mãos em campanário
- Gestos explicativos
- Mostrar a palma das mãos

AMABILIDADE

COMPETÊNCIA

Minta pra Mim

Você já se perguntou o que acontece com sua linguagem corporal quando mente? Se deixa vazar alguma pista? Está na hora de descobrir.

Vamos fazer um joguinho que chamo de Minta pra Mim. Você vai precisar de cinco minutos e um modo de se gravar.

Sente-se num lugar bem iluminado para que sua câmera grave com nitidez seu rosto, suas mãos e a parte superior do seu corpo. Abra a câmera do celular ou do computador e comece a gravar.

PARE AQUI ATÉ ESTAR PRONTO PARA GRAVAR. NÃO OLHE A PERGUNTA ANTES DE COMEÇAR A GRAVAR.

Pronto? Ótimo. Olhe para a câmera e responda à seguinte pergunta em voz alta. Finja que vai me mandar o vídeo para que eu o analise. Ou seja, fale frases completas, veja se a iluminação está boa (vamos procurar pequenos sinais em seu rosto) e finja que está mesmo falando com alguém. Se não conseguir pensar imediatamente na resposta, tudo bem, mas **não pause a gravação**. O que você faz enquanto *pensa* na resposta é igualmente importante na identificação. Pense em suas respostas o mais depressa possível.

Responda às seguintes perguntas olhando para a câmera:

- PERGUNTA Nº 1: O que você comeu ontem no café da manhã?

- PERGUNTA Nº 2: Qual foi o momento mais embaraçoso que você já viveu? Conte a história toda, com o máximo possível de detalhes.

- PERGUNTA Nº 3: Invente uma história embaraçosa que não tenha acontecido com você. Quando estiver pronto, conte-a para a câmera da maneira mais convincente possível.

Feito? Ótimo! Guarde o vídeo e vamos revisá-lo no fim do capítulo.

A primeira pergunta é uma tarefa de *recordação*. A meta é ver como você fica quando se lembra de uma verdade que não é embaraçosa nem estressante, só factual.

A segunda pergunta é de *recordação embaraçosa*. A meta é ver como você fica quando se lembra de uma verdade um pouco vergonhosa ou que provoque ansiedade.

A terceira pergunta é a *mentira*.

No fim do capítulo vamos decodificar os sinais não verbais de cada uma para ver como você se exprime quando recorda algo, quando sente vergonha e quando mente.

Fizemos centenas de pessoas gravarem isso em nosso site e nos enviar seu vídeo Minta pra Mim. Minha equipe incrível e eu passamos horas e horas decodificando os vídeos e procurando padrões. Constatamos que ninguém transmite sinais de que está mentindo – e a pesquisa sustenta isso.[2] Para azar nosso, não há nariz de Pinóquio na vida real.

No entanto, alguns sinais indicam ansiedade, vergonha e culpa. Quando vemos esses sinais, é importante notar que eles não indicam necessariamente mentiras, mas são sinais de perigo que devem ser investigados.

SINAL DE PERIGO Nº 1: Distanciamento

"Não sou bandido. Mereci tudo que ganhei", disse o presidente Richard Nixon numa entrevista coletiva em 17 de novembro de 1973.[3]

É claro que hoje sabemos que essa frase famosa era mentira. Nixon estava envolvidíssimo na conspiração criminosa de Watergate.

Sempre ouvi essa frase, mas nunca a vi sendo dita. Acontece que, quando assistimos à gravação original de Nixon dizendo essa frase, é possível notar um sinal não verbal interessante. Imediatamente depois de falar, ele dá um grande passo para trás no pódio.

Esse é um **sinal de distanciamento**. Quando não gostamos de alguma coisa, sentimos vontade de nos distanciar fisicamente. Quando pensamos que algo é ameaçador ou perigoso, queremos nos afastar o máximo possível.

E sabe o que é realmente perigoso? Mentir. Enganar nos traz problemas. Sentimos culpa, vergonha e medo – emoções fisicamente angustiantes para o corpo.

Um dos primeiros sinais que notamos nos vídeos Minta pra Mim foi que, na terceira pergunta (a da mentira), as pessoas tendiam a se inclinar para longe da câmera, empurrar a cadeira para trás ou virar a cabeça enquanto mentiam (ou se preparavam para mentir).

Esteja sempre atento a comportamentos súbitos de distanciamento, como:

- Dar um passo para trás
- Recostar-se na cadeira
- Virar a cabeça ou o corpo para outro lado
- Recuar
- Virar-se para olhar o celular
- Inclinar-se para trás

Distanciar-se é um sinal sutil de que alguém disse, viu ou ouviu algo que não lhe caiu bem.

É claro que também precisamos ter certeza de que *você* não está se distanciando por acaso. Os outros não reagirão bem se sentirem que você está recuando ou se virando. **O distanciamento físico pode provocar distanciamento emocional.** As pessoas mais carismáticas são estáveis, presentes e envolvidas. Elas se defrontam, se inclinam para a frente, se aproximam. Distanciar-se é o oposto desses sinais positivos.

Além de deixar você menos carismático, distanciar-se também pode causar impacto negativo nas pessoas com quem você está. Num estudo, fisioterapeutas foram gravados enquanto trabalhavam com os pacientes.[4] Os fisioterapeutas que exibiam sinais não verbais negativos – especificamente, desviar o olhar e não sorrir para os pacientes – causaram efeito negativo sobre a *saúde* dos pacientes. Quanto mais distanciamento os fisioterapeutas demonstravam, pior era a função física e cognitiva dos pacientes na alta *e* três meses depois! Os fisioterapeutas que faziam que sim, sorriam e se inclinavam para o paciente obtiveram melhor resultado.

Já notei que as pessoas tendem a se distanciar sem querer. Isso acontece de duas maneiras.

Primeiro, *phubbing*, algo como **celosnobar**. Essa palavra inventada une *phone* (celular) e *snubbing* (esnobar) e é o que você faz quando ignora a pessoa com quem está e se vira para olhar o celular. Além de *muito* grosseiro, a pesquisa constata que também deixa você menos digno de confiança.[5] Você entra diretamente na Zona do Perigo.

A segunda maneira de nos distanciarmos sem querer ocorre quando nos apresentamos, fazemos um brinde ou falamos diante de um grupo. Em nosso curso de Apresentações Poderosas, pedi aos alunos que enviassem vídeos de apresentações que não deram certo – sabe aqueles momentos que você preferiria refazer? Um padrão frequente que encontramos foi que os apresentadores nervosos costumavam ir até a frente do grupo, falar a primeira frase e dar um passo para trás ou se apoiar no pé recuado. Isso os forçava a expor as primeiras questões enquanto ainda se balançavam para a frente e para trás, de um pé para o outro, e pareciam inseguros.

Era um golpe duplo em seu carisma. Aquele distanciamento para trás indicava a falta de conexão com o público e os fazia parecer instáveis. Também distraía a plateia.

Outro tropeço acidental: notamos apresentadores fazendo defesas excelentes... de costas para o público. Os apresentadores se viravam para pegar coisas no quadro ou indicar os slides atrás deles, davam as costas para o público e acabavam se defrontando com seus slides em vez de com as pessoas.

Veja como evitar esses sinais negativos:

- Antes de começar, escolha um ponto do piso para fazer sua abertura. Vá até lá e plante os pés.
- Evite os pés nervosos (dar um passo para trás, balançar-se de um lado para outro, arrastar os pés) e não fique na ponta dos pés.
- Sempre use o controle remoto para mudar os slides para clicar sem ter que se virar nem se curvar sobre o computador.
- Tente decorar a ordem dos slides e as anotações para não ficar olhando para trás nem se virando para o monitor para ver o que vem em seguida.
- Quando precisar que os espectadores olhem os slides ou o quadro atrás de você, vá para o lado e faça o gesto de mão aberta.
- Se estiver desenhando no quadro-branco ou na tela, tente memorizar os pontos principais para explicá-los quando terminar ou interrompa o desenho nos pontos importantes para explicá-los de frente para o público.

- Se estiver sentado enquanto fala, seria bom usar uma cadeira giratória para se virar com facilidade. Apenas tome cuidado para não girar sem querer (nem se balançar na cadeira).
- Tende a recuar quando se apresenta? Já vi apresentadores nervosos terminarem com as costas praticamente grudadas na parede ao fim das apresentações! Para evitar isso, ponha a água, as anotações e o computador na mesa, na área de onde você quer se apresentar. Isso vai mantê-lo ancorado na frente.

Já deu branco durante uma apresentação? Ou esqueceu onde estava? Embora seja prejudicial nos relacionamentos interpessoais, recuar é útil quando você tenta descobrir alguma coisa. Um grupo de pesquisadores verificou que, quando dão literalmente um passo para trás em um projeto grande demais, as pessoas se sentem mais capazes e no controle.[6]

Quando tiver um branco, dê um passo para trás para rearrumar os pensamentos. Vá para trás, recupere a respiração, tome um gole d'água e avance de novo quando estiver pronto para voltar aos trilhos.

Não consegue entender alguma coisa? Não se lembra daquela palavra? Se estiver sozinho à sua mesa, tente recuar ou dar um passo para trás. Aumentar o espaço físico pode abrir mais espaço mental.

> **Princípio:** A distância física pode provocar distância emocional. Não se vire para outro lado, vire-se para a frente. Não recue, avance.

QUANDO VOCÊ DEVE NOTAR DISTANCIAMENTO
- Você disse ou fez algo que deixou alguém nervoso ou pouco à vontade.
- Alguém acabou de mentir e quer se afastar ao máximo do problema.
- Quando alguém se distrai com o celular, a tela, o computador ou os slides atrás de si.

O QUE FAZER QUANDO NOTAR DISTANCIAMENTO
- **Pesquise:** Qual foi o gatilho que fez a pessoa se distanciar? Qual foi a razão para *você* se distanciar?

- **Resolva:** Dê esclarecimentos, desfaça a confusão e siga em frente.
- **Conexão:** Encontre algo que interesse a vocês dois. Procure uma razão para se vincular, conectar e sintonizar.

SINAL DE PERIGO Nº 2: Autoconforto

Britney Spears está no programa de TV *Dateline* e é interrogada sobre seu segundo marido, Kevin Federline.[7] Estamos em 2006, eles já têm um filho de 9 meses e Britney está grávida outra vez.

O entrevistador faz a Britney uma pergunta sobre o começo do seu relacionamento com Kevin. Na mesma hora ela se recosta na cadeira, num gesto de distanciamento.

Em seguida, ela leva as mãos à testa e afasta o cabelo do rosto. É um gesto de ventilação. A **ventilação** é a tentativa de trazer fluxo de ar à pele para prevenir o suor decorrente do nervosismo. As pessoas "ventilam" erguendo o cabelo, afastando a gola do pescoço ou se abanando.

Um segundo depois, Britney começa a esfregar ritmicamente a lateral da panturrilha. É um **gesto de autoconforto**.

Já foi constatado que nos tocamos mais quando falamos de temas que produzem ansiedade.[8] Pense em quando somos pequenos: a mãe esfrega as costas do bebê, o pai dá tapinhas na cabeça das crianças para acalmá-las. Mesmo depois de adultos, esse desejo de consolo permanece, então inconscientemente esfregamos o pescoço, torcemos as mãos, acariciamos as pernas. O toque faz o corpo produzir ocitocina, que nos deixa calmos e conectados.

Os gestos de autoconforto, como roer as unhas e morder a ponta da caneta, são chamados de gestos de **pacificação**, porque, tal como a chupeta, podem ser usados para aliviar a ansiedade. Há também quem morda os lábios ou o interior da bochecha. Tudo isso nos remete à chupeta ou à mamadeira, que realmente eram muito reconfortantes.

Também podemos nos reconfortar nos ajeitando, com gestos de **arrumação**. É quando usamos o toque para melhorar nossa aparência, seja de propósito ou por puro hábito. Mexemos no cabelo, retocamos a maquiagem, ajeitamos as roupas... A tentativa de Britney de afastar o cabelo do rosto também pode ter sido esse tipo de sinal.

> ⭐
> ### DICA DIVERTIDA
> ### Arrumação namoradeira
>
> Arrumar-se nem sempre é um sinal da Zona do Perigo – também pode indicar flerte. Um estudo verificou que as mulheres fazem esses gestos mais do que os homens e, em geral, em relacionamentos recentes ou ainda em construção,[9] mas não tanto quando já assumiram um compromisso. Isso talvez aconteça porque a arrumação é um modo de aumentar a autoestima, melhorar a aparência física (ajeitar as roupas, o cabelo, a maquiagem, etc.) ou até chamar a atenção para características físicas ao tocar a boca ou o cabelo. Ou seja: se não notar nenhum outro sinal da Zona do Perigo, talvez você seja o alvo do interesse romântico de alguém!

Alguns gestos comuns de autoconforto:

- Esfregar os braços ou torcer as mãos
- Esfregar a nuca
- Acariciar as coxas ou panturrilhas
- Estalar as juntas dos dedos
- Roer as unhas ou a ponta da caneta
- Morder o interior das bochechas ou os lábios

Outro tipo de gesto de conforto são determinadas maneiras de se movimentar: quando as pessoas se balançam para a frente e para trás, oscilam sobre os pés, agitam os joelhos ou andam de um lado para o outro. Mais uma vez, nossos pais nos ninavam para dormir, nos balançavam quando tínhamos cólica e andavam conosco no colo para nos acalmar. Quando adultos, tentamos fazer o mesmo por nós próprios. É por isso que a cadeira de balanço é tão relaxante. Várias pessoas têm mania de se balançar para a frente e para trás enquanto falam em público, em uma tentativa inconsciente de manter a calma.

O toque no nariz é outro gesto peculiar. Alguma coisa acontece ali quando mentimos – não chega a crescer, como o do Pinóquio, mas às vezes coça na hora da mentira. Em um estudo que fez uso de câmeras termográficas, psiquiatras viram que o nariz realmente esquenta quando as pessoas mentem![10] Isso pode causar comichão nas terminações nervosas, por isso muita gente tem o reflexo de tocar ou coçar o nariz nesses momentos.

Os pesquisadores Alan Hirsch e Charles Wolf dissecaram o depoimento de Bill Clinton no julgamento do caso Monica Lewinsky e contaram 26 toques no nariz quando ele mentia.[11]

Os gestos de autotoque afetam negativamente o carisma em dois níveis. Primeiro, com os gestos de autoconforto parecemos ansiosos. **Vários estudos mostram que gestos de conforto e movimentos incessantes ou incomuns nos deixam menos carismáticos.**[12]

Pessoas poderosas não desperdiçam energia em movimentos sem propósito. Fazem gestos para explicar, inclinam-se para enfatizar e só se mexem quando têm motivo para fazê-lo.

Isso me leva à segunda razão pela qual os gestos de consolo são tão prejudiciais: porque distraem quem ouve. Nosso olhar é atraído pelo movimento. Se você fala mas também estala os dedos ou acaricia a perna, seu interlocutor terá dificuldade em dar toda a atenção às suas palavras. Se você anda de um lado para o outro, as pessoas acharão difícil se concentrar na sua fala e não no seu corpo. Sinais de consolo reduzem a qualidade da mensagem.

Além disso, gestos de autoconforto também deixam o *público* nervoso. Uma equipe de pesquisadores constatou que, quando oradores se remexiam nervosamente no palco, o nível de cortisol do público aumentava![13] Lembra do Ciclo de Sinais? Nossos sinais não verbais são contagiosos. **Seus gestos nervosos inspiram nervosismo.**

Tudo bem, você sabe que os gestos de conforto são prejudiciais ao carisma, mas como parar de fazê-los? Se você tende a mexer em objetos ou na roupa, a andar de um lado para o outro e a roer as unhas, será difícil parar. Sei disso porque andar é um dos meus vícios não verbais. Em vez de parar de vez, incentivo você a usar a chamada **tática de deslocamento**.

Quando estamos ansiosos, andamos de lá pra cá para dar às pernas o que fazer. Ficamos mexendo em tudo porque não sabemos o que fazer com as mãos e precisamos de um escape para a ansiedade. A tática de deslocamento ajuda a se concentrar mentalmente e a dar ao corpo algo físico para fazer. Algumas ideias:

- Segure uma caneta ou um lápis.
- Use o controle do projetor. Isso me ajudou muito em apresentações! Assim consigo me manter de frente para o público e minimizar meus gestos irrefletidos de tensão.
- Segure uma caneca de chá ou café. Faço isso em eventos de networking. Deixo a mão direita livre para cumprimentos e seguro uma bebida na outra. Assim evito gestos inquietos.
- Apoie-se no pódio para não ficar se balançando.
- Use um corte de cabelo ou penteado que não dê vontade de mexer o tempo todo. Eu usei franja durante um mês, mas tive que deixar crescer porque não parava de afastá-la do rosto.
- Não use acessórios ou roupas que precisem ser ajeitados com frequência.

⭐

DICA DIVERTIDA
Segure o polegar

Certa vez fui entrevistada pela âncora de um telejornal, num estúdio amplo. Era a minha primeira entrevista de pé e eu não parava de me balançar para a frente e para trás. Ela me ensinou um truque para evitar isso: sugeriu que eu deixasse as mãos ao lado do corpo e apertasse o polegar contra o indicador, mantendo-os assim durante a entrevista. Fiquei chocada ao ver que realmente funcionava! Isso também me impediu de gesticular em excesso (tenho essa tendência). Ninguém vê e dá supercerto!

Princípio: Gestos de consolo distraem e prejudicam o carisma.

QUANDO VOCÊ VERÁ AUTOCONSOLO

- Quando alguém está ansioso, em dúvida ou pouco à vontade.
- Quando alguém tem o hábito de mexer em tudo ou de se ajeitar.
- Nas mãos: mãos que se torcem ou estalam dedos. Perto da boca: morder os lábios, as bochechas, a ponta de canetas. No pescoço: esfregar ou brincar com o cordão.

O QUE FAZER QUANDO VIR AUTOCONSOLO

- **Pesquise:** O que você disse que deixou a pessoa nervosa? A pessoa se remexe por ansiedade ou é apenas um hábito em momentos de nervosismo? Para algumas pessoas, gestos de autoconsolo são meramente habituais. Quando alguém exibe o tempo todo o mesmo tique não verbal, tente ignorá-lo (ou lhe dê este livro para que aprenda a parar).
- **Resolva:** Você nota que alguém para de se remexer quando você faz, diz ou aborda alguma coisa? Certa vez, eu estava conversando com uma colega que não parava de mexer no brinco. Não dei muita atenção, até que ela parou no instante em que mencionei o lançamento que faríamos no ano-novo. O fato de ela *parar* o sinal me fez perceber que eu mencionara algo importante. Depois de esmiuçar um pouco, percebi que ela estava muito nervosa com a correria de fim de ano e queria pedir ajuda.
- **Conexão:** Você deixa alguém nervoso? Conheça melhor a pessoa. Encontre pontos em comum com ela. Ajude-a a se sentir ouvida. Para tanto, use sinais de amabilidade: espelhamento, sorrisos de incentivo, erguer as sobrancelhas, etc.

SINAL DE PERIGO Nº 3: Bloquear

Michelle Poler venceu 10 medos... e filmou cada um deles. Ela saltou de paraquedas, depilou a virilha, comeu pratos muito apimentados.

Quando ela os publicou no YouTube, os vídeos viralizaram. Sua coragem deu início a um movimento que inspirava as pessoas a fazer o mesmo. Participei de um dos episódios para ajudar Michelle a superar o medo de falar com desconhecidos. Fizemos um vídeo nosso andando juntas pelas ruas de Nova York e distribuindo flores.[14]

Adoro assistir aos vídeos de Michelle porque são inspiradores e um grande instantâneo não verbal de como as pessoas ficam *antes* de fazer algo que lhes causa medo.

Num episódio divertidíssimo, Michelle depila a virilha pela primeira vez. Vemos que ela entra na sala e toca a **fúrcula esternal**, aquela depressão entre as duas clavículas. Ela faz isso outra vez quando se deita na mesa de depilação.

As pessoas costumam tocar esse ponto ou mexer em algo *perto* da fúrcula (um colar, uma gravata, uma echarpe) quando querem se acalmar. Ficamos nos sentindo mais seguros com a mão no coração, no peito ou no pescoço, as partes mais vulneráveis do corpo.

Michelle também demonstra o que chamo de **sorriso de medo**. Ela sorri e quase arregala os olhos. Esse é um sinal da Zona do Perigo porque é incoerente e, em geral, acontece quando a pessoa tenta sorrir para esconder o nervosismo. Às vezes, há quem faça isso sem querer na foto de perfil (principalmente quando detesta ser fotografado). Observe a sua e veja se o branco superior dos olhos não está aparecendo. Se estiver, isso só vai desviar a atenção do seu sorriso.

⭐

DICA DIVERTIDA
A fúrcula da tranquilidade

Tome cuidado para não tocar esse ponto do corpo sem querer, pois distrai o ouvinte e indica ansiedade. No entanto, o toque pode ser usado quando você precisar se acalmar depressa. No meu curso sobre falar em público, ensino aos alunos que podem recorrer a esse gesto quando se sentirem tensos antes de uma apresentação. Soa estranho, mas funciona.

Tocar a fúrcula esternal também é um **gesto de bloqueio**. Aprendemos o antibloqueio no Capítulo 3. Nos sentimos protegidos quando bloqueamos o corpo com os braços, as mãos ou um adereço como o computador ou um caderno, mas o bloqueio indica mente fechada. Quando ameaçados ou pouco à vontade, nos bloqueamos para proteger nossas áreas mais vulneráveis.

Há três tipos de gesto de bloqueio, e Michelle exibe os três.

- O **bloqueio do corpo** protege o coração, o pulmão e o abdome. Nos vídeos de Michelle, ela se abraça, põe o braço na frente do peito, toca a fúrcula esternal e segura itens diante do corpo.
- O **bloqueio da boca** protege nosso único mecanismo para consumir água e nutrição (e nossa melhor maneira de nos comunicar). Quando têm medo, é comum as pessoas levarem a mão à boca ou bater na boca com a mão. Roer as unhas é um bloqueio da boca e também um gesto de autoconforto. É por isso que as pessoas têm tanta dificuldade de perder esse hábito!
- O **bloqueio dos olhos** os protege de algum dano. Ao receber más notícias, é comum as pessoas cobrirem o rosto ou os olhos com as mãos ou tirar os óculos para esfregar os olhos com exasperação. Inconscientemente, elas tentam evitar serem alcançadas pela notícia e dar a si mesmas um instante para processá-la. É como fechar tudo para ter tempo de pensar. Esfregar as pálpebras estimula o nervo vago, que ajuda a desacelerar o coração e o ritmo respiratório quando massageado.[15] Um toque rápido no olho é uma das maneiras mais rápidas de se acalmar.

Na verdade, Michelle tem uma lista inteira de medos ligados à dor. Não surpreende que sejam os que causam mais bloqueio dos olhos e da boca. Quando sentimos dor, só conseguimos nos concentrar nela e queremos literalmente bloquear o resto do mundo. E bloqueamos a boca quando sentimos dor (mordemos os nós dos dedos, cobrimos a boca, sugamos os lábios) porque tentamos sufocar a vontade de gritar. Ai!

> ⭐
> **DICA DIVERTIDA**
> **Deixe-me ver você**
>
> Quando quiser formar um laço, tente tirar os óculos de propósito. Sutilmente, você diz "Quero ver você com clareza e não ter barreiras entre nós". É claro que, se precisa dos óculos para realmente enxergar a pessoa, ignore essa dica! Mas, se os usa para ler, faça questão de retirá-los no começo de uma interação, como se dissesse "Quero ver você".

Piscar com frequência é outro tipo de bloqueio dos olhos. A pesquisa diz que essa frequência aumenta quando estamos nervosos.[16] Assim nos protegemos de possíveis ameaças e ganhamos tempo para pensar.

Um pesquisador calculou a frequência com que o presidente Nixon piscava nas sessões do julgamento de Watergate e constatou que essa frequência aumentava de forma significativa quando lhe faziam uma pergunta que ele não estava preparado para responder.[17]

Para ver isso em ação, assista ao vídeo de Britney Spears no programa *Dateline*. Quando lhe perguntaram se ela estava preocupada com as traições do marido, ela piscou uma série de vezes e inspirou fundo antes de responder. Essa pergunta a deixou realmente muito nervosa.

Não se esqueça de decodificar os bloqueios súbitos e deixar as pessoas à vontade quando achar que alguma coisa causou nervosismo ou constrangimento.

O mais importante é **não codificar sua própria ansiedade com bloqueios acidentais**. Esses sinais colocam você imediatamente na Zona do Perigo.

> **Princípio:** Bloqueamos o corpo, os olhos e a boca para nos proteger.

QUANDO VOCÊ PODE VER O BLOQUEIO
- Quando alguém se sente ansioso, nervoso ou pouco à vontade.
- Quando alguém precisa de tempo para pensar e bloqueia tudo mais.
- Quando alguém acabou de ouvir algo surpreendente, negativo ou ameaçador.

O QUE FAZER QUANDO VIR O BLOQUEIO
- **Pesquise:** Fique atento a bloqueios súbitos. Em geral, isso indica que alguém precisa ser tranquilizado. Basta você descobrir por que e procurar ajudar.
- **Resolva:** Quando souber a causa da ansiedade, você tem opções: acalmar ou resolver. Pode ajudar a reduzir a ansiedade? Pode resolver o problema?
- **Conexão:** Não pode resolver nem acalmar? Dê espaço. Às vezes as pessoas preferem processar a ansiedade por conta própria.

SINAL DE PERIGO Nº 4: A marca da vergonha

Em 3 de julho de 2005, o comediante e ator George Lopez estacionou diante de sua casa em Los Angeles, na Califórnia. Um agente local, oito trabalhadores e dois tratores o aguardavam.

De acordo com o agente da prefeitura, Lopez deixara de responder a cinco cartas oficiais que avisavam que sua propriedade desobedecia às normas e que seria preciso demolir um dos cômodos da casa. Lopez protestou e argumentou. Questionou e implorou, mas os homens estavam prontos. Não houve solução. O trator avançou para a fachada.

Momentos antes que o trator atingisse a casa, o ator Ashton Kutcher chegou correndo, acompanhado por câmeras. O agente da prefeitura e os outros homens eram atores, num golpe elaborado para enganar Lopez no programa de pegadinhas da TV americana *Punk'd*.[18]

Quando viu Kutcher e ouviu que era brincadeira, Lopez imediatamente pôs as mãos na testa e olhou para baixo. Esse é o mais perfeito **sinal de vergonha**. Quando ficamos envergonhados, tocamos de leve a testa e, em geral, também baixamos os olhos ou a cabeça.[19]

Em programas de pegadinhas tem sempre o momento em que a brincadeira é revelada. É um gesto que combina autoconforto e bloqueio dos olhos. Quando sentimos vergonha, tentamos disfarçar desviando o olhar e tocando a testa para proteger o rosto ou nos esconder da informação que nos envergonhou. Também é um modo de encobrir nossa reação facial.

Quando aprendi o sinal de vergonha, fiquei chocada em notar como era frequente nas interações cotidianas. As situações mais comuns em que o vemos são:

- **Falar de dinheiro.** Vejo com frequência o gesto da vergonha quando as pessoas discutem questões financeiras. Falar de dinheiro nos deixa com vergonha. Quando vir esse sinal, preste muita atenção! Agora você possui uma incrível informação privilegiada: para essa pessoa, o dinheiro tem uma carga sensível ou emocional. Simplifique a mensagem, ponha tudo por escrito e tente avisar a pessoa antes de qualquer discussão sobre o assunto.
- **Incompreensão ou desconhecimento.** É comum as pessoas mostrarem vergonha quando não entendem ou não sabem algo. Perguntou a um colega o cronograma do novo projeto e viu o gesto da vergonha? Ele pode estar confuso ou desconfortável com o projeto, o cronograma ou algum aspecto do trabalho.
- **Intimidade demais.** Gosto muito de conversas longas, íntimas e profundas (e caminhadas na praia), mas isso não é para todo mundo. Às vezes acho que faço perguntas pessoais cedo demais a pessoas que não se sentem confortáveis com isso. Se exagero assim, é provável que eu veja o gesto da vergonha. Nesse caso, sei que preciso desacelerar e recuar verbalmente.
- **Alguém cometeu um erro.** Quando fazem algo errado, é comum as pessoas fazerem o toque da vergonha. Isso pode acontecer quando você aponta o erro OU quando a pessoa percebe que o cometeu, às vezes antes de você perceber! Já detectei erros mais cedo ao notar a pessoa fazer o toque da vergonha depois de se dar conta da própria falha.

A vergonha é um dos sinais mais poderosos de se perceber, porque indica que você está perto da Zona do Perigo. Em si, não é mau sinal, mas é um indicador importante de que você pode estar tropeçando num tema, numa ideia ou numa situação que deixa o outro nervoso. **A vergonha como reação indica que você está entrando na Zona do Perigo!** Quando notá-la, avance com cautela.

> **Princípio**: O toque da vergonha é um forte marcador de nervosismo.

QUANDO VOCÊ PODE NOTAR VERGONHA
- Quando deixou alguém sem graça.
- Quando tocou num assunto controverso ou pessoal demais. Isso acontece com mais frequência quando interagimos com introvertidos.
- Quando alguém está confuso ou preocupado e não sabe como abordar isso com você.

O QUE FAZER QUANDO NOTAR VERGONHA
- **Pesquise:** Você disse ou fez algo que deixou a pessoa sem graça, com vergonha ou confusa? Descubra por quê!
- **Resolva:** Receba a vergonha de braços abertos. Não critique nem deboche! Quando você não a respeita, a vergonha pode forçar o outro a se fechar, recuar e perder a confiança em *você*. Proporcione segurança e aceitação.
- **Conexão:** Uma das melhores maneiras de aliviar a vergonha é revelar uma vulnerabilidade mútua. Certa vez percebi o embaraço de um novo membro da equipe quando revisávamos nosso software de e-mail extremamente técnico. Na mesma hora entrei no modo de tranquilização. "Quer saber? Levei *meses* para aprender isso. Você já avançou muito nos últimos dias. Isso é ótimo! E estaremos aqui para ajudar conforme você for aprendendo." Um momento de vergonha se transformou num momento de conexão.

SINAL DE PERIGO Nº 5: Você está bem?

Tenho um problema: uma permanente cara de irritada, mesmo quando me sinto completamente neutra.

Alguém já lhe perguntou se você estava zangado quando estava completamente normal?

Ou lhe disse que você parecia cansado mesmo depois de uma boa noite de sono?

Sei bem como é!

> **Permanente cara de irritada**: Você parece um pouco irritado, triste ou zangado, mesmo quando está perfeitamente bem.

Como fica seu rosto quando você está pensando? Escutando alguém? Trabalhando? Isso importa mais do que você pensa.[20] Como seres humanos, nos sintonizamos muito com o rosto dos outros e os examinamos constantemente atrás de sinais. Os rostos nos dão muita informação;[21] além de nos dizer o que *o outro* está pensando, sua expressão facial também nos diz *o que* pensar.

Se você não gosta de alguma coisa, talvez também não gostemos.

Se está com medo, talvez também devêssemos estar.

Examinamos o tempo todo o rosto das pessoas que nos cercam, em busca de sinais ocultos do que sentir e pensar. Esse comportamento começa em idade muito tenra.

Um pesquisador pediu que os pais pegassem no colo seu bebê de 1 ano.[22] Então ele pôs duas caixas na mesa diante deles, de modo que o bebê pudesse ver o pesquisador e as caixas.

Primeiro o pesquisador abriu uma das caixas e fez uma expressão de alegria. Fez questão de que o bebê visse sua reação, mas não o que havia na caixa. Então abriu a segunda caixa e fez uma expressão negativa. Novamente, o bebê só viu o rosto do pesquisador.

Depois o pesquisador pôs as duas caixas diante do bebê. Assim ele descobriu que *todos* os bebês estendiam a mão imediatamente para a caixa que provocara alegria, mas evitavam a que provocara repulsa. **Aprendemos com que queremos nos envolver observando a expressão facial dos outros.**

Três expressões faciais negativas contribuem mais para a permanente cara de irritada.*

1. **Raiva:** Quando zangados, baixamos as sobrancelhas e franzimos a testa. Isso cria duas linhas verticais na testa.

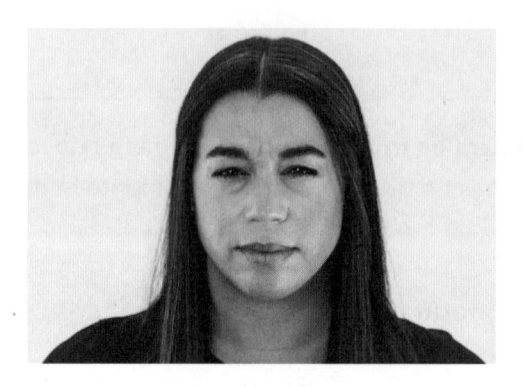

O músculo que une e puxa as sobrancelhas para baixo é o corrugador do supercílio. É usado para exprimir várias emoções negativas, da raiva à preocupação e à confusão, e reconhecemos a testa franzida como algo negativo. Se seu rosto em repouso inclui a testa franzida – e muita gente ativa o corrugador do supercílio quando se concentra –, os outros podem achar que você está irritado.

É aí que fica ainda mais interessante: a testa franzida, além de parecer negativa, *dá uma sensação* negativa.

Pesquisadores constataram que, em geral, franzir a testa gera mais emoções negativas. **A testa franzida nos deixa menos felizes, menos agradáveis e menos engajados em termos gerais.**[23]

Uma motivação e tanto para relaxar essa testa!

---

* Ekman descobriu sete expressões faciais universais: felicidade, desprezo, medo, tristeza, repulsa, surpresa e raiva. Tenho um capítulo inteiro dedicado a elas em meu livro *Captivate*.

⭐ DICA DIVERTIDA
Botox

Incrivelmente, a pesquisa confirma que quem usa Botox para amortecer os músculos da testa se sente menos zangado e irritado.[24] Quando os músculos não conseguem fisicamente fazer cara de raiva, você realmente sente menos raiva. No entanto, quando usam Botox nas rugas do sorriso, as pessoas também sentem menos alegria.

- **Codificação da raiva:** Olhe-se no espelho e se concentre. Você vê duas linhas verticais entre as sobrancelhas? Para evitar a cara irritada em repouso, tente manter as sobrancelhas relaxadas.

⭐ DICA DIVERTIDA
O sol!

Faça uma verificação rápida de suas fotos de perfil. Às vezes, tirar fotos no sol força a franzir a testa sem querer, fazendo você parecer irritado. **Pesquisadores realmente estudaram isso e descobriram que o franzir da testa provocado pelo sol usa os mesmos músculos da raiva.**[25] Quando foram para o sol sem óculos escuros, os participantes se sentiram mais zangados e agressivos quando comparados a quem os usava. Essa testa franzida é poderosa!

- **Decodificação da raiva:** Esteja sempre atento a testas franzidas. É a cara de concentração da pessoa? Ótimo, deixa pra lá. A pessoa está um pouco zangada? É um aviso de perigo! Faça contato e tente resolver.

> ⭐
> **IMPORTANTE**
> ## Lábios franzidos
>
> Às vezes, quando estamos zangados, contraímos os lábios e os apertamos numa linha rígida, os **lábios franzidos**. Lembra-se de como Lance Armstrong franziu os lábios depois de mentir? Quando zangados, é comum tentarmos sufocar um grito ou conter uma explosão. Emocionalmente, tentamos nos "manter frios", e a tensão aparece fisicamente: franzir os lábios, cerrar os punhos, trincar os dentes. Se você vir alguém franzir os lábios, a pessoa pode estar escondendo alguma coisa ou a caminho de ter um ataque de raiva.

2. **Tristeza:** Quando tristes, forçamos os cantos da boca para baixo. Também baixamos as pálpebras e juntamos os cantos das sobrancelhas.

Infelizmente, meu rosto fica perigosamente perto da tristeza quando está em repouso. Isso acontece porque minha boca é naturalmente virada para baixo; em repouso, os cantos da boca apontam para o queixo. Também tenho pálpebras muito grandes – pois é, uma característica facial que me faz parecer sonolenta mesmo quando estou bem desperta.

Agora que sei disso, consigo corrigir. Quando estou numa reunião importante ou gravo um vídeo, procuro abrir os olhos um pouco mais do que o normal e mantenho a boca numa posição mais erguida.

Também consigo isso com maquiagem. Uso o delineador para puxar os cantos das pálpebras para cima e sombra para que pareçam mais abertas. Essas pequenas mudanças afetam drasticamente meu engajamento.

Do mesmo modo, se você tiver uma permanente cara de zangada, tente posicionar a câmera um pouco acima da linha dos olhos. Isso obriga a olhar para cima, o que aumenta os olhos e dá a impressão de que estamos acordados. Quando estiver numa reunião importante, aponte os cantos da boca para cima ou erga as sobrancelhas na primeira impressão ou em momentos importantes. É um modo sutil de mostrar aos outros que você está engajado e nem um pouco entediado.

DICA DIVERTIDA
Sorriso invertido

Quando curvamos os cantos da boca para baixo, como um sorriso ao inverso, formamos uma expressão de dúvida ou descrença, a caminho da tristeza – ficaríamos tristes se o que vemos ou ouvimos não fosse verdade. Quando vir esse sinal, pare e preste atenção. Você precisa explicar melhor a questão? Obter esclarecimentos? Ver se todo mundo está de acordo? Não deixe de ficar atento a sorrisos invertidos.

- **Codificação da tristeza:** Para que lado sua boca se vira? Seus traços faciais codificam uma determinada emoção? Essa informação você pode usar para ser mais objetivo quando for preciso.
- **Decodificação da tristeza:** Viu alguém baixar os cantos da boca? Avistou lábios torcidos? Com a tristeza, há duas opções: abordá-la para que a pessoa se sinta melhor ou lhe dar espaço. Às vezes, principalmente em ambientes profissionais, as pessoas precisam de espaço para lidar com a tristeza.

3. **Desprezo:** O desprezo surge quando erguemos um dos lados da boca.

George W. Bush concorria à Presidência dos Estados Unidos. E ele tinha um problema: fazia cara de desdém. Muitas vezes. E isso incomodava as pessoas. "A famosa cara de desprezo criava a 'impressão errada'", disse o escritor político Dr. Drew Westen.

O Partido Republicano entrou em ação e rapidamente treinou Bush a demonstrar *"gravitas* em vez de *hubris".*[26]

"A cara de desprezo causa muita preocupação justificada nos círculos republicanos", publicou a revista *Slate* em 1999, numa reportagem chamada "George W.'s Smirk" (o sorriso desdenhoso de George W.).[27]

É a expressão facial mais simples, mas também a que mais confunde. O desprezo – escárnio, desdém ou superioridade – é muito confundido com tédio, apatia e apreensão. Quando os pesquisadores pediram aos participantes que identificassem expressões faciais, apenas 43% identificaram corretamente o desprezo – o menor percentual de todas as expressões![28]

Vejo o tempo todo essa confusão do desprezo quando as pessoas usam o emoji 😏 na intenção de transmitir felicidade 🙂. Esse sorriso assimétrico mostra desdém, não uma alegria suave!

A pesquisa mostra que o desprezo é a forma mais comum da cara irritada em repouso.[29] E isso é importante em nossas relações profissionais, sociais e até românticas.

O Dr. John Gottman, terapeuta matrimonial e pesquisador em Seattle,[30] fez um experimento de 30 anos para descobrir por que determinados casais se divorciam e outros se mantêm juntos. Ele queria saber se conseguiria perceber nos casais padrões que lhe permitissem prever o futuro do relacionamento.

Gottman encontrou um único sinal para prever o destino dos casais: o desprezo. Quando um ou dois integrantes do casal demonstravam desprezo pelo parceiro na entrevista inicial, havia uma probabilidade de 93% de divórcio!

⭐

IMPORTANTE
Pontuadores

Pesquisadores descobriram que a maioria tem um gesto ou uma expressão usada para pontuar ou enfatizar suas palavras.[31] São os chamados **pontuadores**.

Os pontuadores são sinais, gestos ou expressões faciais que os seres humanos usam para enfatizar suas palavras sem o significado emocional correspondente.

Por exemplo, o ator e apresentador de podcast Dax Shepard é zombado muitas vezes por Monica Padman, sua colega no podcast Armchair Expert, pelo pontuador não verbal que costuma fazer: **abrir as narinas**. Esse é um sinal da Zona do Perigo e indica agressividade.[32]

Quando precisamos inspirar rápido, as narinas se dilatam e se expandem. Também tensionamos e expandimos as narinas quando estamos zangados.

Mas Padman notou que Shepard faz isso sem estar zangado (portanto, é um mero pontuador). Ela o aconselhou a manter as narinas sob controle, porque é grosseiro com os convidados.

Se você codifica um pontuador que, por acaso, é um sinal negativo, tente trocá-lo por um sinal mais positivo ou neutro.

Se você vê colegas, amigos ou familiares mostrarem o mesmo sinal várias e várias vezes, aparentemente em momentos aleatórios, é provável que seja apenas um pontuador.

O desprezo é uma emoção muito poderosa. Se não for resolvida, apodrece. Sem controle, o desprezo pode se transformar em desrespeito e ódio se não for apaziguado.

- **Codificação do desprezo:** Evite fazer cara de desprezo sem querer – em repouso, em fotos de perfil ou quando escuta alguém.
- **Decodificação do desprezo:** Quando vir desprezo, identifique imediatamente a fonte. O que foi dito, o que foi sentido, o que aconteceu para provocá-lo? Então veja se consegue tranquilizar, reafirmar ou resolver a causa da negatividade.

> **Princípio:** Fique atento aos sinais que seu rosto envia em repouso, para evitar demonstrar raiva, desprezo e tristeza acidentais.

Como negociar um carro... ou o que você quiser

Até aqui, falamos sobre evitar os sinais da Zona do Perigo. No entanto, há ocasiões raras em que esses sinais podem melhorar nossa comunicação. **É possível usar os sinais da Zona do Perigo para indicar sutilmente desaprovação, desagrado ou desinteresse.**

Alguém deixa você pouco à vontade? Cubra a boca e recue.

Alguém traz à baila numa reunião algo de que você discorda? Recoste-se na cadeira e cruze os braços.

Minha forma favorita de usar os sinais da Zona do Perigo com inteligência é em negociações. Gosto de agradar e tenho um pouco de dificuldade em dizer não. Às vezes uma troca verbal pode ser cansativa e cheia de tensão. Prefiro deixar os sinais não verbais falarem por si.

Minha estratégia de negociação é deixar a comunicação não verbal falar *por* você. O efeito é fazer o outro lado negociar consigo mesmo.

Funciona assim: quando a pessoa com quem você está negociando diz algo positivo ou algo com que você concorda, você retribui com sinais não verbais positivos e dá incentivo verbal.

Vejamos o exemplo da negociação de um carro novo. Pode ser assim:

– Uau! [Sorria.] Que incrível seu financiamento ter taxas tão baixas. [Incline-se para a frente.]
– Bancos aquecidos. Adorei.
[Concorde com a cabeça, faça contato visual.]
– Sério? Cem lavagens gratuitas se eu comprar hoje?

A maioria das pessoas comete o erro de não parecer muito empolgada quando negocia algo que quer. Na verdade, isso é contraproducente. O uso de amabilidade e competência não verbais aumenta a conexão com o negociador e o leva a respeitar você, o que pode lhe render um negócio melhor.

Pesquisadores descobriram até que a ambivalência não verbal (tentar ficar neutro) prejudica a capacidade de negociar.[33] Eles constataram que **mostrar sinais não verbais de decepção ao ouvir uma oferta ruim pode na verdade levar a pessoa com quem você negocia a fazer concessões maiores.**

Esse é um modo mais autêntico de negociar. Por que esconder a empolgação ou sufocar o aborrecimento? Mostre tudo! Destaque seus verdadeiros sentimentos. Quando ouvir algo de que não gosta ou com que não concorda, passe para os sinais da Zona do Perigo. É uma forma não conflituosa porém clara de mostrar decepção e levar a outra pessoa a fazer concessões sem que você precise dizer uma só palavra.

O outro lhe oferece um preço alto: você franze os lábios.

Oferece um cronograma inviável: você franze a testa e cruza os braços.

Não lhe dá o que você julga necessário: você faz que não e dá a entender que vai lhe dar as costas.

São maneiras sutis e não verbais de dizer: *Não, obrigado. Não dá para melhorar isso?*

O importante na negociação é lembrar que ser ambivalente ou esconder os sentimentos pode prejudicar suas chances de conseguir o que quer e sua autenticidade. Também faz o negociador confiar menos em você. Mostre seus verdadeiros sentimentos para promover uma conexão real.

Congruência gera autenticidade

A ambivalência não prejudica apenas negociações. Também pode ser nociva à sua carreira.

Já ouviu alguém começar uma reunião com "Estou muito contente de estar aqui", mas a pessoa fala com cara de infeliz, voz entediada e uma postura que parece muito cansada? É a chamada **incongruência**. As palavras não combinam com os sinais.

> **Congruência**: Quando os sinais não verbais se alinham ao conteúdo verbal.

Quando nossas palavras e os sinais da linguagem corporal são incongruentes, é como se o tiro saísse pela culatra. Sentimos que algo não está certo. Além de não parecer autêntico, também nos confunde. Em que deveríamos acreditar? Na mensagem verbal ou nos sinais não verbais?

Veja o que é importante recordar sobre os sinais da Zona do Perigo: quando acompanhados pela mensagem verbal congruente, podem ser vistos como negativos de forma confiável. Se alguém diz que está zangado e *exibe* a raiva, então é congruente. **É negativo, mas você sabe que não estão lhe escondendo nada.**

Por exemplo, Michelle Poler mostra todos os tipos de sinais da Zona do Perigo em seus vídeos e as pessoas ainda os adoram! Por quê? São congruentes. Ela diz que está com medo, ansiosa e nervosa, e os sinais não verbais confirmam isso.

Quando um sinal da Zona do Perigo *não* é acompanhado pelo sinal verbal correspondente, então você recebe um alerta. Isso precisa ser mais investigado.

Meu macete é procurar um **conjunto** de três alertas seguidos. Um só pode ser por acaso, ligado ao contexto ou coincidência: alguém toca o pescoço porque um mosquito picou e você não viu, alguém cruza os braços porque está com frio, alguém demonstra desprezo porque faz uma crítica interna aleatória que não tem nada a ver com você. Mas três sinais não verbais incongruentes em torno do mesmo tópico devem causar preocupação.

Pesquisas confirmam que procurar uma sequência de sinais no contexto é a maneira mais segura de avaliar os verdadeiros sentimentos de alguém.[34] Por exemplo, um pesquisador constatou que, quando ocultavam informações, os participantes mostravam um conjunto não verbal específico: girar o tronco (distanciamento), balançar-se para a frente e para trás e fazer que não com a cabeça.[35]

> **Princípio:** Procure por conjuntos de sinais para prevenir falsos positivos.

DESAFIO DO CAPÍTULO

Chegamos ao fim da seção não verbal! Aqui estão todos os sinais não verbais de amabilidade e competência que você deveria conhecer:

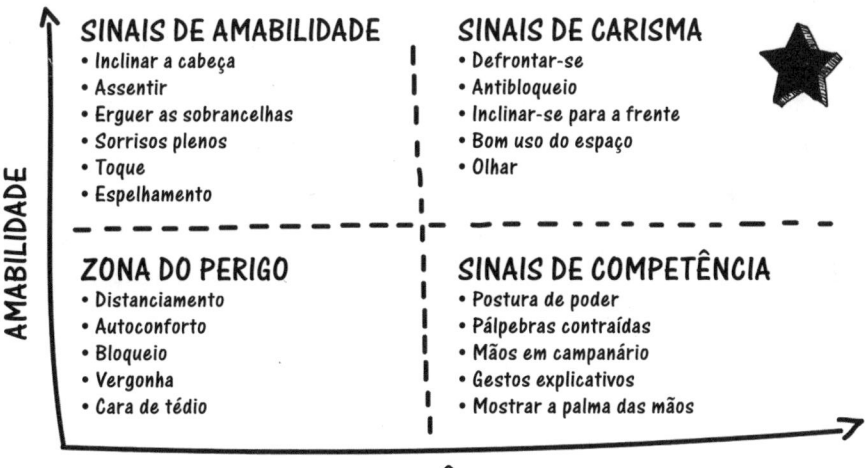

SINAIS DE AMABILIDADE
- Inclinar a cabeça
- Assentir
- Erguer as sobrancelhas
- Sorrisos plenos
- Toque
- Espelhamento

SINAIS DE CARISMA
- Defrontar-se
- Antibloqueio
- Inclinar-se para a frente
- Bom uso do espaço
- Olhar

ZONA DO PERIGO
- Distanciamento
- Autoconforto
- Bloqueio
- Vergonha
- Cara de tédio

SINAIS DE COMPETÊNCIA
- Postura de poder
- Pálpebras contraídas
- Mãos em campanário
- Gestos explicativos
- Mostrar a palma das mãos

(Eixos: AMABILIDADE / COMPETÊNCIA)

Está na hora de analisar seu vídeo Minta pra Mim! Pegue-o e use a tabela a seguir para marcar todas as vezes que se vir usando um dos sinais da Zona do Perigo.

Isso o ajudará a identificar o que você codifica quando recorda (pergunta 1), quando fica sem graça (pergunta 2) e quando mente (pergunta 3) – e até mesmo quando está apenas pensando (entre uma resposta e outra).

	PERGUNTA 1	PERGUNTA 2	PERGUNTA 3
Lábios franzidos			
Distanciamento			
Ventilação			
Gesto de consolo			
Arrumar-se			
Tocar a fúrcula esternal			
Bloqueio do corpo			
Bloqueio da boca			
Bloqueio dos olhos			
Vergonha			
Raiva			
Narinas dilatadas			
Tristeza			
Lábios franzidos			
Desprezo			
Pontuador			
Outros			

DESAFIO-BÔNUS: Peça a cinco pessoas com quem você convive que façam com você o jogo Minta pra Mim. Veja se eles se dispõem a gravar um vídeo Minta pra Mim. Então vocês podem descobrir e registrar juntos os sinais reveladores um do outro.

PARTE 2

SINAIS VOCAIS, VERBAIS E VISUAIS

SINAIS VOCAIS

CAPÍTULO 7

SOE PODEROSO

—D e onde você é, Cameron? – pergunta Lauren.
– Sou do estado do Maine.
– Acho que não conheço ninguém do Maine.
– Sou o único que você precisa conhecer.
Lauren ri.
– Gostei, gostei.
Lauren Speed e Cameron Hamilton estão num encontro às cegas. Às cegas de verdade. Eles participam do programa *Love is Blind* (Casamento às cegas), da Netflix, em que 30 homens e mulheres[1] conversam em "cabines" separadas, sem se ver. No fim do programa, eles têm a oportunidade de ficar *noivos*. Loucura? Também acho. Mas algo espantoso aconteceu nesse programa.

Lauren e Cameron simpatizam um com o outro rapidamente. No fim do primeiro encontro, já estão construindo uma conexão forte.
– Caramba, quero muito conhecer você melhor – diz Cameron.
– Sim, eu adorei você – diz Lauren.
– Eu também adorei você.
– **Adorei sua voz também, você fala de um jeito fofo.**
Os dois riram de modo sedutor.
Nos dias seguintes, Cameron e Lauren têm vários outros encontros às

cegas, conhecendo-se melhor através da parede, apenas conversando e trocando perguntas. Nenhuma linguagem corporal, nenhum sinal não verbal, nenhum toque, nenhum contato visual, só voz.

No quarto dia, Lauren e Cameron dizem que se amam.

No quinto dia, Cameron diz à câmera: "Sei que ela é a pessoa certa. Estou pronto para pedi-la em casamento."

Ele faz isso nesse mesmo dia.

Lauren aceita! Você leu direito. Eles ficaram noivos sem nunca se ver... **depois de apenas cinco dias ouvindo a voz um do outro.**

Dois anos depois, quando escrevo este livro, eles ainda estão casados e felizes.

Que sinais podemos perceber na voz? Por que gostamos de algumas vozes mais que de outras? O que sua voz diz sobre você? Vamos descobrir.

Seu poder vocal

O *modo* como falamos (tom de voz, volume, ritmo, cadência, a sintaxe das frases) é tão importante quanto *o que* falamos. Dá para saber muitas coisas sobre uma pessoa (seu estado emocional, suas intenções e sua personalidade) com base na sua voz e no seu jeito de falar.[2]

Nossa voz é tão indicativa de como somos e estamos por dentro que hoje em dia se usam softwares de análise vocal em videoconferências de apresentação de resultados trimestrais para prever o futuro financeiro das empresas.[3] Quando um gestor usa sinais vocais mais confiantes e positivos, os analistas ficam mais otimistas em relação ao preço das ações.

O poder vocal se transforma em ganhos financeiros.

Entender os sinais vocais é importantíssimo para descobrir os sentimentos dos outros sobre você, seu trabalho e seus projetos.

> **DICA DIVERTIDA**
> **Voz de combate**
>
> Uma análise das vocalizações dos lutadores de MMA verificou que a intensidade de seus ruídos permitia prever como eles seriam percebidos em termos de capacidade de lutar.[4]

Tem um estudo que me causou uma grande surpresa nesse sentido.[5] Os pesquisadores gravaram cirurgiões conversando com os pacientes durante as consultas e cortaram as conversas em vídeos de 10 segundos. Então "misturaram" as palavras, de modo que só era possível ouvir os sinais vocais, como timbre, volume e cadência, mas não as palavras em si. O objetivo era testar o impacto apenas dos sinais vocais, sem o significado do conteúdo.

Em seguida, foi pedido aos participantes que classificassem os cirurgiões nos quesitos amabilidade, hostilidade, dominância e ansiedade. Imagine só: você precisa decidir se alguém é competente ou amável com base num vídeo de falatório sem sentido.

O espantoso é o seguinte: os médicos que receberam notas ruins em poder vocal tinham uma taxa mais alta de processos por imperícia. Ou seja, não processamos os médicos apenas pelo seu nível de competência, mas com base em nossa *percepção* de sua competência – e essa avaliação é feita em apenas poucos segundos, *ao ouvi-los*.

Mas o que faz um médico – alguém que projeta uma percepção de competência já alta – soar incompetente, indigno de crédito ou perigoso? O que faz alguns médicos soarem confiantes, poderosos e confiáveis?

Cultivar uma voz mais carismática é parte essencial da presença eficaz. Se quiser projetar uma imagem de confiança e profissionalismo, você precisa aproveitar seu poder vocal. Comecemos com os sinais de poder vocal de competência e autoconfiança. No próximo capítulo vamos revisar os sinais que fazem alguém soar amável e confiável.

SINAL DE PODER VOCAL Nº 1: Como soar confiante

– Você teve medo de enfrentar a plateia no começo? – perguntou o ator Alan Alda, vencedor de seis prêmios Emmy, à lendária atriz e comediante Betty White.[6]

– Ainda tenho medo do palco – respondeu Betty.

Alan então quis saber o que acontecia quando ela ficava nervosa:

– Seu coração bate mais depressa, acontece alguma coisa com a sua voz?

– Hã... – Então Betty White força a voz a subir algumas oitavas. – Oláááááá? – guincha ela. – Olá, pessoal! Estou muito... muito feliz de estar aqui!

Tanto Alan quanto Betty caíram na risada, reconhecendo o padrão.

Quando ficamos nervosos ou estressados, nossa voz tende a ficar mais aguda.[7] Chamo esse sinal de **tom nervoso**.

Lembra do sinal da **expansão postural**? Quando ficamos ansiosos, nosso corpo se contrai: enfiamos o queixo para dentro, tensionamos o pescoço, trincamos os dentes, cruzamos os braços, nos curvamos ou forçamos os ombros para a frente. Toda essa contração deixa menos espaço no pulmão e dificulta inspirar – e, portanto, projetar a voz. É por isso que a voz falha ou fica mais aguda quando estamos nervosos.[8]

Mas, quando estamos confiantes, jogamos os ombros para trás, estufamos o peito, olhamos para o alto e em volta e usamos os braços. Isso relaxa e expande os músculos que usamos para falar: os pulmões, o diafragma, as cordas vocais, o pescoço, a garganta, a boca e a língua.[9]

Vamos fazer uma experiência. Primeiro diga "Estou feliz de estar aqui" na postura em que estiver agora. Essa é sua expressão neutra.

Agora contraia o corpo e fique o menor possível. Cruze os braços, ponha o queixo para dentro e aperte todos os músculos, inclusive a mandíbula e os lábios.

Agora, tente dizer "Estou feliz de estar aqui". Sua voz soa pequena? Tente falar o mais alto possível (espero que não haja ninguém por perto, mas, se houver, convide a pessoa a tentar também).

É difícil falar alto nessa postura derrotada, não é?

Agora abra o corpo o mais que puder. Jogue os ombros para trás, inspire profundamente para expandir os pulmões e relaxe a mandíbula, os lábios, os ombros e o pescoço.

Agora diga "Estou feliz de estar aqui". Soa melhor?

Tente projetar a voz ao máximo. Você consegue falar bem mais alto, não é? **Quanto mais espaço seu corpo ocupa, mais liberdade vocal você tem para projetar o som.**

Quanto menos espaço você ocupa, mais restrita e limitada sua confiança vocal, mais nervoso você parece e mais difícil é para os outros confiarem no que você está dizendo.

Instintivamente, desconfiamos de quem usa o tom nervoso. Ficamos nos perguntando se também deveríamos estar nervosos ou tememos não poder confiar no que é dito. O tom nervoso também pode ser um sinal de mentira. Uma equipe de pesquisa constatou que, sem querer, os participantes deixavam a voz mais aguda quando não diziam a verdade.[10]

⭐

DICA DIVERTIDA
Bebês

Há uma exceção muito fofinha à preferência pela voz aguda. Os bebês preferem interagir com adultos de voz aguda, e talvez seja por isso que, instintivamente, falamos mais fininho quando conversamos com bebês.[11]

Se não nos sentimos à vontade escutando o tom nervoso, por outro lado *adoramos* ouvir o **tom confiante**.[12] Quando usamos a voz mais grave que seja confortável para nós, projetamos confiança. Aqui, é importante traçar uma distinção. O tom confiante não é o mais grave a que você chega em seu alcance vocal; é o mais grave que você consegue usar *com conforto*.

Pesquisadores dizem que deixar o tom de voz mais grave leva os outros a perceber você como mais poderoso.[13] Eles também mostram que, quando falam no tom confortável mais grave, os participantes *se sentem* mais poderosos e pensam de forma mais abstrata. É um jeito fácil de pensar com mais amplidão.

Mas veja bem: adoro vozes graves, mas não vá grave demais! Elizabeth

Holmes, a famigerada fundadora da extinta empresa de tecnologia de saúde Theranos, se destacava pela voz grave de barítono.[14] Muitos ex-colegas afirmavam que era falsa. O site *The Cut* afirmou que era comum ela "perder o personagem" e expor sua voz real e mais aguda quando bebia.

Se não parece natural usar um tom mais grave, é porque está grave demais! Há duas maneiras de manter a voz natural: espaço e respiração.

NA PRÁTICA

- **1. Corrija a postura.**
  Você pode melhorar instantaneamente a confiança vocal e física ao mesmíssimo tempo! Use as mesmas correções rápidas da postura que já aprendemos. Como lembrete, abra o peito, estique a coluna, firme os pés cerca de 10 centímetros mais distantes do que normalmente e relaxe as mãos.

- **2. Fale quando soltar o ar.**
  Inspirar fundo é uma das maneiras mais rápidas de se sentir e soar mais confiante. Tente não falar enquanto inspira. Em vez disso, inspire fundo e fale ao soltar o ar.

> **Princípio**: Use espaço e respiração para engajar a parte mais grave de seu tom de voz natural.

SINAL DE PODER VOCAL Nº 2: Seja levado a sério

Alguns anos atrás, trabalhei com uma grande empresa de software comercial para melhorar seu funil de vendas. Fizemos oficinas sobre tudo, dos sinais de comportamento em e-mails aos sinais vocais ao telefone, passando pelos sinais não verbais usados em exposições comerciais.

Minha parte favorita do processo foi ajudar um representante de vendas interno que, infelizmente, tinha a taxa de conversão mais baixa da equipe. Vamos chamá-lo de Elliott.

Elliott era ótima pessoa, mas tinha um grande problema: não conseguia fechar vendas.

Era carismático e conhecia bem o produto, portanto o problema só podia ser de sinais. Os clientes e colegas o respeitavam e gostavam dele. Elliott e seus gerentes ficavam perplexos porque ele não conseguia cumprir sua cota com regularidade. Para conseguir fechar negócio, precisava oferecer vários tipos de desconto.

Escutei algumas de suas ligações de vendas gravadas e logo identifiquei o problema.

Todo o seu discurso era ótimo: voz grave, muito carisma vocal. Mas, na hora de discutir o importantíssimo preço da oferta, ele abandonava todo o seu poder verbal. Sempre que mencionava o preço, Elliott usava a **entonação interrogativa**. É quando a voz sobe no fim da frase.

Elliott dizia "Adoraríamos fazer negócios com você". Então perguntava o que deveria ser uma afirmativa: "O preço do nosso serviço é 500 dólares?" *Nãããoo!*

Adoraríamos fazer negócio com você. O preço do nosso serviço é 500 dólares.

Elliott não *afirmava* o preço, ele o *perguntava*. E isso indicava ao possível cliente que deveria questioná-lo também. Eles forçavam descontos. Pechinchavam e negociavam. Sem perceber, Elliott lhes indicava que questionassem o preço, porque usava a entonação interrogativa.

Quando perguntava o preço, Elliott mudava o modo como os clientes escutavam. Pesquisadores afirmam que usar a entonação interrogativa como afirmação leva o cérebro a passar de apenas escutar para esmiuçar.[15] E, quando é usada por engano numa afirmativa, a entonação interrogativa indica fraqueza e insegurança.[16]

É comum que, ao mentir, as pessoas usem sem querer a entonação interrogativa. Inconscientemente, estão perguntando ao ouvinte: "Você acredita em mim?"[17] Uma entonação interrogativa mal colocada nos lembra desonestidade.

A entonação interrogativa estava matando as vendas de Elliott no pior momento possível. Toda a conexão e credibilidade construídas na primeira parte da venda se perdia assim que ele usava a entonação errada.

Felizmente, isso é facílimo de mudar. Elliott notou uma mudança enorme assim que passou a uma entonação neutra no preço. Além de os clientes pechincharem e recusarem menos e fecharem mais negócios (viva!), ele também *se sentiu* com mais confiança quanto ao preço. O círculo virtuoso dos sinais entrou em ação.

Quando usa a entonação interrogativa de forma incorreta, você convida os outros a duvidar de sua competência. Ouço isso com mais frequência quando as pessoas falam de si e de suas ideias.

Ouço em mensagens de voz. "Oi, aqui é a Sarah? Que bom que você ligou? Espero seu retorno em breve?"

Oi, aqui é a Sarah? Que bom que você ligou? Espero seu retorno em breve?

Ouço em apresentações: "Vamos começar? Hoje vamos falar sobre o novo projeto? Vou abrir os trabalhos?"

Vamos começar? Hoje vamos falar sobre o novo projeto? Vou abrir os trabalhos?

Ouço quando as pessoas falam de suas ideias. "Tenho uma ideia? Trabalhei muito nela? Acho que será mais eficaz?"

Tenho uma ideia? Trabalhei muito nela? Acho que será mais eficaz?

Quando pergunta suas afirmativas, você pede aos outros que duvidem de você. **Até as palavras mais confiantes ditas com a entonação interrogativa provocam menos confiança.** Se quiser que os outros levem você a sério e acreditem no que tem a dizer, *diga* aos outros o que está pensando, não lhes *pergunte*.

NA PRÁTICA
- Escute a saudação do seu correio de voz. Está usando a entonação interrogativa? Grave outra!
- Escute uma antiga apresentação ou videoconferência. Será que, sem querer, você usou a entonação interrogativa em afirmativas com determinadas pessoas?
- Se tiver algo importante a dizer ou uma ideia a defender, treine fazê-lo sem a entonação interrogativa.

> **Princípio:** Se quiser que parem de questionar você, pare de usar sem querer a entonação interrogativa.

SINAL DE PODER VOCAL Nº 3: Elimine a voz basal... para sempre

Já ouviu falar de voz basal?[18] É quando a voz de alguém crepita, range e soa rascante.

A **voz basal** é usada por ambos os gêneros, mas ficou muito comum entre mulheres jovens. A pesquisa constata que o uso da voz basal é uma das maneiras mais rápidas de prejudicar o sucesso profissional, porque esse tipo de emissão indica *ansiedade*, o que compromete você e sua mensagem.[19] **A voz basal acaba com a competência.**

Por que isso acontece? Quando ficamos ansiosos, temos dificuldade de inspirar fundo, e, quando não há ar suficiente passando entre as cordas vocais, sai a voz basal. Quando respiramos, as cordas vocais se separam. Quando falamos, elas se atritam, e essa vibração cria o som. Quando você fala sem a passagem de ar suficiente, suas cordas vocais não se atritam com eficácia e criam um som oco e rangido. Com a voz basal, é como se você ouvisse as cordas vocais da pessoa chocalhando uma ao lado da outra. Péssimo, pois é.

Ouvir a voz basal lembra uma unha passando no quadro-negro. É irritante para os ouvidos e provoca ansiedade. Faz sentido. É um sinal da Zona do Perigo que indica pouca confiança e baixa competência. As pessoas confiantes e competentes têm respiração e espaço suficientes para evitar esse efeito.

É dificílimo alguém levar você a sério, escutar e acreditar quando você fala com a voz basal. E é comum isso acontecer por acaso! Em geral, o efeito surge no fim de uma longa frase, pois é mais provável que você fique sem fôlego. Quando estamos nervosos, tendemos a apressar a pronúncia das palavras, enfiando todos os pensamentos numa única e grande expiração.

Eis o pior de todos os casos: já notei pessoas usarem erradamente a voz basal quando tentam soar informais, ambivalentes ou despreocupadas. É como se menos intensidade vocal indicasse menos intensidade energética. Não se deixe enganar! **A voz basal não indica que você é tranquilo e relaxado, ela é um sinal de vergonha.**

Felizmente, é fácil consertar isso. **Quando se ouvir usando a voz basal, inspire fundo e fale um pouco mais alto.**

Elevar o volume, mesmo que só um pouquinho, é a maneira mais rápida de se livrar da voz basal. É um jeito fácil de juntar as cordas vocais para produzir um som mais natural.

E se alguém com quem você está falando usa a voz basal? É só pedir que fale mais alto. Isso elimina o efeito instantaneamente.

NA PRÁTICA

- Use frases mais curtas.
- Não fale depressa demais.
- Fale mais alto ou use mais ar.

Princípio: A voz basal reduz sua confiança vocal.

SINAL DE PODER VOCAL Nº 4: O controle do volume demonstra controle emocional

Quando eu e minha equipe pedimos aos leitores que enviassem vídeos Minta pra Mim, notamos que, além de deixar a voz mais aguda, muitos mentirosos também baixavam o volume. Volte e escute seu vídeo; você baixou o volume?

> ⭐
> ### DICA DIVERTIDA
> ### Duas verdades e uma mentira
>
> Já brincou de duas verdades e uma mentira? É um jeito ótimo de testar sua capacidade de decifrar os outros. Vou lhe dar uma dica ótima para perceber a mentira: é comum as pessoas baixarem o volume da voz ao contar a mentira (ou usar a entonação interrogativa).

Quando mentem, sem querer as pessoas baixam o volume da voz, porque estão nervosas, não têm confiança nas palavras e, instintivamente, não querem que ouçam a mentira para não serem pegas.

Essa é uma razão para confiarmos mais em quem fala alto. Surpreso? A ciência confirma isso.[20] Num estudo chamado "Como a voz convence", pesquisadores examinaram como as pessoas persuasivas tentam influenciar outras usando a paralinguagem – volume, timbre e entonação.[21] Eles constataram que o comportamento vocal forte e confiante convence os outros porque indica que a pessoa endossa enfaticamente a própria mensagem.

Os melhores comunicadores falam mais alto e variam o volume. O volume é um aspecto fundamental do poder; é preciso respiração e expansividade para falar alto.

> ⭐
> **DICA DIVERTIDA**
> **Volume para introvertidos**
>
> Você é introvertido? Tem dificuldade de falar alto? Se for seu caso, saiba que não está sozinho! Não tente falar mais alto muito depressa. Só eleve um pouco o volume nos pontos realmente importantes para você. Na verdade, isso tem um efeito ainda maior do que falar alto o tempo todo. Você também pode tentar simplesmente se inclinar para a frente ou se aproximar.

Falar mais alto também traz vários benefícios não verbais para você *e para os outros*. Peça a alguém que fale mais alto e a pessoa vai:

- Sentar-se mais ereta (sinal expansivo).
- Inspirar fundo, o que ajuda a acalmar os nervos.
- Firmar os pés no chão (sinal expansivo).
- Levantar ligeiramente a cabeça ou erguer o queixo (sinal de assentir e sinal expansivo).
- Pigarrear para se livrar da voz basal.

Isso significa que devemos tentar falar o mais alto possível? Não! O verdadeiro poder vocal vem de mostrar domínio do **dinamismo do volume**. Controlar o volume mostra que você controla sua mensagem. É preciso competência para adequar volume e conteúdo. Quando querem demonstrar empolgação, os melhores comunicadores falam mais alto. Quando querem contar segredos ou informações privilegiadas, falam baixinho e forçam os ouvintes a se inclinar para a frente.

NA PRÁTICA
- Se estiver empolgado ou entusiasmado, fale mais alto.
- Quando transmitir informações privilegiadas ou der uma dica secreta, baixe a voz e se incline para a frente.

- Quando quiser enfatizar a concordância ou incentivar alguém, diga "Isso!" ou "Concordo" um pouco mais alto que o habitual.

> **Princípio**: Varie o volume para destacar o que é importante.

SINAL DE PODER VOCAL Nº 5: Pausa para o poder

Nos primeiros 27 anos de vida, fui viciada em muletas verbais. Especificamente, eu usava *hã, é, tipo* e *né* quando estava nervosa, pensando, esperando ou enrolando, ou, às vezes, por puro hábito.

As muletas verbais *acabam* com a credibilidade. Um estudo verificou que quem usa essas muletas é considerado menos preparado e menos competente.

Outro estudo pediu aos participantes que escutassem e resenhassem discursos sobre o Brexit.[22] Um discurso não tinha nenhuma muleta, mas estava cheio de fatos falsos. O outro era factualmente exato, mas tinha muitas muletas verbais. Quando não usavam muletas mas os fatos estavam errados, os falantes foram classificados como mais competentes, com mais habilidade com pessoas e mais atraentes do que os que fizeram discursos com muletas. Espantosos **57%** dos participantes acharam que o discurso sem muletas foi feito por uma pessoa instruída, apesar de os fatos estarem errados! Só **36%** acharam que os que fizeram o discurso com os fatos corretos e cheios de muletas eram instruídos.

⭐
DICA DIVERTIDA
Aplicativo Ummo

Recomendo bastante um aplicativo chamado Ummo. Ele ajuda a contar as muletas verbais enquanto você fala. Use-o ao ensaiar discursos, ter conversas importantes ou tentar identificar quando e por que você usa as muletas.

Usamos muletas verbais por duas razões principais. Primeiro, para ganhar tempo enquanto pensamos no que vamos dizer em seguida. Segundo, porque temos medo de ser interrompidos. Já teve medo de que, se parasse de falar, alguém acharia que você acabou e interromperia? Chamo isso de **escassez conversacional**. Acreditamos que não há tempo ou atenção suficientes e enchemos nossas frases de palavras vazias. Também é por isso que as pessoas falam depressa demais e tropeçam nas palavras.

No entanto, você vai perceber que, quanto *mais* usa as muletas verbais, *mais* é interrompido. É como se as pessoas captassem sua falta de confiança no que diz e não quisessem perder tempo escutando.

O vício em muletas verbais tem cura? Claro! O poder da pausa.

Pausas mostram competência e confiança. As pessoas que têm segurança no que falam não precisam se encher de trivialidades. E sabem que os ouvintes esperarão que terminem sua fala.

O melhor tipo de pausa é o sinal que chamo de **pausa para respirar**. É quando você faz a pausa *e* inspira. Isso é importante porque lhe dá algo para fazer *durante* a pausa.

Inspirar fundo traz muitos benefícios:

- Ajuda a manter o tom de voz agradável e grave.
- Impede a voz basal.
- Permite que você aumente o volume, se quiser.
- Dá um momento para pensar, se for preciso.
- Faz você soar e se sentir mais confiante.
- E, é claro, impede que você use muletas verbais.

Toda vez que sentir vontade de usar uma muleta, simplesmente respire.

Se você usar uma muleta verbal acidentalmente, não se preocupe! Não reaja. Não peça desculpas de jeito nenhum. É só respirar *depois* da muleta. O caminho para retreinar o cérebro a parar em vez de usar muletas é lento.

A seguir, algumas orientações para treinar as pausas:

1. **Mais curta é melhor.**
Uma pesquisa constatou que, na conversa, as pausas longas prejudicam a compreensão,[23] mas as curtas são extremamente benéficas. As pausas curtas são essenciais para processar informações.
O que é longo demais? Quatro segundos.
Qual é o tempo correto? No mínimo, de um quarto a meio segundo.
Por sorte, de um quarto a meio segundo é o tempo suficiente para inspirar.
É aí que fica ainda mais interessante. O mesmo pesquisador verificou que tendemos a adaptar as pausas ao parceiro de conversa, num tipo de espelhamento de pausas. Se a outra pessoa usa pausas mais longas, usamos também, e vice-versa.
Em dúvida, observe os sinais de pausa de seu interlocutor.

2. **Entre as pausas, fale devagar.**
Falar depressa é a melhor maneira de transmitir tudo que você quer?[24] Estudos mostram que, na verdade, isso não funciona.
Pesquisadores da Universidade Brown determinaram que, rápida ou lenta, a fala transmite informações *no mesmo ritmo*. Como assim? É porque a fala mais rápida transmite menos informações em cada rajada.
As muletas verbais são nocivas à competência porque permitem que você fale mais depressa, mas não necessariamente melhor. Um ritmo de fala mais lento é melhor para aumentar a compreensão e indica aos outros mais competência.[25]
Resultado: fale devagar para transmitir competência. As pausas para respirar são uma das melhores maneiras de desacelerar.

> ### DICA DIVERTIDA
> ### Perguntas retóricas
>
> Outro ponto poderoso para usar a pausa para respirar é logo depois de uma pergunta retórica. Pesquisadores descobriram que esperar cinco a sete segundos depois de fazer uma pergunta retórica incentiva os ouvintes a refletir, gerar respostas próprias e ficar mais engajados na discussão posterior.[26] Em minhas apresentações, gosto de fazer uma pergunta retórica, uma pausa e aproveitar a oportunidade para tomar um gole d'água. Isso ajuda o meu processo e o dos ouvintes.

3. **Pausa de poder, não pausa final.**
   Eu costumava fazer a pausa no fim de uma ideia ou de uma frase. Em geral, os outros pensavam que eu tinha acabado de falar e me "interrompiam". Não queriam ser grosseiros; só respondiam a meus sinais. A **pausa final** indica que você terminou de expor uma questão.

   A melhor maneira de utilizar uma pausa é para criar suspense. Pare logo antes de dar uma resposta, revelar uma ideia ou dizer a frase de efeito. Chamo isso de **pausa de poder**. Cria mistério e interesse e garante que ninguém vai achar por acaso que você acabou.

   Verifique a diferença entre a pausa de poder e a pausa final.

   "Descobri algo fascinante que mudou o modo como vejo o mundo. [pausa] Começou na infância." É provável que essa pausa provoque mais interrupções depois da palavra *mundo*, embora eu não tenha acabado.

   Eis uma pausa de poder: "Descobri algo fascinante [pausa] que mudou o modo como vejo o mundo. Começou na infância."

   As duas pausas dão certo, mas a de poder provoca menos interrupções e *cria* mistério.

> ⭐
> **DICA DIVERTIDA**
> **Mau comportamento**
>
> Há mais um jeito ótimo de usar a pausa de poder: para destacar o mau comportamento. Quando alguém for grosseiro com você ou disser algo inadequado, não seja grosseiro de volta nem reaja de forma reflexa. Faça uma pausa para respirar. Deixe a situação pairar no ar. Descobri que isso faz a pessoa refletir um instante. É bem provável que ela retire o que disse ou pense duas vezes antes de repetir algo do tipo.

A má notícia: é difícil tirar o *hã* da linguagem de uma vez por todas. Mas é possível reduzir bastante seu uso. Veja:

NA PRÁTICA
- Identifique *por que* você usa muletas verbais. Pegue a gravação recente de uma reunião ou apresentação (ou grave só o seu lado de uma conversa por telefone) e preste atenção a quando você usa as muletas.
- Você as usa para enrolar numa transição? Isso lhe diz para estudar alternativas de frases ou histórias de transição.
- Você as usa porque tem medo de ser interrompido? Isso lhe diz para treinar mais pausas de poder e falar mais devagar em geral.
- Você as usa quando não sabe alguma coisa? Isso lhe diz que é preciso ensaiar mais e conhecer melhor seu conteúdo.
- Você as usa por hábito? Esse é o uso mais difícil de perder! Mais uma vez, experimente a pausa para respirar *depois* de uma muleta verbal. Talvez leve algum tempo para retreinar o cérebro, mas vai dar certo. Tente também pôr um post-it no computador sempre que falar ao telefone. Quando estiver falando e o vir, você vai se lembrar de desacelerar e fazer as pausas necessárias.

> **Princípio**: Pessoas poderosas fazem pausas intencionais.

Sua voz lhe dá poder

Quando quer fazer uma pergunta a alguém, você:
Liga ou manda uma mensagem?
Faz uma videochamada ou manda um e-mail?
Envia uma mensagem instantânea ou vai até a sala da pessoa?

Hoje em dia, uma parte cada vez maior da comunicação acontece via mensagens, e-mails e chat escrito. Em geral, isso é ótimo – fácil e eficiente.

Mas, quando a questão é importante, sempre é melhor aproveitar seu poder vocal. Os psicólogos e pesquisadores Nick Epley e Juliana Schroeder descobriram que nossa voz transmite sinais secretos sobre nossa personalidade.[27]

Eles pediram a dois grupos de participantes que classificassem candidatos a uma vaga de emprego em termos de competência, atenção e inteligência. Um grupo leu as qualificações dos candidatos para as vagas. O outro grupo ouviu o candidato ler as mesmíssimas qualificações em voz alta.

Antes, quando lhes perguntaram, os candidatos não acreditaram que haveria diferença entre a palavra escrita e a falada. Mas houve – e grande! Os participantes que ouviram a gravação dos candidatos os classificaram como mais competentes, atentos e inteligentes, embora as palavras lidas fossem exatamente as mesmas. Em geral, ouvir o candidato os levou a gostar mais dele e ficar mais interessados em contratá-lo.

Epley e Schroeder chegaram a esses mesmos resultados com recrutadores profissionais das 500 maiores empresas da revista *Fortune*.

Sua voz lhe dá poder. Ela mostra sua confiança, sua competência e seu talento. Quando for algo importante, use-a.

DESAFIO DO CAPÍTULO

Se quiser transparecer mais competência, ser levado a sério e ser menos interrompido, faça mais uso destes cinco sinais vocais.

Vamos acrescentá-los à nossa Tabela de Sinais.

SINAL	DECODIFICAR	CODIFICAR	INTERNALIZAR
Voz grave	Há alguém em sua vida com a voz aguda demais? Como é ouvir essa pessoa?	Tente ficar na postura de poder nos próximos telefonemas. É mais fácil falar com voz mais grave?	Você gosta do som de sua voz? Experimente diversos tons para descobrir o mais confortável para você.
Entonação interrogativa	Quem usa a entonação interrogativa em afirmativas? A pessoa está nervosa ou é apenas um hábito?	Treine dar más notícias, anunciar preços, prazos ou dar ordens com uma entonação neutra ou descendente.	Quando você usa incorretamente a entonação interrogativa? Está nervoso ou é só um hábito?
Voz basal	Conhece alguém que fala com voz basal? Como ajudar essa pessoa a resolver o problema?	Toda vez que se ouvir entrando na voz basal, tente desacelerar e fazer uma pausa para respirar.	Você fala rápido demais quando está nervoso? Faz inspirações curtas quando está nervoso? Tente identificar seu delator vocal de nervosismo.
Volume	Você vive pedindo a alguém que fale mais alto ou mais baixo? O que isso revela sobre a personalidade dessa pessoa?	Tente usar volumes de voz variados ao falar com pessoas diferentes ou sobre assuntos diferentes. Você sente que isso o ajuda a articular as ideias?	Você se sente à vontade falando com mais volume? Se não, não faça.

Pausas para respirar	Quais pessoas do seu convívio falam depressa demais? E devagar demais? Como isso afeta a impressão que você tem dessas pessoas?	Experimente algumas pausas de poder e veja como se sente. Elas desaceleram sua fala? Aumentam sua confiança?	Você fala depressa demais? Devagar demais? Por quê?

DESAFIO-BÔNUS: Assista novamente ao seu vídeo Minta pra Mim. Você usa algum sinal vocal de despiste? Usou entonação interrogativa em vez de afirmativa? Baixou o volume? Talvez você tenha um delator vocal!

CAPÍTULO 8
SIMPATIA VOCAL

Ela era chamada de Dama de Ferro, por seu estilo de liderança forte e inflexível.¹ Foi a primeira mulher a atuar como primeira-ministra britânica e a pessoa que ficou mais tempo no cargo durante o século XX. E o tempo todo Margaret Thatcher brigava com a própria voz.

"Fisicamente, ela tinha o problema de falar com o alto do peito [...] Tinha uma voz professoral, um pouco autoritária, um pouco prepotente", recorda Tim Bell, um dos principais assessores de Thatcher.²

Antes de concorrer a primeira-ministra, seus assessores a fizeram trabalhar com o famoso ator Laurence Olivier para transformar sua voz. Olivier lhe ensinou a baixar naturalmente o timbre com a respiração. Ajudou, mas não resolveu.

Thatcher era constantemente interrompida e ignorada na Câmara dos Comuns. Tinha muita dificuldade durante o Question Time, a oportunidade no Parlamento britânico de os membros interrogarem os ministros do governo numa sabatina.³ A sessão às vezes é bem intensa e barulhenta. Isso era a maior dificuldade de Thatcher: sempre que tentava falar mais alto, sua voz saía mais aguda e tensa.

Essa é uma dificuldade comum. Para sermos ouvidos ou soarmos confiantes, aumentamos o volume da voz. Só que falar mais alto exige mais ar. Consequentemente, guinchamos ou falamos de um jeito rascante, num tom agudo demais, ou caímos na voz basal (que não é nem alta nem poderosa).

As mulheres têm uma dificuldade ainda maior: o forte "preconceito contra a voz das mulheres e suas supostas estridência, emotividade e falta de autoridade", de acordo com a socióloga Anne Karpf.

O que fazer? O dramaturgo Ronald Millar ensinou Thatcher a baixar a voz e falar mais devagar para que fosse ouvida *através* do barulho.

Foi o começo de uma das maiores transformações vocais da história política.[4] Em 1975, Thatcher foi eleita primeira-ministra. Ela continuou a melhorar seu carisma vocal. Nas transmissões de rádio à nação, Thatcher também empregava uma técnica vocal inigualável. Se a transmissão exigia uma voz sensível e simpática, ela tomava uma xícara de chá com mel para relaxar as cordas vocais. Quando queria acrescentar vitalidade, tomava água gelada (dá certo, experimente!).

Isso fez de Thatcher uma comunicadora excepcional. Ela procurava projetar *tanto* competência *quanto* amabilidade na voz.

Lembre-se: os melhores comunicadores usam a Escala do Carisma como um dial. Eles não saem da Zona do Carisma, mas alternam competência e amabilidade de acordo com seus objetivos em cada situação.

No Capítulo 7 aprendemos a usar os sinais vocais de competência: tom mais grave, variação no volume, entonação interrogativa na hora correta, mais pausas para respirar e nada de voz basal.

E a amabilidade? Como acrescentar personalidade à voz? Como soar mais dinâmico? Vamos aprender os sinais vocais de amabilidade. Tudo começa com um alô.

SINAL VOCAL DE AMABILIDADE Nº 1: Cause uma primeira impressão vocal memorável

Pesquisadores constataram que o ouvinte determina se você é confiante nos seus primeiros 200 *milissegundos* de fala.[5] Isso significa que sua primeira impressão vocal acontece na primeira palavra dita. Em geral é "Alô?", "Oi!" ou "Olá".

O problema é o seguinte: quando nos preparamos para uma entrevista, uma apresentação ou uma reunião, pensamos em nossas credenciais, realizações e histórias, mas raramente treinamos a abertura. Essa é uma oportunidade que você pode aproveitar.

Alguns anos atrás, quis saber como a emoção muda a voz – especificamente, como a emoção afeta nosso *alô*.[6] Fizemos um experimento em duas partes.

Primeiro os participantes gravaram seis versões diferentes de seu alô típico. Experimente cada um deles:

1. **Alô neutro:** Diga alô como diria normalmente ao telefone. Esse era nossa referência.
2. **Alô feliz:** Diga alô pensando em algo que deixe você feliz e com um sorriso autêntico.
3. **Alô triste:** Diga alô pensando em algo que lhe dê tristeza e fazendo uma cara triste.
4. **Alô zangado:** Diga alô pensando em algo que o irrita e o deixa com cara de zangado.
5. **Alô da postura de poder:** Diga alô numa postura expansiva – as mãos na cintura, como o Super-Homem.
6. **Alô normal:** Diga um segundo alô de referência depois de todo esse aquecimento.

Claramente, cada alô soava diferente, embora fosse a mesma pessoa falando.* Queríamos saber: dá para decidir se você gosta de alguém com base no alô? Pedimos a milhares de novos participantes que classificassem a simpatia de cada gravação.

O resultado é que não só dá como é o que fazemos sempre.

Quando classificamos as notas, surgiu um padrão claro. Você consegue adivinhar que alôs tiveram a nota de simpatia mais alta? E a mais baixa?

Os alôs tristes foram considerados os menos simpáticos. Os irritados ficaram, por pouco, em segundo lugar.

O que isso significa? Não atenda ao telefone quando estiver de mau humor! **Sua irritabilidade muda o som da sua voz.** (Tenho uma foto da mi-

---

* Você pode ouvir os "alôs" em meu TEDx Talk em Londres!

nha filha na tela do celular e, se *tiver* que atender ao telefone quando estou meio mal, olho a carinha dela para despertar algum amor em mim.)

Os alôs de controle e os felizes tiveram a mesma nota de simpatia. Isso é uma ótima notícia! Significa que você *não* precisa sorrir loucamente (e nada de sorrisos falsos) sempre que atender ao telefone. Um ar neutro e positivo basta.

> ⭐
> DICA DIVERTIDA
> **Você gosta da sua voz?**
>
> Você acha doloroso ouvir a própria voz gravada? "É assim mesmo que eu falo?!", você pensa. Há uma razão científica para ouvirmos um som diferente daquele a que estamos acostumados.[7] Por ser transmitida pelos ossos enquanto falamos, nossa voz soa mais grave quando a ouvimos enquanto falamos e mais aguda nas gravações. A voz também revela nosso nível de ansiedade, irritação e traços de personalidade que talvez preferíssemos esconder.

Houve uma grande surpresa nesse experimento. O alô da postura de poder não teve uma nota alta de simpatia. Ficou só um pouco acima da voz de raiva: em terceiro lugar, atrás do feliz e do neutro.

A que se deve esse resultado? Gostamos de autoconfiança, mas a postura de poder às vezes parece um pouco agressiva, uma força potente e até intimidadora.

Outra boa notícia: você não precisa ficar na posição do Super-Homem ou do Rocky, o lutador, durante telefonemas. Desde que tenha fôlego suficiente, tudo bem.

Por falar em fôlego, há mais um erro que as pessoas cometem quando dizem alô: elas prendem a respiração.

O que você faz quando ouve o telefone tocar? Notei que inspiro depressa e depois prendo a respiração até atender. Às vezes isso dura alguns segundos, enquanto procuro o celular. Isso me leva a atender com a voz presa e sem ar. Aliás, quando gravei meus telefonemas, notei que meu "Alô?" era a palavra mais aguda do telefonema todo.

Quando trabalho com profissionais de vendas, vejo que esse mesmo padrão ocorre muitas vezes com quem está telefonando para o outro, ainda mais se estiver nervoso.

Não prenda a respiração para dizer alô.

Treine dizer alô enquanto solta o ar. Isso tem dois benefícios: relaxa o corpo e lhe dá mais ar, o que faz você se sentir mais confiante e transmitir isso.

Não esqueça de fazer isso presencialmente, em videochamadas e ao telefone. Um alô confiante dá certo em qualquer meio.

> **Princípio:** Nunca atenda ao telefone de mau humor – nem prendendo a respiração.

COMO DIZER ALÔ

- Inspire fundo uma ou duas vezes.
- Autoverificação: você está em boas condições para atender? Se estiver, atenda. Se não, pense em retornar a ligação depois.
- Sorria se estiver contente de falar com a pessoa. Caso contrário, mantenha uma expressão neutra.
- Fale sua primeira frase soltando o ar.

SINAL VOCAL DE AMABILIDADE Nº 2: Soe amistoso

Eis o temor secreto de todo mundo nas interações: *Aqui é meu lugar?*

Em seguida: Sou desejado?

A voz é a melhor maneira de receber alguém de modo acolhedor.

Como? Use um **sinal de acolhimento**. Esses sinais são frases que indicam prazer à outra pessoa, mostram que ela despertou amabilidade em *você*. Algumas das minhas favoritas são:

- Ah, que bom falar com você!
- Eu estava mesmo esperando que você ligasse.
- Que surpresa boa!
- Que bom que você ligou!

São frases simples, mas garanto que tranquilizarão a pessoa. Você também pode usar um sinal de acolhimento ao ouvir a pessoa se identificar ao telefone, dizendo:

- Oi, meu amigo/minha amiga! Que bom que você ligou!
- Oi, [insira o nome]! Que bom falar com você.
- Olá! Adorei ver seu nome aqui na minha tela.
- Oi, [insira o nome]! O que me conta de bom?

Como aprendemos no sinal anterior, sorrir ajuda a soar mais feliz e mais simpático, mas às vezes é algo difícil de fazer em ambientes profissionais. Como sorrir autenticamente em telefonemas rotineiros e até chatos no trabalho? Fácil: use palavras de amabilidade.

Quando pronuncia frases como "Que maravilha falar com você!", "Feliz segunda-feira, pessoal!" ou "Bom dia!", é mais fácil sorrir com autenticidade. Tente acrescentá-las aos primeiros momentos de conversa para provocar amabilidade vocal desde o princípio. Veja mais algumas:

- Como é bom estar aqui.
- Muito legal ver todo mundo.
- Que ótimo falar com você.
- Está um dia lindo hoje.
- Bom dia.
- Boa tarde.
- Boa noite.

Envie abraços verbais

À medida que mais e mais da nossa comunicação passa para o vídeo, temo perder parte dos benefícios da conexão pessoal. Será possível reproduzir o efeito amável de um aperto de mão num telefonema ou numa videochamada? Em parceria com o Dr. Paul Zak, fui tentar descobrir. Criamos um experimento para verificar se o uso de sinais de amabilidade verbal teria efeito semelhante ao dos sinais não verbais. *Dizer* palavras amáveis como *Um abraço!* ou *Um beijo!* estimularia a mesma conexão de um abraço ou um beijo real?

Em nosso experimento, constatamos que, quando usei sinais verbais de amabilidade, as pessoas se sentiram mais conectadas comigo. Veja:

- Estou mandando um abraço virtual!
- Vou abraçar a câmera.
- Um beijo virtual em todos.

Quando medimos a condutância da pele em relógios inteligentes, descobrimos que as pessoas realmente se sentiam mais engajadas quando ouviam esses sinais verbais de amabilidade em vez das aberturas neutras/positivas padronizadas, como "Obrigado por virem" ou "Que bom ver você".

Essa é uma forma fácil de acrescentar amabilidade vocal. **Use palavras que indiquem amabilidade não verbal.** Se gostaria de abraçar a pessoa, diga. Se gostaria de apertar sua mão pessoalmente, diga. Faço isso quando quero ser mais amável em telefonemas, videochamadas e até em mensagens de texto e e-mails.

> ⭐
> **DICA DIVERTIDA**
> ***Temporada de gripe***
>
> Não quer tocar as pessoas? No distanciamento social da pandemia de Covid-19, eu encontrava um amigo ou colega e simplesmente dizia "Estou te mandando um abraço" ou "Toca aqui no ar!". Sempre produzia um sorriso e um pouquinho mais de amabilidade.

Princípio: Demonstre afeto com permissão, alegria autêntica e um abraço vocal.

SINAL VOCAL DE AMABILIDADE Nº 3:
Como soar mais interessante

Já sentiu que as pessoas se desligam de você? Ou pior, acham você chato? Argh, conheço essa sensação! A boa notícia: provavelmente isso tem menos a ver com seu conteúdo e mais com a forma de *transmissão*. E essa é fácil de consertar!

Quando escutamos alguém falar, escutamos duas coisas: **confiança e emoção.**

- A **confiança** é um sinal de poder. Faz os outros levarem você a sério. Um tom de voz grave e a entonação correta indicam aos outros: *Eu me sinto bem com o que estou dizendo e você também deveria se sentir.*
- A **emoção**, como aspecto de amabilidade, faz as pessoas acharem você interessante. A variedade vocal e uma personalidade vocal animada indicam aos outros: *Tenho algo muito interessante a dizer e você deveria escutar.*

Indicamos emoção com um sinal que chamo de **variedade vocal**. Pesquisadores afirmam que só leva um décimo de segundo para o cérebro reconhecer as emoções transmitidas por sinais vocais.[8] É uma das principais maneiras de transmitir aos outros nossas emoções, humores e atitudes.

Muitos profissionais acham que a emoção atrapalha a mensagem, mas na verdade ela a aprimora.

É a emoção que chama a atenção dos outros e os leva a querer escutar.[9] É mais fácil lembrar as palavras quando imbuídas de emoção.

Quer que as pessoas o escutem? Acrescente emoção. A variedade vocal é o tempero da fala.

Quando usam mais variedade vocal para falar com os pacientes, os enfermeiros são considerados mais amáveis *e* competentes.[10] Os profissionais tendem a esconder a emoção. Não querem ser vistos como exagerados ou ansiosos demais.

Abafar emoções não soa informal nem descolado, soa descuidado.

Quando soa entediado, você provoca tédio.

Quando se sentir orgulhoso de uma ideia, não aja como se não fosse nada. Fale com gratidão e motivação.

Quando se preocupar com alguma coisa, não aja de forma ambivalente. Divida seus pensamentos com poder e ênfase.

A variedade vocal pode deixar as pessoas sem graça. Pode parecer mais seguro projetar que você não está muito apaixonado por alguma coisa. Mostrar emoção deixa você vulnerável, mas é isso que cativa as pessoas!

Os introvertidos, principalmente, têm dificuldade com a variedade vocal porque ela chama a atenção. Vamos reformular: você trabalhou muito para acumular conhecimento, habilidades e ideias. **Não está chamando atenção para si; está chamando atenção para suas ideias.** A variedade vocal faz mais do que ajudar você a soar mais interessante, Na verdade, ajuda as pessoas a se interessar mais pelo que você tem a dizer. É um gancho que beneficia a você e a eles.

Sabe qual o maior destruidor da variedade vocal? O roteiro. O roteiro é ótimo para garantir que as *palavras* sejam perfeitas, mas dificulta acrescentar emoção e variedade vocal *genuínas*.

Os cientistas de dados da Quantified Communications usaram software para analisar mais de 100 mil apresentações de executivos, políticos e palestrantes.[11] Eles examinaram escolha de palavras, sinais vocais, expressões faciais e até gestos. **Descobriram que um aumento de apenas 10% da variedade vocal faz crescer muito a atenção da plateia!**

Costumo trabalhar com palestrantes que elaboram seus TED Talks e vejo que cometem dois erros comuns: roteirizam demais a palestra e ensaiam até tirar dela a emoção.

Numa sessão de treino, um cliente começou no tom de voz mais entediado e monótono possível dizendo:

– Hoje quero lhes contar a evolução científica mais empolgante da última década. Vai mudar sua vida. E estou entusiasmado para contar a vocês.

– Espere, espere, espere – falei. – Você está mesmo entusiasmado? É mesmo empolgante? Você não parece muito animado.

– Mas estou! Isso é incrível. Trabalho nisso há 200 anos e vai mudar tudo. Pode revolucionar completamente o modo como pensamos em...

– Ah, tá, AGORA você parece entusiasmado! Onde estava essa emoção?

– Hum... ensaiei tantas vezes o texto que esqueci a enunciação.

Pegamos o roteiro e o *enchemos* de emoção. Também *desroteirizei* algumas histórias para ele falar de improviso. Recomendo enfaticamente manter as histórias e as partes emocionais das apresentações fora do texto. Escreva alguns itens básicos que não quer esquecer. Isso força a aproveitar a emoção verdadeira por trás das palavras em vez de cair na armadilha da decoreba.

> ⭐
> DICA DIVERTIDA
> **Uma lição de Reagan**
>
> Ronald Reagan era considerado um grande comunicador. Mas nem sempre foi assim. No início da carreira ele foi demitido de uma estação de rádio por ler os anúncios de um jeito chato e sem graça. Para melhorar, ele treinou ler os roteiros das Conversas ao Pé da Lareira, de Franklin Delano Roosevelt. Ele sabia que Roosevelt lia esses discursos transmitidos por rádio, mas o presidente soava dinâmico. Reagan percebeu que, se lesse uma frase curta do roteiro e a reafirmasse falando em tom de conversa, soaria muito melhor. Então ele decorava e, depois, "conversionalizava" a ideia. Se tiver que ler um roteiro, experimente essa dica de Reagan. Leia e olhe para cima. Decore, depois conversionalize.*

Crie um roteiro não verbal

Tim Bell usava uma técnica interessante com Margaret Thatcher. Ele acrescentava sinais aos discursos escritos e lembretes de quando tomar o chá de limão ou a água gelada.

"Em reuniões públicas, incluíamos linhas de pausa nos discursos. Não incluíamos linhas de aplauso; ela ficaria paralisada se ninguém aplaudisse", disse ele.

Um exemplar impresso de um dos discursos de Thatcher, de 13 de janeiro de 1976, sobreviveu marcado com um bilhete dela para si mesma: **"Manter a voz baixa e relaxada. Não falar devagar demais."**

Nesse momento, Thatcher já fizera muitíssimos discursos. Em 1976, ela

---

* História contada pelo escritor e ex-redator de discursos presidenciais James C. Humes no livro *Speak Like Churchill, Stand Like Lincoln* (Fale como Churchill, imponha-se como Lincoln).

já era membro do Parlamento, fora eleita secretária de Educação e era líder da oposição, mas *ainda* anotava lembretes vocais para si mesma. Até os oradores mais experientes usam lembretes de sinais.

Você pode fazer isso com uma ferramenta poderosa que chamo de **roteiro não verbal**.

No roteiro não verbal, você acrescenta lembretes sobre sinais ao roteiro ou às anotações verbais. **A melhor razão para usar o roteiro não verbal é lembrar onde é preciso acrescentar variedade verbal, ênfase não verbal ou gestos úteis.** Se já leu o roteiro de um filme ou peça de teatro, você sabe que isso é comum, mas nunca é usado em apresentações! Até agora.

Veja uma amostra que uso quando saúdo o público:

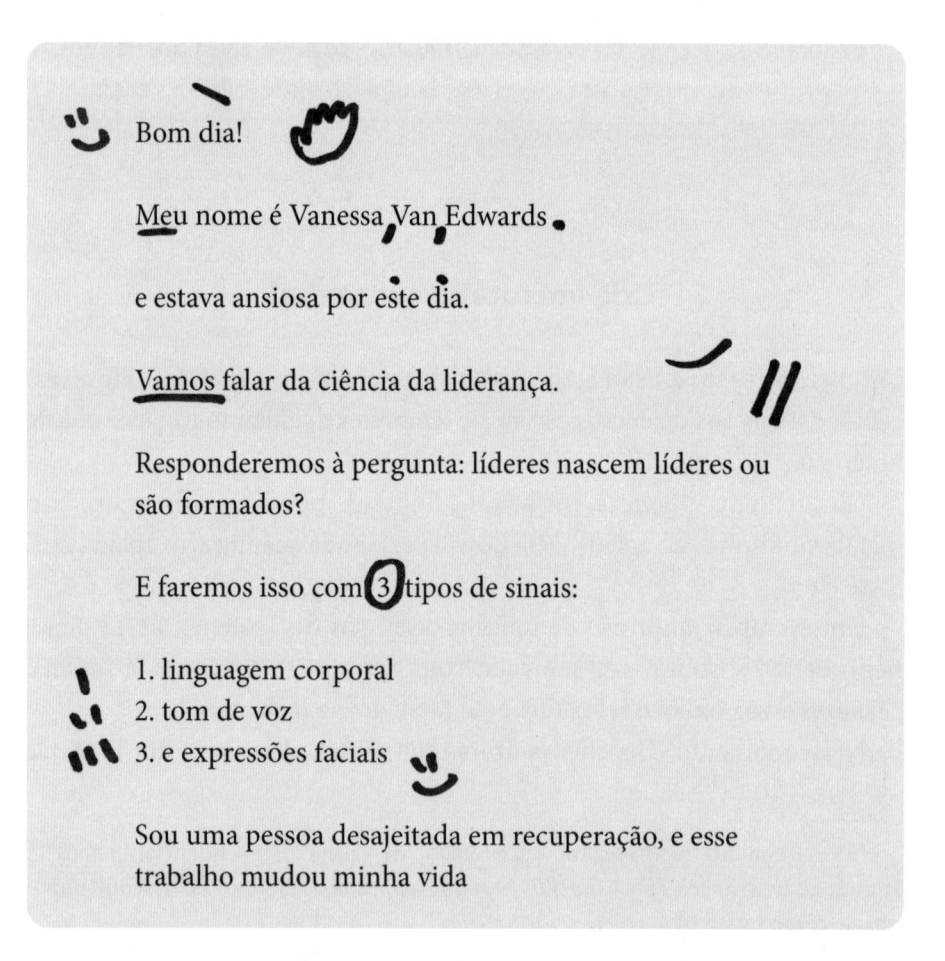

Bom dia!

Meu nome é Vanessa Van Edwards.

e estava ansiosa por este dia.

Vamos falar da ciência da liderança.

Responderemos à pergunta: líderes nascem líderes ou são formados?

E faremos isso com ③ tipos de sinais:

1. linguagem corporal
2. tom de voz
3. e expressões faciais

Sou uma pessoa desajeitada em recuperação, e esse trabalho mudou minha vida

Quando digo "Bom dia!", sorrio e aceno para o público para aumentar a amabilidade. Também indico competência com um tom de voz grave. Tive que romper o mau hábito de, sem querer, usar a entonação interrogativa na fala de abertura. O roteiro não verbal foi essencial para perder esse hábito. **O roteiro não verbal ajuda a superar as armadilhas do carisma.**

Quando fico nervosa, tendo a engolir meu nome. Tive que treinar para desacelerar. Quando digo meu nome, indico meu coração e enuncio as palavras com clareza em vez de falar correndo. Descobri que muita gente pronuncia o próprio nome às pressas. Afinal de contas, ouvimos nosso nome 1 milhão de vezes, mas o público, não. Por isso, diga devagar.

Quando digo "Eu estava ansiosa por este dia", gosto de assentir com a cabeça e fazer contato visual com o máximo possível de pessoas da plateia.

Costumo falar depressa, por isso incluo em meu roteiro alguns lembretes de fazer pausas para respirar. Às vezes conto histórias de um jeito meio entediante, porque já as contei centenas de vezes em centenas de eventos, então sempre anoto as histórias no roteiro apenas como tópicos, o que me ajuda a aproveitar a emoção real e contá-las de maneiras diferentes.

> **Princípio:** A variedade vocal faz você soar mais interessante.

Como usar o roteiro não verbal? Imagine que você esteja contando com a colaboração de um célebre diretor de cinema. O que ele mandaria você acrescentar ou destacar? Como ajudaria você a acrescentar tempero e emoção ao script?

NA PRÁTICA

- Tem dificuldade com pausas ou fala depressa demais? Acrescente lembretes de pausa ao seu roteiro.
- Fala muito devagar? Imprima os trechos lentos em outra cor. Gosto de usar verde para rápido (remetendo ao verde do semáforo) e vermelho para lento.

- Costuma esquecer de sorrir? Inclua uma carinha sorridente no seu roteiro.
- Quer se inclinar para a frente, assentir ou dar ênfase em determinado trecho? Imprima em negrito ou faça marcações na margem.
- Acha difícil fazer contato visual com o público? Acrescente ao seu roteiro marcações ordenando "OLHE PARA CIMA".

SINAL VOCAL DE AMABILIDADE Nº 4:
Soe encorajador e convidativo

Parei na janela do drive-through da Starbucks, desesperada por um café. Minha filha pequena berrava por um croissant (infelizmente, ela conhece essa palavra). Meu marido estava doido por um chocolate quente.

Uma voz amistosa surgiu do alto-falante à minha frente:

– Bom dia! O que vão querer?

– Vejamos... Eu gostaria de um mocha frappuccino.

– *Hummm*, boa escolha – disse a atendente.

– E um croissant – acrescentei.

– *Aaaaah*, delícia. *Aham* – entoou ela, me incentivando vocalmente a continuar.

– E também um sanduíche de peito de peru.

– *Hummmmmm* – fez ela. – Ótimo.

– Quer saber? Dois sanduíches – falei.

– Ah, excelente ideia – comentou ela.

Eu estava começando a me sentir uma *cliente excelente*, isso sim.

Tentei lembrar o que mais queríamos.

– Hããã... – balbuciei.

– Sem pressa! – disse ela.

– É... Ah, sim! Um café com leite de amêndoas.

– *Ah*, maravilha! *Aham* – disse ela. – Adoro.

– É isso! – falei.

– É isso! – ecoou ela. – Seu delicioso pedido já, já estará pronto. Por favor, siga para a próxima janela.

Avancei me sentindo confiante, estimulada e alegre.

Essa incrível funcionária (uma pena eu não ter perguntado o nome dela) usou o que chamo de **convites vocais**. Com eles, usamos nossa voz para incluir, convidar, afirmar e cumprimentar os outros. Usamos convites vocais para incentivar alguém a continuar falando, para declarar concordância, para demonstrar interesse e mostrar que estamos prestando atenção.

Há três tipos diferentes de convite vocal:

Primeiro, os **sinais de escuta** são exclamações de alegria, interesse e mistério menores do que palavras. Alguns típicos são *ah!*, *oh!*, *hum*, *huuummm*, *aham* e *arrá*. São ruídos que fazemos enquanto escutamos. Fazemos esses sons para mostrar ao outro que estamos envolvidos na conversa. Eles melhoram instantaneamente nossa amabilidade vocal.

Se já lhe disseram que você é frio, intimidador ou deixa as pessoas nervosas, um remédio fácil é: **comece a usar ruídos de convite vocal.** Se disserem algo interessante, faça *"Uau"*. Se pararem para pensar, diga *"Aham"*. Se olharem para você a fim de conferir sua atenção, faça que sim com a cabeça e diga "Aham, aham". Além disso, sempre se pode acrescentar um erguer de sobrancelhas, um sorriso ou uma inclinação do corpo para a frente, se você se sentir à vontade. O convite vocal é um jeito ótimo de acrescentar uma conexão amável.

⭐
DICA DIVERTIDA
Subexpressivos

Isso é muito útil para os excessivamente estoicos – pessoas subexpressivas com o rosto e os gestos. Se você sabe que é subexpressivo em termos não verbais, tente aumentar os sinais vocais, o que pode ser extremamente sutil. Muitos alunos subexpressivos meus se sentem mais naturais acrescentando baixinho um "ah" ou "hum" do que usando mais gestos e sorrisos.

O segundo tipo de convite vocal é o uso de **palavras de incentivo** com um tom amável e entusiástico. As mais comuns são "claro", "uau", "e depois?", "conta mais", "interessante", "é mesmo?", "jura?", "incrível" e "entendo", entre outras. Você pode pensar nelas como **empurrõezinhos verbais**. Em geral, os pequenos empurrões verbais têm menos de três palavras e são ditos para marcar ou incentivar a outra pessoa a continuar. Você a empurra adiante com algumas palavras.

> DICA DIVERTIDA
> ## Seus convites vocais preferidos
>
> Experimente o seguinte: assista a um TED Talk interessante ou escute um podcast cativante e veja se faz alguma vocalização sozinho.
> Os sons ou palavras que você disser (ou pensar) são seus convites vocais mais naturais. Use-os ao falar com as pessoas!

O último tipo de convite vocal se chama **espelhamento vocal**. É quando você espelha sutilmente os sons, palavras ou convites vocais do outro. Quer percebesse ou não, a funcionária da Starbucks usou isso comigo. Eu disse "*Ah*, sim! Quero um café". E ela respondeu: "*Ah*, maravilha!" Eu disse "*Hã*" enquanto pensava e ela disse "*Hum*" em resposta.

Numa conversa naturalmente boa, os participantes se espelham entre si; na verdade, é isso que a torna boa. Espelhar amplifica os sinais e sincroniza as pessoas. Quanto mais espelhamos os convites vocais uns dos outros, mais nos afirmamos. Eu digo "arrã" enquanto escuto para mostrar que estou interessada. Aí, quando estou falando, meu parceiro diz "arrã" para mostrar que está me escutando. Então ambos sabemos "Que ótimo, estamos em sintonia!" sem nem precisar falar mais nada.

À medida que criamos uma conexão forte, começamos a usar palavras, convites vocais e tons de voz parecidos. O espelhamento vocal acontece naturalmente, mas você também pode usá-lo de propósito para gerar uma conexão mais rápida.

Um aluno meu trabalha como policial à paisana. Como regularmente encontra novas pessoas sob estresse, ele sempre as espelha vocalmente para criar conexão com rapidez. Copia seus empurrõezinhos verbais, seus convites verbais e **até o tipo de palavra usada**. Ele me disse que, se seus contatos usarem a palavra *bike* em vez de *bicicleta* ou *chope* em vez de *cerveja*, ele faz a mesma coisa. Em sua experiência, esse é o segredo para ganhar confiança com rapidez. Não é falsidade; é sua maneira de demonstrar respeito e prestar muita atenção nas pessoas com quem está.

Aprendi com ele que deveria pesquisar o vocabulário profissional que meus clientes usam. Antes de uma apresentação, descubro se usam *cliente* ou *consumidor* ou se dizem *pitch de vendas* em vez de *proposta*. Então mudo as palavras da apresentação conforme necessário.

Um estudo examinou o espelhamento vocal no início de negociações salariais.[12] Pesquisadores constataram que os funcionários que usaram mais espelhamento vocal conseguiram um salário maior no acordo final.

Como espelhar vocalmente com autenticidade? O segredo é ser **sutil e natural**. Se ouvir uma palavra de que goste, use! É fácil quando alguém pede confirmação.

A pessoa diz: "Tudo bem?"
Você responde: "Tudo bem!"
A pessoa diz: "Entendeu?"
Você responde: "Entendi!"
A pessoa diz "Nossa!" enquanto escuta você.
Você diz "Nossa!" enquanto responde a ela.

É claro, não exagere! Em excesso, o espelhamento vocal faz você parecer um papagaio (com todo o respeito aos papagaios, principalmente os que estão em risco de extinção).

Alguns convites vocais sutis podem incentivar uma pessoa tímida, engajar um novo amigo ou acalmar alguém importante para você.

> ⭐
> DICA DIVERTIDA
> **Expectativa e realidade**
>
> Minha amiga de infância Elizabeth acredita que é calorosa e efusiva, mas parece distante e estoica, mesmo quando se sente feliz. De tantos em tantos meses, um de nossos amigos em comum me pergunta: "Elizabeth se zangou comigo?" E tenho que explicar que não, que ela só não usa sinais suficientes.
> **Tendemos a superestimar a obviedade de nossa amabilidade, nosso interesse e nossa empolgação ao olhar dos outros.** Os convites vocais são uma das maneiras mais simples e fáceis de indicar tudo isso.

Alguns anos atrás, trabalhei com um novo gerente que enfrentava dificuldades para se conectar com sua equipe. Escutei alguns de seus telefonemas e identifiquei o problema imediatamente: ele usava um sinal que chamo de negação vocal.

O oposto do convite vocal é a **negação vocal**. Ela demonstra desagrado, discordância e nojo numa palavra ou som. Desincentiva os outros. Soa como "ufa", "iih", "ai", "xiii" ou "ai, ai, ai!". Pode vir em palavras curtas como "não", "argh" e outras.

É comum serem usadas sem querer! Meu aluno nem percebia que, enquanto escutava os membros da equipe, dizia "iiiiiiih". Era seu sinal natural de escuta, mas desestimulava as pessoas com quem falava. Imagine como elas se sentiam. Por que contariam mais a ele se recebiam um feedback vocal que soava negativo?

Se for usar a negação vocal, é melhor que seja intencional. Por exemplo, você pode empregá-la para substituir ou evitar uma negação *verbal*.

A questão é a seguinte: negações verbais intimidam. As negações e os convites vocais podem falar por você sem causar tanto medo social. Uma negação vocal bem colocada pode avisar sutilmente que você não concorda sem que você precise proferir as palavras "Não concordo". O nível de esforço e coragem necessário para dizer isso pode ser bem mais difícil de obter.

Em 2018, minha equipe e eu alugamos um estúdio imenso para filmar nosso curso da People School diante de uma pequena plateia. Eu estava nervosíssima. Teria que ensinar o correspondente a mais de três dias de conteúdo ao vivo diante de 20 alunos novos, com uma equipe de 12 pessoas num cenário personalizado com várias câmeras. Foi caro montar tudo aquilo e havia bastante pressão para concluir dentro do prazo.

Bob, um dos alunos, foi meu salva-vidas vocal. Ele é muito expressivo vocalmente e tem o hábito maravilhoso de murmurar *"Hum"* para si mesmo sempre que se sente inspirado ou interessado. Percebendo ou não, de tantos em tantos minutos ele me dava um *Hum* de incentivo.

Quando o surpreendia com um estudo ou fato novo, ele dizia "Arrá!" de forma audível no quase silêncio da plateia. Isso me deu mais confiança.

Bob também tem uma risada alta e autêntica que faz os outros rirem com gosto das piadas esquisitas que gosto de contar quando ensino. Do palco, eu ouvia seu sutil incentivo vocal toda vez que trazia à luz uma boa observação.

Seus convites vocais foram dádivas para mim como professora. Foi como se, na plateia, ele me jogasse petisquinhos vocais e assim me desse energia para continuar. E o melhor: esses convites vocais estimularam os outros alunos! Notei que, quando ele dizia "Arrá!", outras pessoas na plateia erguiam os olhos de suas anotações e assentiam. Quando ele ria, todos riam. Convites vocais criam amabilidade para todos.

> **Princípio**: Convites vocais presenteiam as pessoas em volta com simpatia, incentivo e valorização.

SINAL VOCAL DE AMABILIDADE Nº 5: Incorpore o carisma

Vamos fazer um jogo vocal. Prepare-se para responder à pergunta seguinte em voz alta. Se estiver perto de alguém, pergunte se a pessoa está disposta a escutar e participar também. Pronto?

Versão A: Descreva em detalhes sua comida preferida. Qual é? Onde você costuma comer? Como é o sabor?

Pausa. Respire fundo. Agora vamos tentar a Versão B.

Versão B: Agora finja que você é Steve Jobs. Incorpore-o por um instante. Levante-se ou se sente como você acha que ele se levantaria ou se sentaria. Mantenha as mãos do jeito que você acha que ele faria. Agora me descreva sua comida preferida enquanto incorpora Steve Jobs. Qual é? Onde você costuma comer? Como é o sabor?

Você falou de um jeito diferente quando fingiu ser Steve Jobs? Falou mais alto? Enfatizou mais as palavras?

Esse exercício ridículo foi um experimento real.[13] Os pesquisadores responsáveis descobriram que, quando pediam aos estudantes que incorporassem Steve Jobs, instantaneamente todos passavam a falar melhor! Faziam contato visual de forma mais intencional, tinham uma entonação vocal melhor, mais volume e gestos mais claros.

Esse exercício melhorou tanto a linguagem corporal e o carisma vocal que agora pesquisadores recomendam incorporar **oradores-modelos** como uma das maneiras mais rápidas de falar melhor em público.

Quem é seu orador-modelo? Tem alguém que você adora escutar? Incorpore-o! Meus modelos são Brené Brown, Tracee Ellis Ross e Mel Robbins. Acho-as genuínas, divertidas e autênticas.

Esse processo de visualização funciona melhor como exercício de aquecimento. Antes do próximo telefonema importante ou enquanto se prepara para uma apresentação, assista a um vídeo de seu orador favorito e faça alguns exercícios respiratórios ao mesmo tempo. Treine a abertura e os pontos principais como se fosse essa pessoa.

Veja a seguir mais algumas maneiras de aquecer a voz e o carisma.

O que fazer antes de um evento

Para soar da maneira mais amável e carismática, recomendo aquecer a voz antes de subir no palco. Use estas técnicas sempre que precisar aumentar seu carisma.

Procure um espaço reservado caso se sinta mais à vontade. É difícil fazer os exercícios em silêncio.[14]

1. **Inspire profundamente com o abdome.** O importante aqui é não subir os ombros ao respirar. Mantenha-os relaxados. A boa respiração vocal vem toda do abdome.
2. **Corrija a postura.** Desça os ombros, afaste um pouco os pés, gire as mãos de modo que fiquem paralelas ao corpo.
3. **Experimente um exercício vocal.** Antes de qualquer telefonema ou evento importante, cantarolo para mim minhas músicas preferidas. São só dois ou três minutos e é um jeito ótimo de preparar as cordas vocais para a variedade vocal.
4. **Tem mais alguns minutos?** Assista a seu orador favorito no celular para entrar no fluxo. Treine os 30 segundos iniciais e finais da sua apresentação.

Faça uma captura de tela dessas instruções ou tire foto (se estiver lendo o livro impresso) e guarde para seu próximo grande evento. Você consegue!

BÔNUS: Como gravar uma mensagem carismática para o correio de voz

Escute sua saudação. Você gosta de como soa? Você soa entediado? **Regrave com emoção e confiança.** Veja como:

- Sente-se num lugar agradável e tranquilo. Recomendo usar fones/microfones para soar menos distante e com menos eco.
- Antes de começar a gravar, faça um aquecimento vocal.

- Inspire fundo e diga alô algumas vezes em tom grave. Desse modo você pode falar e gravar nesse mesmo registro.
- Pense em alguém com quem você adore conversar e imagine que cumprimenta essa pessoa. Concentre-se nessa sensação positiva e sorria se parecer natural.
- Use uma linguagem simples. Recomendo uma saudação, seu nome e seu pedido a quem ligou. Termine com uma boa despedida ou um bom desejo. Meu modelo:

> Olá!
> Aqui é o/a ...
> Deixe seu recado para mim após o sinal.
> Tenha um ótimo dia!

DESAFIO DO CAPÍTULO

Lembre-se: seu carisma vocal é variável. Se quiser aumentar a amabilidade, use mais sinais vocais amáveis. Se quiser aumentar a competência, use mais sinais competentes. E, se quiser soar da melhor maneira possível, tome o cuidado de evitar os sinais vocais da Zona do Perigo: uma entonação interrogativa mal colocada, voz basal e negações vocais.

SINAIS DE AMABILIDADE
- Alô alegre
- Entusiasmo
- Variedade vocal
- Convites vocais
- Espelhamento

SINAIS DE CARISMA
- Emoção
- Confiança
- Respiração
- Expansividade
- Incorporação

ZONA DO PERIGO
- Entonação interrogativa
- Voz basal
- Negação vocal

SINAIS DE COMPETÊNCIA
- Voz grave
- Controle do volume
- Pausas

(eixo vertical: AMABILIDADE; eixo horizontal: COMPETÊNCIA)

Vamos pôr em ação seus sinais vocais de amabilidade. Acrescentei esses sinais à Tabela de Sinais.

SINAL	DECODIFICAR	CODIFICAR	INTERNALIZAR
Alô carismático	Quem diz o melhor alô?	Experimente algumas versões diferentes de alô. Teste um alô sorridente ou na expiração e veja qual soa melhor.	Quando estiver contente de falar com alguém, demonstre. Quando não estiver contente de falar com alguém e quiser que a pessoa saiba, demonstre! Às vezes uso um alô zangado quando pedi a alguém que não me ligasse – principalmente se for telemarketing!
Aquecimento amistoso	Você se sente bem recebido pelas pessoas com quem fala? Alguém faz você se sentir mal aceito? Por quê?	Experimente aquecimentos vocais diferentes e encontre o que combina com você e com sua personalidade.	Tem uma sensação gostosa com alguém? Mande-lhe um abraço digital.
Emoção vocal	Conhece alguém sem emoção? Que parece frio? Preste atenção na voz dessa pessoa. Provavelmente ela é boa parte do problema.	Toda vez que se ouvir ficando ou soando entediado, recorra às emoções. Use mais histórias.	Você acha difícil demonstrar emoção? Sei que parece meio bobo, portanto vá aos poucos. Escolha um sinal para começar até se sentir confiante!

Convites vocais	Qual é seu convite vocal favorito? Adoro quando as pessoas dizem "Arrá!". O que mais o incentiva? Diga isso às pessoas que são importantes para você.	Que convite vocal lhe soa mais natural? Experimente todos!	Sem querer você usa o declínio vocal? Escute um evento ou telefonema recente para ter certeza.
Incorporação vocal	Quem você conhece que tem muito carisma vocal? Tente aprender com essas pessoas.	Experimente alguns modelos vocais. Fale como Steve Jobs, Oprah Winfrey ou Mel Robbins e veja o que lhe parece melhor.	Consegue se usar como modelo vocal? Você já fez uma ótima apresentação ou foi excelente numa reunião? Ouça essa gravação sempre que quiser se inspirar!

SINAIS VERBAIS

CAPÍTULO 9

COMO SE COMUNICAR COM CARISMA

O ano era 1996 e Sabeer Bhatia e Jack Smith tentavam vender a ideia de um novo produto digital. Depois de meses de conversas e 20 reuniões com investidores, os dois finalmente conseguiram um recurso inicial de 300 mil dólares. O dinheiro era suficiente apenas para que eles largassem o emprego de modo a se dedicarem integralmente ao projeto. Os dois criaram em pouco tempo a primeira versão do site e, em 27 de março de 1996, compraram o domínio Hotmail.com.

Conforme se aproximavam do lançamento, as preocupações começaram a crescer: como fazer a divulgação e atrair os milhões de usuários necessários? Eles não tinham dinheiro para outdoors e anúncios em rádios. Então tiveram uma epifania. O que se faz com o e-mail? Manda-se cada mensagem a *outras pessoas*. Eles decidiram pôr uma linha de mensagem no pé de todos os e-mails enviados pelo Hotmail.

Mas o que dizer? Um simples anúncio? Um pedido de ajuda? Decidiram tentar uma sensação de quentinho no coração somada a um pedido direto. Ficou assim:

"P.S.: Amo você. Crie seu e-mail gratuito em Hotmail.com."

Em poucas semanas a popularidade do Hotmail explodiu. Bhatia e Smith não tinham percebido que o *postscriptum* é uma das partes mais lidas das mensagens. Em sua pesquisa, o escritor e consultor de comunicação Frank Luntz descobriu que essa é **a segunda parte mais lida das mensagens, depois da linha de abertura.**[1]

Os fundadores do Hotmail creditam a essas simples duas frases o maior promotor do crescimento do número de usuários. "Oitenta por cento dos inscritos disseram que tinham conhecido o site por um amigo", publicou o site TechCrunch.[2] Um ano depois, o Hotmail foi adquirido pela Microsoft por 400 milhões de dólares.

Bhatia e Smith usaram as palavras certas para sinalizar para as pessoas certas. Você está usando palavras que enviam os sinais certos?

Palavras de poder

Vamos imaginar que eu lhe peça que jogue com um desconhecido. Digo que o jogo se chama Jogo da Comunidade, mas ao adversário digo que é Jogo de Wall Street. Você acha que o nome influenciaria o modo de jogar?

A resposta é um retumbante SIM![3] Uma equipe de pesquisadores apresentou a um grupo de participantes o Jogo da Comunidade (nome carregado de amabilidade) e, a outro grupo, o Jogo de Wall Street (nome carregado de competência). As regras do jogo eram idênticas, mas adivinhe que grupo foi mais colaborativo? No Jogo da Comunidade, dois terços dos participantes colaboraram, contra apenas um terço no Jogo de Wall Street. A mudança de um único sinal verbal mudou o modo de agir das pessoas no grupo.

Como você chama as reuniões? As ligações? Seus colegas de equipe? A si mesmo? As palavras usadas mudam as ações dos outros e sua percepção de você. Esse é um jeito fácil de aumentar seu carisma. **Se quiser projetar amabilidade, use mais palavras amáveis. Já se sua meta é a competência, use mais palavras competentes.**

As palavras amáveis transmitem amistosidade, confiança e otimismo. São palavras como *conectar, colaborar, feliz, ambos* e *juntos*. As palavras amáveis têm o mesmo efeito de um sorriso ou de uma inclinação de cabeça. Elas nos dão uma sensação gostosa – conexão, incentivo, participação. Também considero os emojis e os pontos de exclamação sinais de amabilidade. Um estudo constatou que os clientes que trocavam mensagens com o atendimento ao cliente davam nota mais alta a quem usava emojis e classificavam essas pessoas como mais agradáveis.[4]

> ⭐
> DICA DIVERTIDA
> **Emojis**
>
> Os emojis são um jeito ótimo de acrescentar sinais não verbais a e-mails, mensagens de texto, perfis e bate-papos por escrito. Também é essencial usar o emoji certo para transmitir uma emoção.

Por outro lado, as palavras competentes indicam poder, conhecimento e eficácia. São palavras como *brainstorming*, *eficaz*, *produtivo* e *ciência*. As palavras competentes correspondem ao gesto da mão em campanário ou a gestos resolutos. Elas nos deixam motivados, capazes, como se estivéssemos nas mãos certas. Dados, tabelas e pesquisas são todos sinais de competência.

Algumas raras palavras carismáticas são tão inerentemente boas que conseguem sozinhas o equilíbrio correto de competência e amabilidade. Por exemplo, *confiante*, *ótimo* e *criativo* são tanto amáveis quanto competentes, porque provocam otimismo e interesse.

É claro que as palavras da Zona do Perigo são negativas ou não transmitem quase nada. Na Zona do Perigo, combatemos a esterilidade. **A maioria das pessoas não usa palavras muito negativas, só palavras sem graça.**

Não sabe quais são amáveis, competentes, carismáticas ou sem graça? Isso é mais arte que ciência. Pense no que cada palavra lhe lembra. Uma pessoa, um símbolo ou um objeto que evoca em você amabilidade ou competência? Já está bom! Para ajudar, veja uma pequena amostra dos diversos tipos de palavras de carisma:

```
         AMÁVEIS              CARISMÁTICAS
         Conectar              Interessante
         Colaborar             Liderar
         Feliz                 Ótimo
         Juntos                Cativar
         <3                    Excelente
         !                     Criativo

AMABILIDADE
         DESCARTADAS           COMPETENTES
         Ocupado               Brainstorming
         Estresse              Eficaz
         Complicado            Produtivo
         Confuso               Especializado
         Problema              Ciência
                               %

                  COMPETÊNCIA
```

Como enviar e-mails melhores

Uma parte cada vez maior da nossa comunicação profissional se tornou estéril, sem nenhum sinal de carisma. Que desperdício! Já enviei muitos e-mails como o que reproduzo a seguir. Consegue ver o que há de errado?

> Brian,
>   Tudo certo para nossa reunião na semana que vem. Vou lhe enviar a pauta e uma visão geral da proposta, e na reunião as examinaremos. Se tiver alguma dúvida, me avise.
>   Abraços,
>   Vanessa

Em primeiro lugar, que e-mail chato. Em segundo, não há nenhum sinal de carisma. Essa mensagem está praticamente pedindo que a outra pessoa desligue o cérebro. As palavras são estéreis e tão batidas que nem prestamos mais atenção nelas.

Esse e-mail passa a mensagem, mas poderia fazer *muito mais*. O acréscimo de sinais verbais transforma uma mensagem comum numa ótima mensagem. O exemplo a seguir é tão breve quanto a primeira versão, mas transmite algo completamente diferente:

Bom dia, Brian.
   Aguardo com expectativa nossa colaboração na semana que vem. Vou preparar uma lista de metas e uma visão geral dos resultados desejados para nós dois. Podemos estudar tudo isso juntos. Ficarei contente em responder a qualquer pergunta sua.
   Grande abraço,
   Vanessa

Cada palavra sublinhada é um sinal de carisma. O e-mail tem palavras amáveis como *metas, juntos, contente* e *desejados* e palavras competentes como *expectativa, resultados* e *estudar*. Quando ouvem palavras como *juntos* e *contente*, é mais provável que as pessoas *realmente se sintam* contentes juntas.

Como sabemos, quando ouvimos palavras como *colaborar*, é mais provável que *sejamos* colaboradores. Quando ouvimos palavras como *juntos, nós, nosso* e *ambos*, é mais provável que nos sintamos conectados. Quando alguém nos diz que fica "contente em responder a nossas perguntas", é mais provável que nos sintamos à vontade para fazer perguntas. **Muita gente supõe que há amabilidade em seus e-mails chatos e estéreis, mas nunca se deve supor a conexão.**

Cada sinal verbal que você escolher pode preparar você e sua equipe para o sucesso. Veja como usar os sinais verbais de forma mais intencional:

Passo 1: Auditoria de e-mails

Você se comunica com carisma? Vamos descobrir! A melhor maneira de avaliar que tipo de sinal você dá aos outros sobre sua amabilidade e sua competência é com uma **auditoria de e-mails.**
   Faça assim:

- Abra sua pasta de "enviados".
- Pegue as últimas cinco mensagens relevantes.

- Conte quantas palavras amáveis você usou.
- Conte quantas palavras competentes você usou.
- Conte quantas palavras carismáticas você usou.
- Por fim, verifique se você usou alguma palavra negativa, como *problema, erro, mau* ou *estresse*.

Que padrões você detecta? Milhares de alunos fizeram essa auditoria e, em geral, descobriram que usam um tipo de sinal com muita frequência – palavras amáveis ou palavras competentes em excesso. É por isso que ficam presos numa parte da Escala do Carisma.

Ou então as pessoas descobrem que têm pouquíssimos sinais de carisma. A maior parte de sua comunicação está ameaçadoramente próxima da Zona do Perigo.

Você pode até notar que usa tipos diferentes de palavra com tipos diferentes de pessoa. Você manda um monte de palavras competentes para o chefe e um monte de palavras amáveis para os colegas? Pode ser por isso que as pessoas tratam você de forma diferente: **você está sinalizando a elas que ajam assim.**

Eis um exemplo de e-mail muito amável:

Oi, Rod!

Eu <u>adorei</u> me <u>conectar</u> com você ontem sobre a nova proposta. Como sempre, é <u>ótimo colaborar</u> com você! Acho que encontramos algo <u>especial</u>. Vou terminar minha parte hoje e aí podemos rever tudo <u>juntos</u>. =)

Bjs,

Andrea

Veja uma versão competente do mesmo e-mail:

Caro Rod,

Obrigada pela <u>poderosa sessão de brainstorming</u> de ontem. Essa nova proposta foi na mosca. Acho que chegaremos a um <u>nível mais alto</u> com ela. Vou <u>elaborar</u> minha parte até o fim do dia e então podemos <u>conferir</u>.

<u>Vamos em frente!</u>

Andrea

Esses e-mails são mais ou menos do mesmo tamanho, mas transmitem sinais completamente diferentes. Observe que nenhum deles é estéril. **Quando escrever e-mails, imagine não só o que quer que o destinatário *saiba*, mas como quer que *se sinta*.** Isso *não* é entupir sua comunicação de palavras em excesso. É ser intencional na escolha das palavras para que elas ajudem você (e sua equipe) a atingir suas metas.

Provavelmente, Bhatia e Smith não faziam ideia de que a frase marota "P.S. Amo você. Crie seu e-mail gratuito em Hotmail.com" também tem o equilíbrio perfeito de palavras amáveis e competentes. "Amo você" é a frase mais amável que existe e leva as pessoas a pensar nas pessoas que amam. E o convite para obter algo gratuito provoca sua competência para obter, atingir e realizar. Isso as deixou mais carismáticas e incentivou as pessoas a compartilhar mais. Esse acréscimo de última hora mudou o jogo.

Fiquei muito impressionada com um e-mail que o LinkedIn me mandou com a mistura perfeita de amabilidade e competência. Eles usaram a seguinte linha de assunto: "Sua expertise é requisitada". É uma abertura muito específica e de alta competência que fez com que eu me sentisse necessária e desejada. Então eles equilibraram o assunto de alta competência com uma linha amável bem no início do e-mail que dizia "O LinkedIn gostaria de ter notícias suas!"

Intencionalmente ou não, eles usaram um bom equilíbrio de sinais amáveis e competentes no corpo do e-mail, e terminaram com "Valorizamos seu tempo. Tudo de bom" – uma ótima fusão de amabilidade e competência.

Alguns sinais corretamente colocados fazem toda a diferença.

> **Princípio:** Sinais escritos indicam amabilidade, competência e carisma tanto quanto os sinais não verbais.

Passo 2: Pare de ser chato

Os profissionais de hoje enfrentam uma grande crise: as reuniões chatíssimas. Suas reuniões se iniciam no piloto automático profissional? Parece que a maior parte das videochamadas e videoconferências começa do mesmo jeito estéril e tedioso:

> Oi, pessoal. Hoje vamos pôr em dia as coisas do escritório. Vou falar dos documentos que enviei por e-mail no início da semana e deixar algum tempo para perguntas no fim. Vamos esperar um pouco enquanto todo mundo entra. Começaremos em poucos minutos.

Essas palavras transmitem muito pouco – além de que a reunião será igual a todas as outras. Essa é uma oportunidade perdida. Vamos resgatar esse início aborrecido e inspirar carisma. Essa versão é praticamente do mesmo tamanho, mas usa sinais verbais de amabilidade e competência:

> <u>Feliz</u> segunda-feira, <u>pessoal</u>! É <u>ótimo</u> ver todo mundo. Hoje temos algumas novidades <u>interessantes</u> para examinar <u>juntos</u>. Vou <u>abrir</u> a conversa e ver se todas as dúvidas serão <u>resolvidas</u>. Enquanto esperamos o resto do pessoal, alguém fez algo <u>divertido</u> no fim de semana?

Essas pequenas mudanças preparam o apresentador e os outros na reunião para o sucesso.

Agora você pode estar com medo de se transformar num zumbi robô que fala jargão corporativo caso o uso de palavras carismáticas soe falso. Não queremos usar sinais para encobrir ou enfeitar as más práticas das equipes. Mas eles podem ajudar a levar as reuniões e os relacionamentos numa direção positiva.

Eis algumas maneiras fáceis de acrescentar mais sinais verbais positivos à sua comunicação. E não é preciso muito. Frases simples podem colocar você no ponto perfeito da Escala do Carisma.

Vamos começar com as **aberturas**. Faça as primeiras palavras ditas em e-mails, conversas ou chats importantes combinarem com onde você quer estar na Escala do Carisma. Isso vale para reuniões, telefonemas, videochamadas e chats.

Minha regrinha básica: **concentre-se nas 10 primeiras palavras**. Não diga apenas "Oi" ou "Olá". Mais tempero!

Comece com linguagem como "Oi, amigos!", "Que bom estar aqui",

"Que prazer", "Fico contente em ver vocês", "Estou empolgado por estarmos juntos" – tudo isso provoca amabilidade.

> ⭐
> **DICA DIVERTIDA**
> ## Cultura e localização
>
> Vamos aceitar a dica de Heidi Klum, supermodelo e apresentadora do programa *Project Runway*. Ela sempre se despede em sua língua natal: "*Auf Wiedersehen!*"
>
> Um modo fácil de acrescentar amabilidade é usar palavras baseadas em culturas ou locais. Adoro mandar um *beso* (em espanhol) para meus amigos.
>
> Costumo começar os e-mails divertidos ou de verificação com um "E aí?" Meu amigo havaiano sempre começa com "Aloha". Adoro quando nossos alunos internacionais começam com seu idioma natal nas saudações e despedidas. "Ciao!", "¡Hola!", "Bonjour" são uma maneira ótima de acrescentar personalidade verbal.

As aberturas competentes levam os participantes a se sentir capazes e produtivos. Aberturas como "Vamos lá", "Esse dia vai ser produtivo", "Olá, parceiro", "Vamos resolver isso" e "Mal posso esperar a solução" alimentam nossa competência.

E palavras como *equipe*, *empolgado*, *bem-vindo* e *largada* obtêm o perfeito equilíbrio de carisma. Experimente "Bom dia, equipe!", "Empolgado para hoje", "Sejam todos bem-vindos", "Vamos decolar nessa colaboração" ou "Mal posso esperar para começarmos".

AMABILIDADE ↑

AMÁVEIS
Oi, amigo!
Contente em estar aqui
Que prazer
É bom se conectar
Estou aberto
Estou empolgado

CARISMÁTICAS
Bom dia, equipe!
Empolgado para hoje
Sejam todos bem-vindos
Vamos fazer essa colaboração decolar
Vamos começar juntos

DESCARTADAS
Oi
Está ocupado?
Tem sido uma loucura
Vamos esperar todo mundo entrar
O tempo anda péssimo

COMPETENTES
Vamos fazer este dia ser produtivo
Oi, parceiro
Vamos resolver
Mal posso esperar pela solução
Vamos fazer um brainstorming

COMPETÊNCIA →

⭐
DICA DIVERTIDA
Encerramento exclusivo

Escrevi uma newsletter por e-mail durante mais de uma década. Enviava minhas dicas mais recentes e truques de comunicação e habilidade interpessoal. Tinha muita dificuldade com o encerramento, até que pensei: *O que quero que as pessoas sintam no finzinho de cada e-mail?* O resultado – a missão de meu trabalho, a razão para eu ter um boletim por e-mail – é ajudar as pessoas a se sentirem mais bem-sucedidas. Então comecei a usar a despedida "A seu sucesso, Vanessa". Leitores e alunos começaram a citá-la e usá-la comigo. Assinavam e-mails com "A seu sucesso" e me escreviam dizendo "Obrigado por me dar todas essas dicas de sucesso". Para mim, é um ritual fácil e um lembrete da marca para meus leitores. Você consegue criar um encerramento exclusivo que passe a mensagem certa?

E o encerramento? Sempre termine com carisma.

Meus encerramentos amáveis preferidos são "Tudo de bom", "Mal posso esperar!", "Saudações calorosas" e, é claro, "Um grande beijo".

Meus encerramentos competentes favoritos são "Cordialmente", "Saudações", "Respeitosamente", "Atenciosamente" e "Avante".

Meus encerramentos ideais favoritos têm o equilíbrio perfeito. Experimente "Estou empolgado para trabalhar com você", "No aguardo", "Ficarei contente em responder a qualquer pergunta", "Vamos com tudo!", "A seu sucesso", "Ótimo trabalho" e "Obrigado por tudo".

Evite despedidas chatas ou estéreis como "Tchau", "Até mais" ou, pior, nada.

Veja este resumo:

Se combina com sua marca, você pode até experimentar "Você pode confiar em nós" como uma despedida ou *tag line* de alta competência. Ou use a versão amável: "Conte conosco".

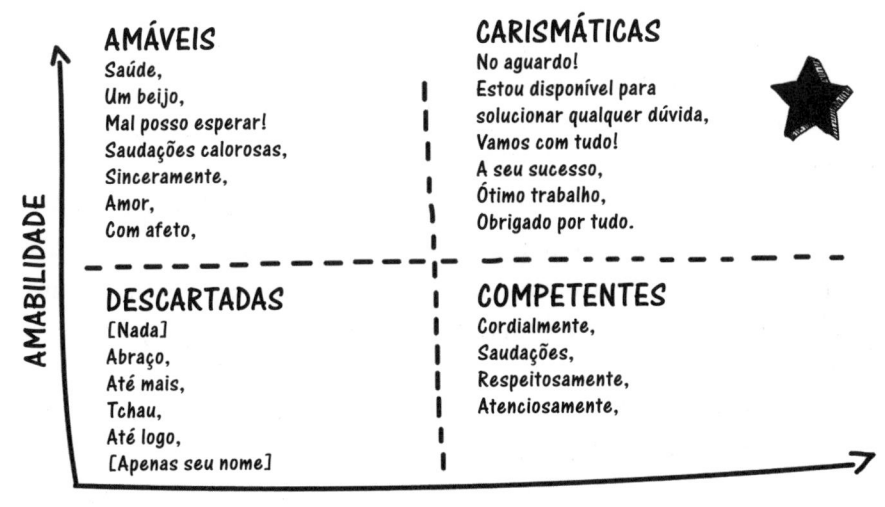

AMÁVEIS
Saúde,
Um beijo,
Mal posso esperar!
Saudações calorosas,
Sinceramente,
Amor,
Com afeto,

CARISMÁTICAS
No aguardo!
Estou disponível para solucionar qualquer dúvida,
Vamos com tudo!
A seu sucesso,
Ótimo trabalho,
Obrigado por tudo.

DESCARTADAS
[Nada]
Abraço,
Até mais,
Tchau,
Até logo,
[Apenas seu nome]

COMPETENTES
Cordialmente,
Saudações,
Respeitosamente,
Atenciosamente,

Eixo Y: AMABILIDADE
Eixo X: COMPETÊNCIA

Atenção: Você NÃO precisa usar uma abertura e um encerramento carismáticos o tempo todo. Mas, quando quiser que sua comunicação cause impacto, quando tiver um pedido, pergunta ou relacionamento importantes, acrescente mais alguns sinais verbais.

> **Princípio**: Quando a comunicação importa, use sinais verbais para torná-la memorável.

Passo 3: Crie carisma

Queríamos ver como os sinais verbais usados mudam a percepção dos outros sobre nós no currículo. Assim, minha equipe e eu decidimos fazer um experimento. Primeiro, criamos três currículos falsos. Usamos a mesma foto e o mesmo nome, mas modificamos levemente alguns sinais escritos usados na primeira linha – que era como o título do LinkedIn ou a seção "geral" do currículo. As duas frases tinham mais ou menos o mesmo comprimento.

A versão amável dizia: "<u>Ajudo</u> <u>equipes</u> a <u>colaborar</u> e criar <u>relacionamentos</u> para ter clientes mais <u>felizes</u>".

A versão competente dizia: "<u>Simplifico</u> <u>sistemas</u> <u>corporativos</u> para <u>aumentar</u> a <u>produtividade</u> e o <u>resultado</u> para os clientes".

Mais de mil pessoas classificaram esse candidato segundo a amabilidade e a competência. A mudança foi pequena, mas válida para uma troca de poucas palavras. As palavras amáveis fizeram as pessoas classificarem o candidato como 5% mais amável. As palavras competentes fizeram as pessoas verem o mesmo candidato como 5% mais competente. Isso muda muito a percepção? Não, mas é um ajuste fácil no seu dial do carisma.

Em seguida, quisemos ver se o efeito seria diferente em vídeo. Dois modelos, um homem e uma mulher, gravaram duas breves apresentações em vídeo, uma amável e a outra competente. O texto da versão amável era: "Oi, sou o Alex. <u>Ajudo</u> <u>equipes</u> a <u>colaborar</u> e criar <u>relacionamentos</u> para ter clientes mais <u>felizes</u>". O texto da versão competente era: "Oi, sou o Alex. <u>Simplifico</u> <u>sistemas</u> <u>corporativos</u> para <u>aumentar a produtividade</u> e o <u>resultado</u> para os clientes".

Instruímos os modelos a usar sinais vocais e não verbais que fossem o mais parecidos possível sem mudar o texto.

Então pedimos que as pessoas classificassem sua amabilidade e competência. Dessa vez vimos uma diferença maior, que mudava de acordo com o gênero!

A mulher que usou mais palavras competentes foi considerada 15% mais competente do que quando usou a versão amável. É uma mudança incrível para a troca de poucas palavras. Quando usou palavras amáveis, ela foi classificada como apenas 5% mais amável do que com o texto competente.

O homem foi considerado 11,5% mais amável quando usou palavras amáveis. Mais uma vez, um modo bastante fácil de aumentar a amabilidade. Mas não houve diferença de competência quando ele usou as palavras competentes.

Isso leva a duas conclusões importantes. Primeira: sim, as palavras importam. A mudança dos sinais verbais muda a percepção que as pessoas têm de você. Isso funciona em currículos, perfis on-line e quando se fala em vídeo ou em pessoa. É bom atualizar seu perfil e seu currículo com os sinais verbais corretos.

Segunda: confirma que o gênero afeta nossa percepção. A pesquisa mostra que as mulheres tendem a ser consideradas mais amáveis, e os homens, mais competentes. O uso dos sinais corretos é fundamental para combater os estereótipos.

As mulheres precisam ter consciência de que a sociedade vai percebê-las como mais amáveis a partir do nada. Terão de se esforçar mais para aumentar intencionalmente a competência com o uso de mais sinais verbais, não verbais e vocais competentes.

Os homens precisam ter consciência de que são vistos como mais competentes por padrão e que, para aumentar o amabilidade, precisam usar mais sinais verbais, não verbais e vocais amáveis.

Há muitas oportunidades para provocar carisma de maneira pequena mas potente. Seja criativo! Algumas ideias para inspirar você:

- Algumas empresas têm programas de *lealdade* (muita amabilidade). Outras têm níveis *VIP* ou status de *elite* (muita competência). Outras ainda oferecem pontos de *recompensa* (muita amabilidade e competência).
- Antes de começar as reuniões ou fazer apresentações, toque música

- de aquecimento antiga e animada (amabilidade) ou clássica e calmante (competente).
- Sempre que preencho um crachá, ponho alguns sinais verbais. Se quiser aumentar a competência, acrescento uma curiosidade ou um fato pessoal exclusivo sob o nome. Se quiser aumentar a amabilidade, escrevo um bom início de conversa ou algo engraçado sob meu nome.
- Quando tenho tempo no começo de uma reunião ou apresentação, faço um aquecimento intencional. Se quiser provocar competência, mostro um trecho de um TED Talk potente ou cito uma frase inspiradora. Se quiser criar amabilidade, posso usar uma frase engraçada ou pôr alguma curiosidade divertida no chat.

> ⭐
> **DICA DIVERTIDA**
> **Nunca espere**
>
> "Vou esperar para começar quando todos estiverem aqui" provavelmente é uma das frases de que menos gosto no início de uma reunião ou telefonema. É o sinal para todos se desligarem ou olharem o e-mail. (Também dá vontade de ter chegado um pouco depois.) Essa é a hora perfeita para fazer uma pergunta carismática, engajar as pessoas e promover amabilidade. Quer começar com um toque amável? Pergunte "Fez algo divertido este fim de semana?" ou "Tem algum grande plano para o próximo feriado?". Se quiser começar com um tom competente, pergunte "Alguém tem ouvido um bom podcast?" ou "Alguém leu um bom livro recentemente?".

O que você deseja com sua interação? Consegue equilibrar amabilidade e competência em seus folhetos, cartões de visita, convites, currículos, site ou *tag lines*? E em seus perfis, e-mails, respostas automáticas e chats? Nunca perca a oportunidade de acrescentar sinais verbais intencionais.

> **Princípio**: Use sinais amáveis para atrair pessoas amáveis. Use sinais competentes para atrair pessoas competentes. Na dúvida, use sinais de carisma para atrair os dois tipos de pessoa.

Passo 4: Inspirador ou informativo

Estava na hora. Precisávamos de um colchão novo. Meu marido é pesquisador: muita competência. Ele decidiu encontrar o colchão mais testado, com melhor nota e baseado nas pesquisas científicas mais recentes que houvesse no mercado. Enquanto isso, olhei fotos de vários perfis sociais e mandei mensagens a dois amigos que tinham comprado colchões fazia pouco tempo perguntando o que achavam.

Meu marido usava a competência para tomar a decisão: dados, números e provas científicas. Eu usava a amabilidade: intuição, fotos e recomendação de amigos. Não conseguíamos decidir.

Então, certo dia, num restaurante, olhamos a rua e vimos um anúncio num ônibus. Dizia: "Casper: obsessivo na engenharia. Conforto absurdo a preço gentil."

Nós nos entreolhamos e dissemos: "É esse!"

O lema do anúncio nos atraiu porque é a mistura perfeita de amabilidade e competência. "Obsessivo na engenharia" é um sinal para pessoas competentes como meu marido. No site, há vários tipos de chamada competente, como "Prêmio de Melhor Colchão Geral da *U.S. News and World Report*", "10 anos de garantia limitada" e "Experimente 100 noites sem compromisso".

Sabe o que me pegou? "Conforto a preço gentil" foi um sinal de amabilidade que atingiu diretamente meu coração. *Uau!*, pensei. *Não vou ter que pechinchar*. Quando fui ao site, havia uma foto de uma criança rindo na cama e um depoimento engraçado da revista *Vogue*. Havia até um vídeo carismático intitulado "Conheça o cérebro por trás da cama" no qual você fica conhecendo os engenheiros e pesquisadores dos laboratórios Casper. Isso atraiu nossos dois interesses.

Compramos um colchão para cada cama da casa.

Os sinais de amabilidade e competência atraem as pessoas certas. Quem reage aos sinais de amabilidade quer se **inspirar**. Gosta de histórias, piadas, metáforas e aceitação social.

Quem reage à competência quer se **informar**. Quer dados, pesquisas, estudos de caso e fatos.

Não sabe se seu público tem alta amabilidade ou alta competência? Acha que tem uma mistura dos dois? Beleza! Procure o equilíbrio. Nos meus vídeos e aulas, tento atingir um equilíbrio perfeito entre amabilidade e competência. Aqui estão algumas orientações para equilibrar muita competência com muita amabilidade (talvez você até as tenha notado na leitura deste livro):

- Sempre que menciono as palavras *pesquisa* ou *estudo*, continuo com uma história.
- Sempre que cito um dado, acrescento uma metáfora ou um estudo de caso.
- Sempre que falo algo competente, acrescento um toque de amabilidade, humor ou vulnerabilidade.

Faço apresentações para todo tipo de público – em geral, para engenheiros e equipes de líderes, mas também para departamentos de recursos humanos, vendedores, empreendedores e médicos. Quero garantir que meu conteúdo transmita inspiração e informação para repercutir em todos na plateia. Na verdade, conto o número de sinais amáveis e competentes de meus slides para conferir se estão equilibrados.

Meus slides amáveis usam exemplos e têm GIFs, vídeos e histórias engraçados. Os slides de competência usam dados, pesquisas, tabelas e estudos. Os slides que ficam no meio combinam elementos amáveis e competentes; posso mostrar um estudo sob a forma de uma história. Ou mostrar a demonstração em vídeo de uma pesquisa. Ou animar meus dados para que ganhem vida.

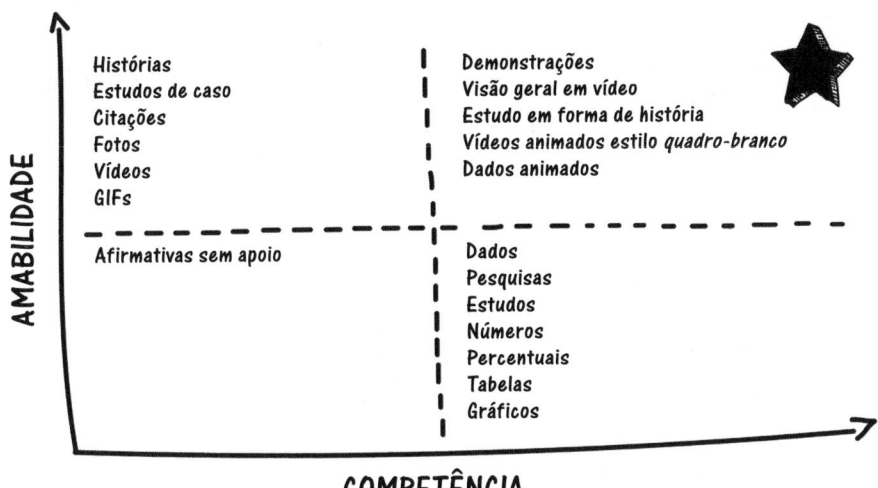

AMABILIDADE

Histórias
Estudos de caso
Citações
Fotos
Vídeos
GIFs

Demonstrações
Visão geral em vídeo
Estudo em forma de história
Vídeos animados estilo *quadro-branco*
Dados animados

Afirmativas sem apoio

Dados
Pesquisas
Estudos
Números
Percentuais
Tabelas
Gráficos

COMPETÊNCIA

Consegue equilibrar inspiração e informação?

Quando socializa com os colegas, consegue atrair suas características de carisma exclusivas? Quando sabe que alguém de sua equipe é uma pessoa muito amável, você pode *homenagear* essa característica combinando seu carisma com tópicos de amabilidade. Comece a reunião perguntando sobre a família e a vida pessoal dos participantes. Mostre as fotos da família sobre a mesa da pessoa. Conte um caso pessoal. E, é claro, use mais palavras e sinais não verbais amáveis. Em geral, a pessoa muito amável adora bater papo e criar conexão.

Por outro lado, em geral as pessoas competentes preferem ir direto ao assunto. Se *você* quiser bater papo, é melhor se limitar a tópicos competentes – notícias do setor, manchetes, vitórias profissionais. Use palavras e sinais não verbais competentes. Nos e-mails, use mais linguagem competente para ter uma resposta mais rápida. Elas adoram perguntas como "Algum grande projeto em vista?", "Viu as manchetes?" ou "Soube de [insira a notícia do setor]?".

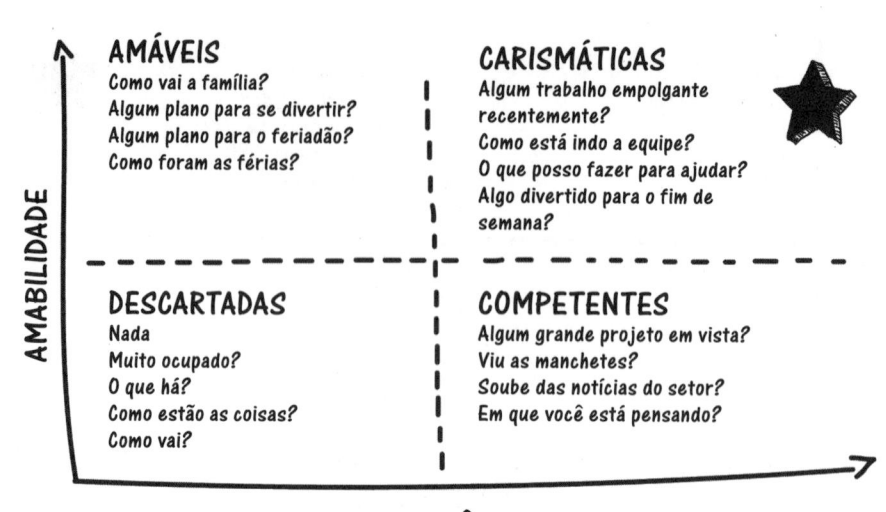

```
           AMÁVEIS                  │  CARISMÁTICAS
      ↑    Como vai a família?      │  Algum trabalho empolgante
      │    Algum plano para se divertir? │  recentemente?
      │    Algum plano para o feriadão?  │  Como está indo a equipe?
      │    Como foram as férias?    │  O que posso fazer para ajudar?
A     │                             │  Algo divertido para o fim de
M     │                             │  semana?
A     │                             │
B     ├ ─ ─ ─ ─ ─ ─ ─ ─ ─ ─ ─ ─ ─ ─ ┼ ─ ─ ─ ─ ─ ─ ─ ─ ─ ─ ─ ─
I     │                             │
L     │    DESCARTADAS              │  COMPETENTES
I     │    Nada                     │  Algum grande projeto em vista?
D     │    Muito ocupado?           │  Viu as manchetes?
A     │    O que há?                │  Soube das notícias do setor?
D     │    Como estão as coisas?    │  Em que você está pensando?
E     │    Como vai?                │
      └─────────────────────────────┴──────────────────────────→
                              COMPETÊNCIA
```

Faça o que fizer, fique longe da Zona do Perigo evitando perguntar qualquer coisa chata ou negativa. Nunca pergunte "Está ocupado?" e tente ficar longe de perguntas que não perguntam nada. São perguntas socialmente repetidas que nem ouvimos mais. "Como está?", "O que há?" e "Como estão as coisas?" são chatas e vazias. Chega disso, por favor!

Minhas perguntas muito carismáticas favoritas inspiram amabilidade e competência. Experimente "Algum trabalho empolgante recentemente?", "O que posso fazer para ajudar?" ou "Algo divertido para o fim de semana?". Ou minha abertura informal favorita: "O que há de bom?"

Quer que suas ideias reverberem? Alinhe os sinais de comunicação com o estilo preferido de seu público.

Princípio: Pessoas amáveis buscam inspiração. Pessoas competentes buscam informação.

Passo 5: Seja um camaleão verbal

Pense nas cinco pessoas com quem você passa mais tempo – ou em quem pensa mais tempo. Quem são? Escreva o nome delas abaixo:

1. _____
2. _____
3. _____
4. _____
5. _____

Sabe onde essas pessoas estão na Escala do Carisma? Abra os últimos cinco e-mails, chats ou mensagens que elas lhe mandaram e conte o número de palavras amáveis e competentes que usam. Você também pode dar uma espiada em seu perfil nas redes sociais e contar o número de palavras amáveis e competentes que usam. Marque ao lado do nome de cada uma se é amável, competente ou se consegue o equilíbrio perfeito do carisma.

O maior presente que você pode dar a essas pessoas é homenagear sua linguagem do carisma. Garanto que os cumprimentos que destaquem sua mistura única de carisma serão apreciados. **As pessoas muito competentes adoram receber confirmação de sua competência.** Diga aos amigos competentes:

"Você é tão interessante!"
"Você sempre dá os melhores conselhos."
"Eu sabia que você saberia o que fazer."
"Adoro trabalhar em projetos com você."

Homenageie as pessoas muito amáveis com feedback de amabilidade e cumprimentos genuínos. Diga:

"Você é o melhor."
"Você sabe animar a festa!"
"Sempre fico muito à vontade com você."
"Adoro me abrir com você."
"Confio em você."

Se não tiver certeza de como é a pessoa, tente obter amabilidade e competência com:

"Adoro ter você na equipe."
"Obrigado por sua ajuda e experiência nisso."
"Esse _____ me lembrou você."

Ou experimente meu favorito: **"Eu estava pensando em você agora mesmo!"** *Todo mundo* gosta de ser lembrado, seja amável ou competente. A ressalva de sempre se aplica: só diga essas coisas se forem verdadeiras. Se não gosta de trabalhar com alguém, não diga que gosta! Se não confia em alguém e se sente pouco à vontade para dizer essas coisas, esse é um bom sinal *para você* se esforçar no sentido de reconstruir a confiança.

E se você não conseguir pensar em nada de bom para dizer? Caso se veja sempre dando feedback negativo, como "Você está sempre atrasado", "Você está sendo difícil" ou "Nunca sei o que fazer com você!", é hora de parar e reiniciar. Adote a meta de encontrar pelo menos uma característica amável ou competente genuína que você possa destacar.

Com as pessoas difíceis da minha vida, às vezes só consigo encontrar coisas bem pequenas: "Obrigado por sempre fazer as anotações nas reuniões" ou "Gostamos da mesma marca de café!". Pequenas coisas em comum podem ser tão poderosas quanto as grandes. É um ótimo ponto de partida.

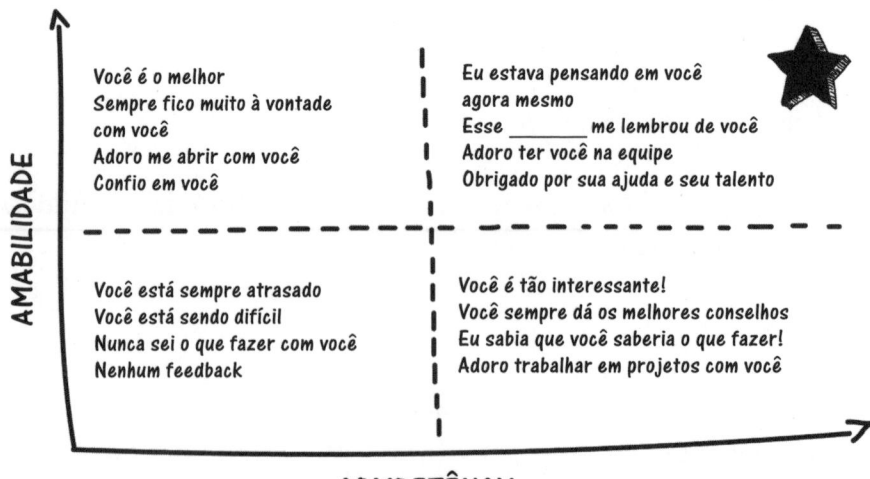

AMABILIDADE ↑

Você é o melhor Sempre fico muito à vontade com você Adoro me abrir com você Confio em você	Eu estava pensando em você agora mesmo Esse _____ me lembrou de você Adoro ter você na equipe Obrigado por sua ajuda e seu talento ★
Você está sempre atrasado Você está sendo difícil Nunca sei o que fazer com você Nenhum feedback	Você é tão interessante! Você sempre dá os melhores conselhos Eu sabia que você saberia o que fazer! Adoro trabalhar em projetos com você

COMPETÊNCIA →

Você tem outra opção quando interage com as pessoas importantes da sua vida: pense em combinar verbalmente a pessoa com quem está com espelhamento sutil – repito: *sutil*. Isso consiste em usar palavras positivas ou neutras semelhantes às da pessoa com quem você está falando. Chamo isso de ser um camaleão verbal.

> **Camaleão verbal**: Imitar sutilmente o tipo de palavra que a pessoa usa para corresponder a seu estilo de carisma.

Os garçons que repetem os pedidos para os clientes usando *exatamente* suas palavras ganham 70% mais gorjetas do que aqueles que usam apenas palavras educadas e positivas.[5]

Em outro estudo, pesquisadores pediram aos participantes que negociassem pelo chat virtual.[6] Disseram a um dos grupos que imitassem as palavras do negociador nos 10 primeiros minutos do chat. Disseram a outro grupo que imitassem as palavras do negociador nos dez últimos minutos. O grupo de controle não recebeu a instrução de imitar. Os imitadores iniciais obtiveram resultados significativamente melhores do que os outros grupos. **Tente imitar verbalmente nos primeiros minutos da interação.**

Como é isso na prática? Vejamos uma talentosa camaleoa verbal: Ellen DeGeneres. Estes são apenas os quatro primeiros segundos de uma conversa entre ela e Jennifer Aniston:[7]

Jennifer: Oi!
Ellen: Oi!
Jennifer: Querida, que bom ver você!
Ellen: Que bom ver você!

Foi como um pingue-pongue verbal! Uma das razões para Ellen se conectar tão depressa com as pessoas que vão a seu programa é que quase sempre ela as espelha verbalmente nas entrevistas.

Você pode fazer o mesmo. Se um cliente em potencial, interessado em me contratar para palestras, me diz "Precisamos de um pouco mais de provas antes de avançar. Tem algum dado? A equipe está um pouco preocupada com fazer outro treinamento chato. Estamos realmente querendo inspirar mudanças", eu posso responder: "É claro. Como você, sempre queremos provas. Anexei alguns ótimos dados e depoimentos. E é claro que somos contra a mesmice. Tenho várias atividades envolventes planejadas, pois a meta é inspirar mudanças. Gostaria de ver uma demonstração em vídeo?"

Dica avançada: às vezes uso até o emoji que preferem. Usam :) ou =)? Por respeito verbal, sigo esse padrão.

Não se esqueça de nunca imitar de um jeito que não lhe pareça natural. O blogueiro e ilustrador Tim Urban é muito inclinado para a competência. Recentemente, ele tuitou: "Passo muito tempo decidindo qual frase do e-mail terá que fazer pelas outras o sacrifício do ponto de exclamação." Ele sabe que precisa acrescentar um pouco de amabilidade, mesmo que para ele seja um pouco doloroso.

Matt Popovich, fã muito amável de Tim, lhe respondeu no Twitter: "Sempre começo com um ponto de exclamação depois de todas as frases, depois percebo que nem TODAS podem ter, senão vou parecer um lunático, então vou cortando até só restar um."

Esse é o amável *versus* o competente.

Quero fazer uma observação especial aqui: no começo, aumentar o carisma verbal parece um pouco incomum. É como exercitar um novo músculo. Allegra, uma aluna nossa, queria enviar 20 e-mails de agradecimento aos designers de moda que conheceu pelo Zoom. Ela notou que um deles usava mais palavras amáveis e achou que acrescentar sinais de carisma tornaria mais poderosos seus e-mails simples de agradecimento... ainda que fosse um pouco fora de sua zona de conforto.

"Admito que eu só queria cumprir a tarefa e copiar e colar uma fórmula. No entanto, com esse designer específico fui mais pessoal e AMÁVEL. Até um pouco mais expressiva do que sou normalmente, com palavras como 'Falar com você foi um dos destaques do evento' e 'Você é inspirador'. Ainda me encolho um pouquinho, mas essas palavras eram mesmo verdadeiras", ela explicou.

Quase na mesma hora, o designer respondeu ao e-mail com um convite para se encontrarem de novo.

Um estudo descobriu "que agradecer a um novo conhecido pela ajuda torna mais provável que ele busque manter contato com você".[8]

Parece óbvio, mas o *modo* de dizer obrigado é importante. A mensagem copiada e colada de Allegra não recebeu nenhuma resposta especial, mas a mensagem elaborada, que usou mais amabilidade com uma pessoa mais amável, funcionou. Deixou-a um pouquinho fora da zona de conforto, mas ela fez questão de se manter verdadeira. **Nunca espelhe verbalmente nem use palavras que lhe soem falsas.**

Como em todos os sinais, a reprodução verbal também acontece de forma inconsciente no ouvinte. Seraphim, um de nossos alunos, descobriu que, quando pergunta "Isso seria incômodo para você?", o mais provável é que as pessoas o espelhem e digam "Sim". Agora, ele pergunta: "Tudo bem por você?" Com essa pequena mudança, ele verificou que as pessoas tendem a concordar.

Quanto mais você usar intencionalmente os sinais verbais de carisma, mais as respostas geradas serão significativas.

> **Princípio**: As palavras que você usa influenciam os outros.

DESAFIO DO CAPÍTULO

Como você transmite seu carisma? Vamos fazer uma auditoria de carisma! Revise os recursos a seguir e conte o número de palavras amáveis e competentes que você usa. Elas combinam com sua meta de carisma?

	PALAVRAS AMÁVEIS	PALAVRAS COMPETENTES
Perfil do LinkedIn		
Caixa postal		
Assinatura de e-mail		
Seus 10 últimos posts em redes sociais		
Cartão de visita ou material de marketing		

SINAIS VISUAIS

CAPÍTULO 10

COMO CRIAR UMA PRESENÇA VISUAL PODEROSA

Vamos fazer um jogo. Imagine que você contempla a lua acima do mar. Imagine realmente. É uma noite clara e a lua paira no céu acima das ondas escuras.

Agora me diga rapidamente o nome de uma marca de sabão em pó. Diga o primeiro nome que lhe vier à cabeça.

Nos Estados Unidos, a marca mais citada é Tide – palavra que significa "maré".

Quando pesquisadores perguntaram aos participantes qual seu sabão em pó preferido depois de serem expostos a palavras como *mar* e *lua*, o mais provável era mencionarem Tide.[1]

Por quê? Porque a imagem da lua sobre o mar ativa no cérebro um **mapa neuronal** que inclui outras palavras e imagens ligadas a luas e mares, como maré, água, gravidade e ondas. Quando lhe pedi que imaginasse a lua, isso lhe trouxe à mente tudo que está associado a luas e mares. E isso influencia a resposta sobre a pergunta sobre sabão em pó.

O mapa neuronal de cada um é um pouco diferente, mas a maioria tem temas subjacentes parecidos nas associações emocionais entre imagens e ideias.[2] É assim que os sinais visuais funcionam melhor. Por exemplo, você pode ver a imagem de um carro de bombeiros e isso pode evocar o mapa neuronal de *carro de bombeiros* ligado a *vermelho* e ligado a *rosas*.

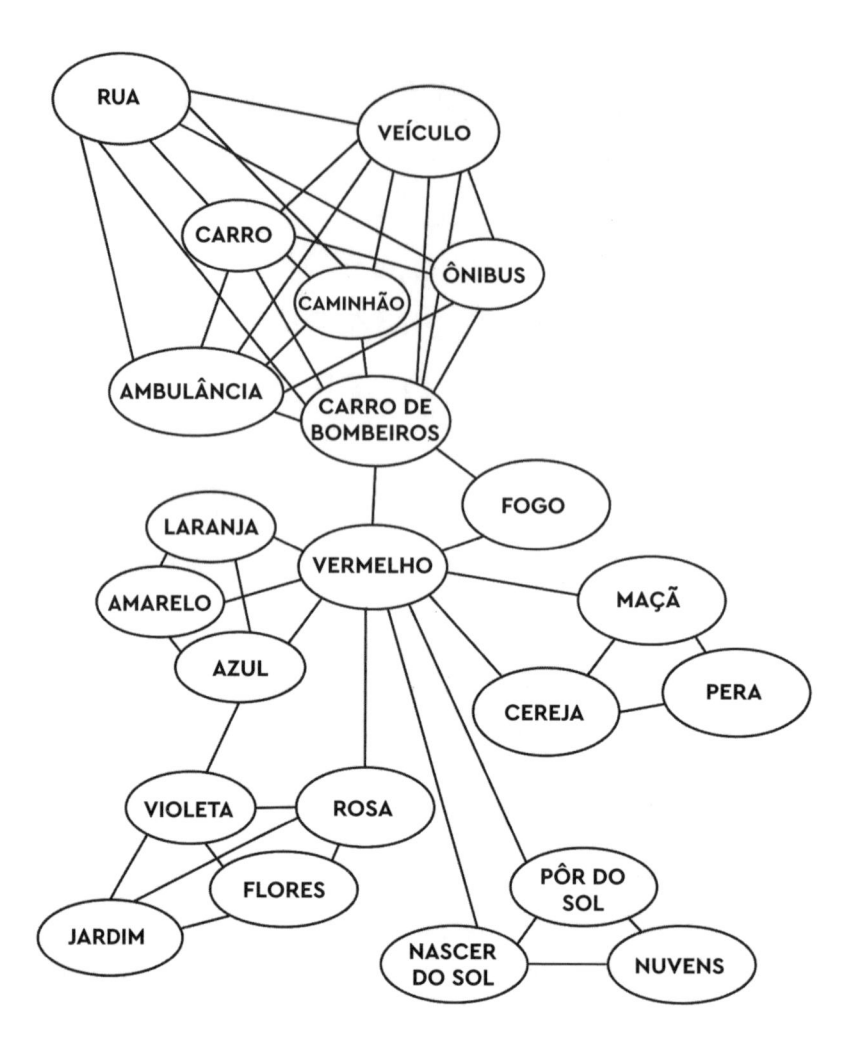

Isso acontece o tempo todo. Digamos, por exemplo, que você esteja no Facebook. Uma pessoa que lhe enviou uma solicitação de amizade tem uma foto segurando uma prancha de surfe. Isso ativa seu mapa neuronal em torno de pranchas de surfe. Você pensa em aventura, mar, sol, férias e fica empolgado, com saudade das viagens que fazia quando mais jovem. Você aceita a amizade.

Recentemente passei pela lojinha da academia que frequento e vi estas bolsas à venda:

Notou algo engraçado? Elas parecem ter barriga de tanquinho. Se você vai à academia para ter músculos definidos (não é por isso que todos vamos?), essas bolsas serão atraentes para você.

Os sinais visuais são uma das melhores maneiras de atrair, receber e reter as pessoas certas. Você também pode usar sinais visuais para provocar amabilidade ou competência com base em suas metas. Você está usando sinais visuais? Vamos descobrir.

SINAL VISUAL Nº 1: Eleve o preço, a aparência e a marca

– Isso parece caro – falei para meu marido.

Ele tinha acabado de pôr uma caixa azul na minha frente.

– É uma joia? – perguntei.

– Melhor.

Com cuidado, abri a embalagem azul-clara e vi nove caixinhas perfeitamente aninhadas, contendo belíssimos doces artesanais.

Sou louca por doces. Meu marido escolhera nove tipos de balas Sugarfina, de acordo com meu gosto. Provei ursos de champanhe rosa, jujubas de flor de lótus, bombons de café líquido e bellinis de pêssego em formato de coração.

Tudo na experiência parecia caro. Assim que vi a caixa, achei que fosse uma joia. Então lembrei: Tiffany. Em tamanho, formato, cor e peso as caixas são extraordinariamente parecidas com as caixas de joias da Tiffany.

Os doces tinham nome de coisas caras: ursos de *bourbon*, jujubas rosé, chá de pêssego e até bombons de uísque *single malt*. Até as jujubas de ursinho de suco verde estavam numa garrafinha miniatura de suco verde – e quem já comprou suco verde sabe como é caro. Eles estimularam meu mapa neuronal de outras coisas caras e tornaram mais fácil e até agradável pagar o quádruplo do preço por jujubas.

Desde o começo, Rosie O'Neill e Josh Resnick, fundadores da Sugarfina, queriam criar uma experiência elevada em balas para adultos.[3] O nome que inventaram, Sugarfina, combina *sugar* (açúcar) com *fina*. As lojas não se parecem com as grandes lojas de balas e doces nos shoppings. São luxuosas e artesanais.

Em vez de grandes caixas transparentes cheias de balas, a Sugarfina criou em suas lojas uma experiência que lembra jantar fora. Você é atendido por um vendedor exclusivo que lhe mostra tudo e lhe dá uma bala para provar de cada vez. Discute os toques delicados, os sabores e a textura dos vários bombons e jujubas. É parecidíssimo com a compra de queijos, vinhos ou joias. E isso faz você lembrar que cada bala é cara e deve ser saboreada.

A Sugarfina usa sinais verbais, sinais de cor e **metáforas visuais**. Uma metáfora visual é a representação criativa de uma ideia, pessoa, lugar ou coisa que cria uma associação, como uma caixa de doces igual a uma caixa de joias.

Outra maneira interessante de fazer os clientes engolirem o preço alto da Sugarfina: posicionamento visual. Quando começou, a loja só existia na Nordstrom, um varejista de luxo, e não em supermercados e postos de gasolina, como as outras marcas de balas. Comparados a meias de caxemira de 100 dólares perto do caixa, ursos de champanhe parecem baratos!

Se quiser elevar seu preço, sua aparência ou sua marca, tente acessar os mapas neuronais de coisas mais finas.

caviar

A HONRA DE SUA PRESENÇA É SOLICITADA
NO CASAMENTO DE

$0 Entrega Grátis
E
Comida Deliciosa

De sexta-feira, dezoito de Maio,
a domingo, vinte de Maio
de dois mil e dezoito

Onde quer que você coma

....

RSVP
COM O CÓDIGO
QUEROMUITO

TRAJE
FORMAL,
PRINCIPESCO,
VOCÊ DECIDE

....

Esse é outro exemplo de metáfora visual, dessa vez da empresa de entrega de comida Caviar. Esse e-mail lhe recorda alguma coisa?

Sim, é muito parecido com um convite de casamento. O e-mail é engenhoso por várias razões. Primeiro, a época. A Caviar o mandou em 18 de maio de 2018, véspera do casamento real de Meghan Markle com o príncipe Harry. Graças ao momento (e à taxa de entrega gratuita), muita gente pediria comida para assistir à cerimônia em grupo.

Em segundo lugar, a fonte, o estilo e as cores são todos uma metáfora visual de convite de casamento. Para a maioria das pessoas, essa associação é positiva. Não há nada melhor do que passar o sábado comemorando o amor, dançando na pista e comendo de graça. E mais: bolo.

Em terceiro lugar, a mensagem empolga. Sem taxa de entrega! Comida deliciosa! Quero. Os sinais visuais também incentivam a exagerar e pedir comida de casamento. Filé de salmão, está servido?

Finalmente, o convite nos faz rir. O local é adorável: "Onde quer que você coma". O traje usado foi na mosca: "Traje informal, principesco, você decide." E você notou o código RSVP? "Queromuito", um ótimo sinal verbal de empolgação.

Com alguns sinais visuais, a Caviar eleva nossa curiosidade, a necessidade do serviço e o nível de preço.

Um ótimo modo de usar metáforas visuais é com os tipos de letra. Isso é fundamental no convite da Caviar. Eles usaram uma fonte manuscrita que parece cara e elegante.

Na verdade, a pesquisa constatou que as pessoas atribuem personalidade e qualidades emocionais aos tipos de letra.[4] Veja alguns achados úteis:*

- As pessoas acham um conteúdo satírico mais raivoso e engraçado quando escrito em Times New Roman.
- Em comparação, Arial não tem graça.
- TUDO EM MAIÚSCULAS REDUZ A COMPREENSÃO.
- Se quiser provocar a criatividade dos leitores, deixe tudo bonito. É isso

---

* Algumas associações de fontes são culturais. Por exemplo, os japoneses acham as fontes serifadas elegantes, clássicas e sofisticadas, comparadas às fontes estreitas, que consideram modernas e positivas.

mesmo. A criatividade aumenta quando a estética do texto é otimizada, porque a ativação dos músculos que franzem a testa se reduz.
- Comic Sans é bom para a memória. Pesquisadores pediram aos participantes que lessem uma história sobre uma criatura alienígena fictícia.[5] Quando impressa em Comic Sans, a história foi mais bem lembrada do que quando impressa em Arial ou Bodoni.

Não se esqueça de que as pessoas são surpreendentemente sensíveis às fontes e têm muitas preferências pessoais.

Cores, fontes e metáforas visuais não são as únicas coisas que nos ajudam a avaliar o valor de alguém ou de alguma coisa. Recebemos sinais de *tudo* no ambiente. Num estudo, os participantes tiveram que montar quebra-cabeças ásperos (como lixa) ou lisos.[6] Em seguida, pediram a eles que classificassem interações sociais ambíguas. Quem recebeu as peças ásperas disse que as interações eram menos coordenadas, mais difíceis e mais esquisitas do que quem usou as peças lisas. De algum modo, as peças ásperas prepararam as pessoas para ver as próprias interações como ásperas.

Isso se repetiu em vários experimentos diferentes. Pessoas sentadas em cadeiras duras tiveram mais probabilidade de classificar os outros como ríspidos e menos flexíveis. Quando lido numa prancheta pesada, o currículo do candidato é considerado mais sério do que numa prancheta leve. E o mais importante: os participantes não faziam a mínima ideia de que as peças do quebra-cabeça, as cadeiras e as pranchetas afetavam sua opinião. Não percebemos até que ponto os sinais nos afetam.

Como isso afeta você? Pense em todos os sinais que envia aos outros. Não só as palavras, a potência vocal e a linguagem corporal, mas também os sinais de seu ambiente. Como acentuá-los? Recentemente fui procurar um novo dermatologista. O consultório de um parecia um spa: sofás macios, flores frescas, água saborizada. Tocava música suave e havia velas de aromaterapia acesas. Era tudo muito amável. O consultório de outro parecia um hospital: minimalista, limpo e estéril. Todo mundo de roupa cirúrgica. Não havia música nem água saborizada. Gritava *competência*.

Adivinha qual escolhi? Minha família tem histórico de câncer de pele e levo extremamente a sério as consultas anuais. Escolhi o ambiente de hospital.

Nenhum dos dois consultórios é melhor ou pior. Algumas pessoas se sentem melhor com o ambiente amável e aconchegante e querem que a consulta com o dermatologista pareça uma visita a um spa. Outras, como eu, reagem melhor ao ambiente clínico.

> ⭐
> **DICA DIVERTIDA**
> **Temperatura**
>
> Uma pesquisa mostrou que temperaturas baixas deixam as pessoas mais "frias" e menos empáticas.[7] Já temperaturas altas tornam as pessoas mais confiantes e cooperativas.

Alguns pontos a considerar:

- **Que palavras e metáforas visuais você usa para descrever seu trabalho/serviço e a si mesmo?** Elas estão em seu slogan, seu perfil nas redes sociais, no material de marketing e até nos cartazes do seu escritório! Certa vez entrei num escritório que oferecia pequenas tangerinas num prato em vez de balas. Achei inovador e divertido e aquilo me deixou mais empolgada com a visita.
- **Que música você coloca para tocar na sala de espera do seu consultório, na sala de estar da sua empresa ou enquanto os clientes aguardam atendimento ao telefone?** As melhores são aquelas que refletem sua marca. Liguei para o suporte da Apple e ouvi "Don't Worry, Be Happy", de Bobby McFerrin. Quando liguei para a empresa de contabilidade que me assessora, ouvi música clássica. Como você pode usar a música a seu favor?
- **Qual é sua fonte preferida?** Minha amiga Judi Holler, escritora e palestrante, tem uma fonte (Northwell) que usa em todas as suas postagens em redes sociais, na capa dos seus livros e até na descrição de suas fotos no Instagram. Eu nem sabia que era possível mudar o tipo de letra do feed! Em seu estúdio de gravação, ela tem um luminoso

de neon cor-de-rosa nessa sua fonte característica. Agora, sempre que vejo algo escrito em Northwell, me lembro *dela*!

SINAL VISUAL Nº 2: Imagens que inspiram

Pergunta rápida: o que vem à sua mente ao ouvir a palavra *encanador*?
Água? Vaso sanitário? Canos? Ou... vazamento?
Você disse a palavra Einstein? Duvido muito.
Recentemente vi uma caminhonete de serviço com as palavras *Einstein Encanadores* pintadas na lateral, com uma enorme caricatura do próprio Einstein. O slogan era: "A escolha inteligente". Achei um uso engenhoso do mapa neuronal para se diferenciar da concorrência. Eles usaram um sinal visual (e sinais verbais na escolha do nome e do slogan) que ativa mapas neuronais comuns de inteligência, solução de problemas complicados e genialidade. Se você tem problemas de encanamento complicados – um vaso sanitário que entope toda hora, canos velhos –, seria mais provável você chamar a Einstein Encanadores ou o encanador da esquina?

Contei essa história num evento e, ao término da minha apresentação, fui procurada por Jim, dono de outra empresa do ramo. Ele usa caminhonetes *cor-de-rosa* e exibe nos veículos, no site e no material de marketing a imagem grande de uma mulher (irmã do dono) com uma blusa branca elegante. Jim disse que o objetivo é agradar mulheres que queiram um encanador limpo e bem-educado. Eles tomam o cuidado de usar galochas descartáveis sobre as botas de trabalho, passam o aspirador sob a pia depois de realizar o conserto e seus uniformes são impecavelmente limpos. Ele me contou que a empresa sempre se concentrou em ser limpa e bem-educada, mas, quando acrescentou a imagem da irmã e usou o cor-de-rosa, o negócio decolou.

A Einstein Encanadores usa sinais visuais para atrair pessoas que valorizam a competência. Jim quer atrair pessoas que valorizam a amabilidade. Os sinais visuais, principalmente as imagens, podem ser usados para inspirar os sentimentos certos nas pessoas certas. As imagens podem até provocar mudanças físicas no corpo. Quando se imagina tomando sol na praia, você fica mais relaxado e sente mais calor.[8]

Nosso cérebro consegue identificar as imagens que vemos em até 13 milissegundos, ou seja, todas as imagens que vemos em sites, anúncios, perfis e escritórios afetam nosso comportamento e até nosso desempenho.[9] Num estudo, telefonistas leram roteiros impressos em papel branco; outros leram roteiros que, no alto, tinham a foto de um corredor ganhando uma corrida.[10] Os dois grupos passaram três horas telefonando para pedir doações para uma causa de caridade. Ao fim das três horas, **o grupo com a imagem do corredor obteve 60% mais dinheiro**. Provavelmente a imagem estimulou mapas neuronais de perseverança, rapidez e vitória.

A melhor maneira de aproveitar o poder dos sinais visuais é usá-los para dar ênfase. As palavras *Einstein Encanadores* na lateral de uma caminhonete são um ótimo sinal verbal. Mas a imagem gigantesca de Albert Einstein é mais poderosa.

Uma empresa muito familiarizada com o poder das imagens é a Netflix. Num mergulho fascinante na experiência do usuário da companhia, cientistas de dados descobriram que 82% das escolhas dos usuários se baseiam em imagens e não em textos descritivos.[11] As melhores imagens se traduziram diretamente em mais horas de streaming.

Quer saber quais sinais visuais tiveram melhor resultado? As imagens com três pessoas ou menos (mesmo quando o filme ou a série tinha um elenco grande). As imagens de vilões deram melhor resultado do que as de heróis. E esta constatação é muito surpreendente: **as expressões faciais complexas provocaram mais visualizações do que as sorridentes**.

Algumas ideias de como sinalizar com imagens:

- **A imagem de fundo nas videochamadas.** No vídeo do YouTube de uma entrevista virtual,[12] o comediante Kevin Hart tinha atrás de si uma colagem de outros comediantes negros mostrando sinais não verbais positivos. Os sinais positivos expostos davam a Hart um bom efeito halo. Chris Rock é mostrado com as sobrancelhas erguidas, Bernie Mac com uma expressão surpresa e Richard Pryor, falando ao microfone com a mão erguida num aceno. Além disso, ver outros comediantes famosos engraçados faz você associar Hart a seu legado positivo. O que seu fundo diz sobre você? Que seja algo bom.

- **Imagens para apoiar suas apresentações.** A pesquisa constata que os alunos aprendem melhor quando lhes são apresentadas imagens e palavras em vez de só palavras.[13] As listas intermináveis de itens com bolinhas são as piores. Você consegue acrescentar sinais visuais para ajudar o público a lembrar o que tem a dizer? Eu ensinava sinais não verbais com imagens de arquivo chatas de cada sinal. Então, numa apresentação para a Producers Guild of America (o público eram produtores de conteúdo audiovisual e atores), decidi usar imagens de celebridades e atletas mostrando os gestos da linguagem corporal. O engajamento com aqueles slides disparou. O público fez mais perguntas e até riu de algumas imagens.
- **Use sinais visuais para reforçar sua marca ou sua mensagem.** Certa vez alguém me mandou uma foto em frente ao escritório de um advogado. Havia uma cabeça gigantesca de tubarão saindo pelo alto da porta. Era um ótimo sinal ("Esse advogado é fera!").
- **Use sinais para deixar as pessoas no estado de espírito certo.** Ano passado, cheguei a Cabo San Lucas preparada para uma experiência torturante na alfândega. Então… fiquei surpresa. Cheguei a um aeroporto reformado. As paredes estavam forradas de telas imensas mostrando ondas se quebrando e palmeiras oscilantes. Tocava uma música calma. Havia plantas e palmeiras dispostas pelo salão. O curioso é que a fila não avançava depressa, mas foi quase relaxante. Na verdade, fiquei ainda mais empolgada por estar no México e ir à praia. Alguns sinais visuais fizeram toda a diferença.
- **Não esqueça as oportunidades ocultas de sinais visuais.** Que imagem você usa como fundo de tela no computador ou tela de bloqueio no celular? Essas imagens passam sinais a você e às pessoas que veem seu celular ou seu computador. E a imagem em seu cartão de visita? Tente acrescentar alguns sinais de amabilidade, como imagens de pessoas, para humanizar você e seus produtos e aumentar as vendas. Ou use sinais de competência, como selos de certificação, a imagem de sua assinatura no pé de um e-mail, selos de aprovação de sua marca, etc.

> **Atenção**: Cuidado com os sinais visuais confusos. Alguns anos atrás, uma pizzaria do meu antigo bairro criou uma campanha de marketing terrível. Eles imprimiram envelopes amarelos com vales-pizza exatamente iguais às multas por estacionamento proibido e os puseram no carro das pessoas. Sem dúvida, o sinal me fez abrir o envelope e olhar o que havia dentro, mas não me senti aliviada, e sim irritada. E não me deu a menor vontade de comer pizza.

> **Princípio**: Use sinais visuais para atrair o tipo certo de atenção.

SINAL VISUAL Nº 3: Sua marca não verbal

Benjamin Franklin foi para Versalhes como embaixador americano na França.[14] Queria se destacar entre os outros integrantes da corte de Luís XVI. A moda da época incluía perucas empoadas, casacos de veludo e calças de seda. Elegância!

Mas Franklin decidiu ser diferente.

"Quero parecer mais um pioneiro do que um príncipe", disse à filha enquanto se preparava para a viagem.

Decidiu ir sem peruca e usar algodão americano comum. Foi um sucesso! Ele parecia e agia de forma diferente, e os membros da corte ficaram encantados e curiosos com aquele estranho espécime do Novo Mundo. Franklin queria ser a representação ambulante dos valores americanos e do espírito pioneiro. Ele criou uma **marca não verbal**.

> **Marca não verbal**: Usar sinais visuais para indicar valores, cultura e personalidade.

Meu amigo David Nihill, escritor e comediante, criou uma marca não verbal por acaso. Antes que a carreira de humorista e redator de discursos decolasse, Nihill procurava emprego. Conseguiu um cargo promissor numa das maiores empresas educacionais privadas do mundo, em Londres. No dia anterior ao início no emprego, ele lavou todas as suas roupas e escolheu o que vestiria. Então percebeu que estava com um grande problema: todas as suas camisas tinham encolhido na secadora.

Sem tempo de comprar camisas novas, ele inventou um jeito esperto de esconder a maior parte do encolhimento. "Arregacei as mangas para ninguém perceber que estavam muuuuuito mais curtas que meus braços", explicou.

Na primeira semana, a cada dia Nihill usou uma camisa diferente com a manga arregaçada. Rezou para ninguém notar. Mas notaram, de um jeito diferente do que ele esperava. "As pessoas começaram a dizer que eu era do tipo que arregaça as mangas e começaram a me chamar de solucionador de problemas. Foi incrível, como se as mangas arregaçadas me deixassem pronto para trabalhar. Pronto para pôr as mãos na massa. Pronto para resolver", explicou ele.

Nihill se tornou o solucionador de problemas oficial da empresa, embora não fosse sua função. "Comecei a passar por cima dos outros. Virei diretor de projetos especiais, e meu serviço era consertar coisas. Meu salário triplicou, e, numa empresa com mais de 50 mil funcionários, de repente eu falava diretamente com o CEO. E todo mundo me chamava de David, o irlandês que arregaçava as mangas, tudo porque não consegui resolver o problema original: secar minhas camisas", conta ele.

Esse sinal visual mudou a percepção que as pessoas tinham de Nihill *e também* a percepção que Nihill tinha de si mesmo. "Comecei a me ver como gente que faz e resolve problemas. Tomava decisões mais depressa e pedia perdão em vez de permissão, fiz experiências e até levei todo o pessoal para praticar bungee jumping, embora eu mesmo nunca tivesse feito isso. Fiquei mais corajoso. Assumi o pressuposto de que eu era gente que faz", disse ele.

Sem perceber, Nihill criou uma marca não verbal com um simples sinal visual. A ótima marca não verbal é interessante a ponto de chamar a atenção e, ao mesmo tempo, indica valores. As mangas arregaçadas de Nihill levaram os outros a pensar nele como gente que faz.

Os melhores sinais de marca não verbais também incorporam características da personalidade do dono. Pense no cabelo vermelho-fogo da atriz Lucille Ball ou nos ternos extravagantes do cantor Prince. As marcas não verbais também ajudam as pessoas a se tornar instantaneamente reconhecíveis: Frank Sinatra tinha seu chapéu borsalino, Coco Chanel usava colares de pérolas e Mr. T exibia correntes de ouro. E há muitíssimos outros exemplos famosos. O bigode e o chapéu-coco de Carlitos, a gravata e o jaleco de Bill Nye, os óculos extravagantes de Elton John, os chihuahuas e as bolsinhas de Paris Hilton ou o chapéu de caçador, o cachimbo e o casaco com pelerine de Sherlock Holmes.

Os sinais visuais podem dizer instantaneamente aos outros o que você pretende – o que faz e o que é importante para você. Por exemplo, conta-se que o falecido senador americano Robert Byrd levava no bolso do paletó um exemplar da Constituição americana para brandi-lo e lembrar a todos quem controlava o talão de cheques.[15] Outro símbolo favorito dos políticos americanos é o broche com a bandeira. O broche em si parece simbolizar as aspirações políticas.

Os sinais visuais são uma das maneiras mais rápidas de influenciar as opiniões e o comportamento das pessoas. Pesquisadores constataram que a mera presença de uma mochila ou pasta no laboratório de pesquisa mudava o comportamento.[16] A mochila inspirava mais cooperação (sinal de amabilidade); a pasta, comportamento mais competitivo (sinal de competência).

Elaborar uma marca não verbal é um ótimo jeito de usar sinais visuais para atingir metas pessoais. Por exemplo, Lee Tomlinson, premiado produtor de TV e executivo de estúdios de cinema, usa roupa de hospital em suas apresentações no palco – inclusive em seu TED Talk.[17] Depois que venceu o câncer de garganta em estágio 3, Tomlinson dedicou o resto da vida a inspirar os profissionais de saúde. Ele descobriu que, quando subia no palco com roupa de hospital (em vez de terno), provocava imediatamente a compaixão da plateia e deixava todos num estado de espírito amável. Não era preciso visualizá-lo como paciente, podiam *vê-lo* como paciente. Os sinais visuais dão vida às ideias.

> ⭐
> **DICA DIVERTIDA**
> ## Óculos ou lentes de contato?
>
> Os óculos são um símbolo instantâneo de competência. Em nosso estudo interno, pedimos aos participantes que classificassem a amabilidade e a competência da mesma pessoa com e sem óculos. As notas de amabilidade não mudaram, mas, quando usou óculos, a pessoa foi considerada 8% mais competente. Um aumento pequeno, mas importante. Se quiser aumentar sua competência, pense em deixar de lado as lentes de contato.

Minha maneira favorita de criar uma marca não verbal é com **materiais didáticos**. Faço vídeos no YouTube há 14 anos. Como uso o YouTube para ensinar, tive que ser criativa para que meus vídeos se destaquem de todos os tutoriais de maquiagem e aberturas de recebidos. **O segredo é criar uma linguagem de sinais coerente em todos os ativos da marca.**

Uso sinais visuais para ajudar meu público a decidir. Descobri que consigo orientar as pessoas imediatamente usando certos adereços num vídeo. Quando explico um conceito muito competente e mostro ou faço uma demonstração de uma ideia complicada, uso o quadro-branco.

Nos vídeos sobre habilidade de apresentação, gravo numa tribuna, e assim meus alunos que aprendem a falar em público sabem exatamente quais vídeos são para eles.

Quando faço webinars virtuais, penduro imagens emolduradas de minhas substâncias favoritas – ocitocina, serotonina e dopamina – na parede atrás de mim. Isso indica competência desde o primeiro segundo. Também as uso como material didático durante a apresentação. Já notei que, quando elas não estão atrás de mim, é difícil as pessoas entenderem a importância dessas substâncias. Os sinais visuais ajudam a melhorar o entendimento e reforçam sua mensagem.

> ⭐
> **DICA DIVERTIDA**
> ## O poder dos post-its
>
> Descobri que os post-its são uma das maneiras visuais mais fáceis de incentivar alguém a se lembrar de alguma coisa. Em minhas apresentações, mostro nos slides imagens de post-its com as mensagens escritas. Isso sinaliza visualmente a memória e lembra de forma sutil às pessoas que escrevam a lição em suas anotações.

Também podemos usar uma marca não verbal para **simbolizar uma mudança**. Em suas memórias, *You're Never Weird on the Internet (Almost)* [Você (quase) nunca é esquisito na internet], Felicia Day conta a história de suas apresentações de violino às quais ninguém ia. Ela decidiu atrair as pessoas com uma **renovação da marca não verbal**. Em vez de espalhar cartazes chatos com seu nome e sua foto, ela criou um novo folheto que a mostrava vestida de Xena, a princesa guerreira, com o título "Felicia, a violinista guerreira". Pode apostar que mais gente passou a assistir às apresentações.

Quando dou oficinas de dia inteiro, descobri um ótimo sinal visual que me ajuda a marcar a mudança de ritmo: um presente embrulhado. Em geral, ponho um presente embrulhado no palco perto do fim de um dia longo para deixar as pessoas empolgadas para a última parte. Quando veem o presente embrulhado, as pessoas produzem dopamina, se empolgam e vencem o cansaço da tarde. Então dou o presente a um membro estelar da plateia.

> ⭐
> **DICA DIVERTIDA**
> **Não segure o gato!**
>
> Se você é homem, solteiro e heterossexual e está em aplicativos de namoro, talvez seja melhor deixar os gatos de lado. Pesquisas mostram que as mulheres consideram menos atraentes e menos viris homens com gato no colo.[18] Sinto muito, amantes de felinos.

Pense nos sinais de seu escritório, no fundo de suas videochamadas ou nas paredes de sua casa. Diplomas, prêmios e certificados indicam competência. Fotos de família, citações engraçadas e lembranças indicam amabilidade. Nossa amiga Judi Holler (da fonte Northwell) usa uma foto de pinhata ao fundo de seus vídeos. É uma representação imediata de seu espírito divertido.

Como usar mais sinais visuais de forma brincalhona? Pode pôr bótons em sua mochila? Adesivos no carro ou no laptop? Adereços que representem suas ideias em apresentações ou discursos de vendas? Cada sinal visual ajuda a formar a percepção que os outros têm de você.

SINAL VISUAL Nº 4: A cor e a confiança

Em 1967, criou-se um clube secreto na Disneylândia. Só se entrava por convite. Era o único lugar do Reino Mágico onde se podia comprar bebida alcoólica. E era *bem* exclusivo. Para entrar, era preciso ficar numa lista de espera e pagar milhares de dólares. E os Disney Imagineers trabalharam com afinco para escondê-lo. Na verdade, muitos visitantes passam direto pela porta do Club 33, aninhado no coração da praça New Orleans. A porta não está escondida nem bloqueada, mas mesmo assim não se vê. Por quê? Está pintada em duas cores que a Disney criou para esconder coisas.

Eles chamam essas cores de "verde-sai-daqui" e "verde-não-vê-nada".[19]

Os prédios administrativos, as entradas de funcionários e as caixas de serviço são pintadas nessas duas cores. Comparadas com as cores vivas e exuberantes do parque, as cores escolhidas fazem as coisas se misturar ao fundo. A cor é uma das melhores ferramentas que temos para chamar a atenção para elementos importantes (ou para esconder o que não queremos que seja visto). A cor também é uma das maneiras mais rápidas de ativar os mapas neuronais.

Um estudo constatou que as pessoas se decidem em 90 segundos de interação inicial com pessoas ou produtos.[20] E **62% a 90% dessa avaliação se baseia apenas na cor**.

Muito da psicologia das cores é pseudociência.[21] Sabemos que a cor é importante, mas não conseguimos entender ao certo por quê. Ninguém produziu um mapa confiável de todas as cores e suas associações. No entanto, há alguns sinais visuais promissores da pesquisa da cor que podemos usar. O sinal mais importante é que a cor ativa os mapas neuronais do cérebro.

Por exemplo, num estudo fascinante, pesquisadores deram aos participantes comprimidos de placebo em cores quentes (laranja, amarelo, vermelho) e frias (azul, verde, roxo)[22] – como em *Matrix*, só que menos interessante. Eles descobriram que os comprimidos de placebo de cores quentes foram considerados mais eficazes do que os de cores frias! Uau! Por quê?

Os pesquisadores acreditam que as cores quentes estão associadas a "um efeito estimulante, enquanto azul e verde se relacionam a um efeito tranquilizante".

A melhor maneira de usar a cor é pensar nos mapas neuronais *comuns*. O que uma cor lhe recorda? Quais são os objetos universais que usam essa cor? Que marcas internacionais usam uma determinada combinação de cores? Sua cultura associa certas cores a certas coisas?

Por exemplo, na China, a cor amarela está associada à realeza. O primeiro monarca chinês era chamado de Imperador Amarelo.

Nos Estados Unidos, os democratas são o partido azul e os republicanos são o partido vermelho. Na eleição presidencial americana de 2020, a Fox News, rede televisiva de notícias sabidamente conservadora, coloriu de vermelho a palavra *presidencial* na expressão *debate presidencial* em todas as suas chamadas.

A rede liberal MSNBC usou azul na palavra *presidencial* em *debate presidencial* em todas as chamadas do noticiário durante a cobertura das eleições.[23] Essa sutil mudança de cor indicava a preferência: a Fox queria um presidente vermelho; a MSNBC, um presidente azul.

Embora não haja associações universais de cores, elas podem nos indicar determinadas circunstâncias. Vejamos alguns padrões.

Vermelho

Quando coramos de raiva ou de prazer, ficamos vermelhos. Isso acontece em todas as culturas, gêneros e raças.[24] Pesquisadores descobriram que essa cor tem o maior efeito sobre nossas emoções e provoca sensações de domínio e excitação. É um sinal baseado em testosterona que conota poder, força, ameaça e dominação.

Uma equipe de pesquisa constatou que os competidores que usaram aleatoriamente a cor vermelha (comparada à azul) venceram mais competições.[25] Isso foi ainda mais verdadeiro com competidores homens.

Como isso nos ajuda? O vermelho é uma cor voltada para a ação. Ela não passa despercebida. Quando veste vermelho, você chama a atenção. Se usar vermelho, seu material promocional, escritório ou perfil vão se destacar mais do que se você usasse cores mais atenuadas.

E faz sentido: quando buscavam alimento, nossos ancestrais das cavernas procuravam frutas maduras de cores vivas, geralmente morangos ou maçãs.[26] O vermelho nos dá vontade de agir: colher a fruta ou acalmar um amigo zangado.

Veja algumas dicas para empregar o vermelho estrategicamente:

- Tem algo importante a destacar numa apresentação? Pense em torná-la vermelha.
- Não use vermelho em itens ou texto irrelevantes em gráficos e slides.
- Quer que alguém relaxe e se sinta calmo? Não ponha a pessoa numa sala ou cadeira vermelha.
- Quer ser discreto? Não use vermelho. Quer se destacar? O vermelho pode ajudar.

Conclusão: O vermelho inspira a ação. Use-o com sabedoria.

Azul

Não importa em que parte do mundo você esteja, o céu limpo é azul. Em qualquer lugar, a água profunda é azul. Assim, na maioria das pessoas o azul desperta um mapa neuronal relacionado com a calma. As evidências empíricas também indicam que o azul faz o corpo se sentir mais relaxado,[27] talvez por ativar o mapa neuronal quando você vê o céu claro e azul ou a água limpa e azul.[28] Alguns até sugeriram que instalar luzes azuis nas ruas poderia reduzir a criminalidade. No mundo dos negócios, a pesquisa de mercado constata que, quando as empresas usam azul em lojas ou logotipos, a percepção de qualidade e confiança aumenta.[29]

Outras pesquisas mostram que a luz azul aumenta a atenção e o desempenho nas tarefas baseadas em atenção. Isso já foi notado em vários estudos; um deles chegou a verificar que as pessoas são mais produtivas quando trabalham numa sala azul.[30]

Então, qual a melhor maneira de usar o azul?

- Quer parecer calmo e composto? Pense em se vestir de azul. Uso essa cor no palco para me manter tranquila!
- Quer acrescentar cor à sua sala ou mesa? Considere alguns toques de azul.
- Quer deixar suas apresentações mais interessantes? Pense em usar azul em vez de preto e branco em seus folhetos, material de divulgação e slides.

Conclusão: O azul é uma ótima cor para provocar calma, produtividade e confiança.

Verde

Nas últimas décadas, o verde evoluiu e criou novos mapas neuronais. Pesquisadores descobriram que o uso do verde nas marcas é muito associado ao ambientalismo.[31]

O verde é usado com frequência para retratar produtos e empresas bons e seguros para o meio ambiente, sem produtos químicos, "limpos" e até socialmente responsáveis. Dizemos até coisas como "empresa verde" e "produto verde".

Outros pesquisadores verificaram que o verde é associado ao bem-estar e ao divertimento.[32] Isso reverberou em mim e me lembrou que, quando criança, eu brincava de Verde e Vermelho. Quando alguém gritava "Verde!", era para sairmos correndo, nos soltarmos, enlouquecermos. Quando gritavam "Vermelho!", parávamos de repente. Até hoje, ainda uso cartões verdes num exercício para mostrar o início e cartões vermelhos para indicar o fim.

Pesquisadores também mostraram que os atletas que praticaram tarefas físicas difíceis relataram um nível um pouquinho mais alto de prazer quando estavam em ambiente verde do que em ambiente vermelho.[33]

Isso faz sentido do ponto de vista instintivo; cercados de verde, nos lembramos de um ambiente fértil e luxuriante, com muita água e nutrientes.

Como usar o verde?

- Facilite a obediência às regras usando cores para lembrar às pessoas o código de conduta. Durante a pandemia de Covid-19, algumas empresas criaram braçadeiras vermelhas, amarelas e verdes para os funcionários que tinham de voltar ao trabalho. As verdes diziam: "Tudo bem com abraços e toques"; as amarelas, "Tudo bem falar, mas não tocar"; e as vermelhas diziam "Oi! Prefiro manter distância". As pessoas podiam identificar rapidamente a necessidade das outras com base na cor que usavam.
- Se tiver uma ideia, produto ou factoide ambientalista, pense em usar verde. Se quiser fazer alguém se sentir renovado e cheio de energia, verde pode ser a sua cor.
- Cerque-se de verde sempre que puder. Faça um jardinzinho de suculentas perto de sua mesa. Ponha na tela do computador um fundo de árvores verdes. Os tons de verde ativam associações positivas de natureza e relaxamento.

Conclusão: Verde significa "Siga adiante"... e evoca a defesa do meio ambiente, dependendo dos elementos associados.

Amarelo

Num estudo abrangente, pesquisadores descobriram que, em mais de 50 países, o amarelo é muito associado à alegria.[34] Faz sentido, não é? Pense em todos os dias felizes que passou brincando ao sol quando criança. A sensação quentinha do sol nas costas, as possibilidades infinitas de um dia sem nuvens... é por isso que a maioria das pessoas associa o amarelo a felicidade.

Por isso, escolhi amarelo como o toque de cor do logotipo da Science of People. Usamos muito branco e preto no site, mas escolhemos o amarelo para dar uma animada. No entanto, não sabíamos que isso nos criaria um problema. O amarelo é uma cor cansativa para os olhos, devido à grande quantidade de luz que reflete. É uma das cores mais difíceis de ler, e usar amarelo como fundo num slide, folheto ou computador pode causar muita tensão nos olhos.[35] Ops.

O amarelo é ótimo, mas use-o com moderação.
Como usar essa cor?

- O amarelo é ótimo como um toque de cor, mas tente não pôr amarelo demais em suas apresentações, documentos e material de marketing, pois vai ficar difícil de olhar.
- Quer que algo pareça alegre ou feliz? O amarelo é sua cor!

Conclusão: O amarelo é como a luz do sol: nos faz sentir aquecidos e adoráveis, mas, em excesso, nos queimamos.

Combine essa pesquisa de cor com seus mapas neuronais para indicar a cor certa para suas metas. Algumas ideias:

- **Use cor em todo o seu material.** Quando projetar slides em apresentações, escolha cores que combinem com sua intenção. Seja intencional ao escolher uma cor para usar em suas fotos de perfil. No escritório ou em casa, escolha cores que façam você e as outras pessoas se sentirem bem-vindos. De que cor é seu cartão de visita? Consegue usar algo mais empolgante do que preto e branco?

- **Use cores que atraiam sua equipe.** Em 2016, minha empresa queria contratar uma agência de marketing. Recebemos várias propostas, mas uma se destacou. Por quê? A apresentação usava as cores, fontes, e imagens da *nossa* marca e do nosso site. Em vez de encher a apresentação com a marca deles, usaram a nossa. Isso fez as ideias da empresa parecerem ideias *nossas*, porque eles já usavam nossos sinais visuais.
- **Você tem uma cor pessoal?** Uso MUITO certo tom de azul. Foi a cor que usei na capa americana de meu livro *Captivate* [Cativar]. Assim, todo mundo em minha equipe o chama de "azul-cativar". Temos canetas hidrocor, post-its, blocos de papel e até velas dessa cor no escritório. Quando mandamos presentes ou bilhetes de agradecimento, tudo vai envolvido em papel azul-cativar. Muitos vestidos que uso em apresentações são da mesma cor que a capa do livro e os slides, azul-cativar. O que acha de escolher uma cor pessoal para você?

SINAL VISUAL Nº 5: Sinais tendenciosos

Até este momento da nossa jornada em conjunto, falamos de sinais que empoderam. Falamos de aproveitar os sinais para nos conectar com os outros e compartilhar nossas ideias. Mas alguns sinais são um pouco mais difíceis de engolir. Sinais que precisamos conhecer, mas não são muito agradáveis de comentar. Gênero, raça, classe e aparência física são sinais sobre os quais não temos controle, mas mesmo assim são usados para tomar decisões sobre pessoas. E muitos desses sinais são inconscientes.

O **viés inconsciente** é um estereótipo social que temos sobre determinados grupos de pessoas. Um único sinal pode ativar um mapa neuronal do qual não temos consciência. Infelizmente, pesquisadores constataram que currículos fictícios com "nomes que soam brancos" receberam 50% mais convites para entrevistas do que currículos com "nomes que soam afro-americanos".[36]

Em outro estudo, professores universitários de ciências classificaram candidatos homens a um cargo de gerente como bem mais competentes e contratáveis do que as candidatas.[37] Também ofereceram salário inicial mais alto aos homens.

Um estudo verificou que as pessoas com "voz de gay", de acordo com o estereótipo, enfrentam mais estigma e discriminação, seja qual for sua orientação sexual.[38]

As pessoas atraentes são consideradas mais competentes e ganham salário mais alto. É o chamado "adicional de beleza",[39] que vale tanto para homens quanto para mulheres.

A pesquisa também constatou que as mulheres que usam maquiagem são consideradas mais confiáveis e recebem transferências de dinheiro mais altas num jogo econômico – e isso tanto de homens quanto de mulheres. O interessante é que, quanto menos atraente era considerada a mulher, mais confiável a maquiagem a fazia parecer.

A maquiagem não é o único sinal visual que notamos. O modo de usar o cabelo também é um sinal. As negras com cabelo natural foram percebidas como menos profissionais, menos competentes e com menos probabilidade de serem recomendadas para uma entrevista de emprego quando comparadas a negras com cabelo alisado e brancas com cabelo crespo ou liso.[40]

Embora esses sinais sejam difíceis de enfrentar e mudar, o enfrentamento é necessário. Mas há uma boa notícia: a pesquisa confirmou que os vieses inconscientes são maleáveis.[41] *Podemos* tomar providências para minimizar seu impacto. Temos que combater nossos sinais de vieses inconscientes em duas frentes.

Primeiro, ter mais consciência dos vieses inconscientes é o primeiro passo importante para combatê-los. A Universidade Harvard promoveu uma iniciativa chamada Projeto Implícito. São oferecidos ao público testes gratuitos para avaliar os verdadeiros vieses inconscientes sobre deficiências, raça, idade, sexualidade, gênero, peso, religião, cor da pele e muito mais. Se quiser ver onde estão seus vieses implícitos, recomendo enfaticamente que faça alguns desses testes para começar a abordar de frente suas associações neuronais negativas.

Em segundo lugar, como combater os vieses inconscientes *dos outros* contra você? Até pequenos sinais visuais ajudam. Pesquisadores testaram se as roupas mudam o viés inconsciente contra homens negros.[42] A equipe de pesquisa fotografou cinco negros com três roupas diferentes – o uniforme de um time de futebol campeão, casaco e calça de moletom e camisa e calça sociais. Então pediram aos participantes que olhassem as fotos arrumadas aleatoriamente e classificassem as características dos homens.

Primeiro, os participantes com nota elevada na Escala Simbólica de Racismo (que testa vieses racistas inconscientes) julgaram com mais dureza todos os modelos.

No entanto, os negros de calça e camisa sociais (o traje mais formal) tiveram a avaliação mais positiva. Foram considerados mais confiáveis, inteligentes e amáveis do que os homens com uniforme de futebol. Também foram considerados mais inteligentes e trabalhadores do que os homens de moletom.

Num capítulo anterior, mencionei que as mulheres costumam ser consideradas mais amáveis e os homens, mais competentes. Por mais que seja injusto, conhecer a existência desses vieses é imperativo. As mulheres precisam trabalhar de forma intencional para aumentar a competência se quiserem ser levadas a sério. Os homens precisam aumentar conscientemente a amabilidade se quiserem merecer mais confiança.

O importante é: **conheça os vieses a seu favor e contra você e os combata de forma lenta, consciente e intencional.**

Sei que, como mulher palestrante e escritora no lado mais jovem da escala etária, tenho que trabalhar muito para aumentar meus sinais de competência, principalmente no palco. Faço isso de várias maneiras, usando todas as dicas que dei neste livro:

- Uso mais palavras competentes, principalmente na introdução. Também acrescento mais sinais de competência à minha biografia, ao perfil no LinkedIn e ao slide introdutório.
- Aqueço por mais tempo as cordas vocais para falar em meu registro natural mais grave por um período mais longo. Treino as respostas às perguntas que me deixam nervosa para não usar sem querer a entonação interrogativa nem cair na voz basal.
- Me visto de maneira mais formal do que as outras pessoas.
- Aumento meus sinais não verbais competentes na primeira e na última impressões.
- Acrescento sinais visuais competentes a meus slides, minha marca e minha didática. As substâncias atrás de mim em meus vídeos, o nome da minha empresa (Science of People, a ciência das pessoas) e

até os miniexperimentos que fazemos em nosso laboratório são sinais de competência para contrabalançar.

O mundo seria mais justo se não precisássemos mudar o modo de agir com base na percepção dos outros. E **é muito injusto que seja você que tenha de contrabalançar os vieses de outra pessoa.** Espero que algum dia esses preconceitos mudem. Enquanto isso, vamos trabalhar juntos para mudar nossos vieses em comum. Com que sinais você pode fazer compensações?

DESAFIO DO CAPÍTULO

Vamos pôr em ação tudo que aprendemos sobre os sinais visuais. Olhe os seguintes recursos de marcas não verbais e identifique quais sinais você usa. Depois, faça um brainstorming para ver quais sinais visuais e quais marcas não verbais gostaria de criar.

	SINAIS VISUAIS ATUAIS	MARCA NÃO VERBAL IDEAL
O que sua foto de perfil diz sobre você? Você dá algum sinal visual com suas fotos?		
Que sinais visuais você dá em seu cartão de visita, seu currículo e, caso tenha uma empresa, seu site e seu material de marketing?		
Que acessórios e objetos há em seu escritório, sua casa ou ao fundo das suas chamadas de vídeo?		
Você tem uma fonte ou uma cor que sempre use?		

CONCLUSÃO
AS MELHORES PRÁTICAS COM SINAIS

O físico Heinrich Hertz passou anos estudando o eletromagnetismo. Finalmente, em 1889, ele fez uma descoberta incrível: foi o primeiro a demonstrar de forma conclusiva a existência das ondas eletromagnéticas, que mudariam para sempre o modo como o mundo se comunica.[1]

Mas Hertz não viu o valor de suas ideias. Quando lhe perguntaram a importância da descoberta, ele disse: "Não serve para nada." Quando lhe perguntaram quais eram as aplicações das ondas de rádio, ele afirmou: "Acho que nenhuma."

Nenhuma? Pouco sabia ele que sua descoberta revolucionária alimentaria a inovação nas comunicações, no entretenimento e até nos conflitos bélicos durante *décadas*. Em 1930, Hertz foi homenageado tendo seu sobrenome adotado como unidade de frequência.

Hertz se subestimou imensamente. Não viu o potencial de sua ideia. Ele minimizava o valor de seus experimentos.

Encontro pessoas como Heinrich Hertz o tempo todo. Pensadores brilhantes, criativos e inovadores que se subestimam, duvidam do próprio talento.

Chega disso!

As pessoas precisam ouvir suas ideias.

Você merece ser respeitado, levado a sério e reconhecido por todo o seu empenho.

Ora, você terminou de ler este livro, portanto sei que é muito inteligente (e incrível).

Cada sinal deste livro me ajudou de inúmeras formas. Os sinais que lhe ensinei são *exatamente* os que uso antes de qualquer reunião, videochamada ou conversa importante. Espero que esses sinais de carisma ajudem você e outras pessoas a se sentir mais confiantes quanto a suas ideias. Os sinais competentes ajudarão a fazer com que os outros levem você a sério, respeitem suas ideias e aumentem sua credibilidade. Os sinais de amabilidade ajudarão as pessoas a confiar mais em você, a querer trabalhar com você e a se empolgar com suas ideias. **Mas os sinais só são poderosos se forem usados.**

Confira algumas boas práticas para ativar seus sinais.

REGRA Nº 1: Espere o melhor

Aprender a ler os sinais não é ficar examinando todo mundo que encontra. Não é criar momentos "Peguei você!". Não é flagrar mentiras dos outros nem estar o tempo todo à caça de insinceridade. Na verdade, agir assim torna você *menos* eficaz no uso dos sinais.

Pesquisadores constataram que quanto mais confia nos outros, com mais precisão você percebe as emoções ocultas.[2] Os verdadeiros mestres da leitura de sinais esperam o melhor e sabem perceber o pior quando ele surge.

Lembre-se: os sinais nunca devem ser tirados de contexto. Isso é ainda mais verdadeiro no caso dos sinais negativos. Antes de tirar *qualquer* conclusão apressada sobre um sinal negativo, pergunte-se o que mais pode estar acontecendo. O que a pessoa vivenciou *antes* de estar com você? Brigou com o namorado? Acabou de chegar de uma viagem cansativa? Foi criticada no trabalho? Quando vir um sinal negativo, procure primeiro o histórico e o contexto.

REGRA Nº 2: Não finja

Aprender os sinais não é fingir que você é mais inteligente ou mais simpático do que já é. Não é usá-los como disfarce. Nem os sinais mais poderosos conseguem convencer quando não retratam a realidade... pelo menos não a longo prazo.

Se na verdade não se sente competente, não tente fingir. Os sinais de competência só vão levá-lo até certo ponto e finalmente você será descoberto. Se é preciso aumentar sua perícia ou reforçar suas habilidades, faça disso uma prioridade.

Consegue fingir amabilidade? Sim, é possível. Mas também é muito cansativo. Se não sente amabilidade por alguém, não seja falso. Busque criar uma conexão verdadeira. Encontre algo de que realmente goste na pessoa. Procure interesses em comum. Destaque as metas mútuas em que possam concordar, mesmo que só um pouquinho. Dá muito mais trabalho encobrir o desagrado e a falta de autenticidade. Trabalhe para encontrar razões reais para gostar primeiro de alguém, e assim será mais fácil enviar os sinais certos.

REGRA Nº 3: Use a regra de três

Neste livro, aprendemos mais de 40 sinais poderosos de líderes empresariais, políticos e comunicadores de alto nível. Agora, você tem o mesmo cardápio de sinais para ser carismático em todas as interações.

Desafie-se a tentar todos os sinais deste livro pelo menos três vezes. A primeira vez pode ser um pouco desconfortável. Isso é bom! Significa que você está aprendendo. Na segunda vez, provavelmente será um pouco mais empoderador. Na terceira, você conseguirá decidir conscientemente se é um sinal que quer acrescentar à sua caixa de ferramentas.

A Tabela de Sinais é a melhor maneira de acompanhar cada sinal e anotar como você o usa. Recomendo tentar:

- Decodificar cada sinal pelo menos três vezes em situações diferentes.
- Codificar cada sinal pelo menos três vezes em situações diferentes.
- Anotar como cada um contribuiria para suas metas de carisma.

Eis uma amostra da Tabela de Sinais para ver como nossos alunos costumam preenchê-la:

SINAL	DECODIFICAR	CODIFICAR	INTERNALIZAR
Inclinação: Incline o corpo à frente para mostrar interesse, curiosidade e envolvimento.	1. Dan fez isso quando concordou com o horário de nossa reunião. 2. No noticiário, os dois locutores se inclinaram um para o outro quando fizeram um comentário espirituoso. 3. As crianças se inclinaram para a frente enquanto esperavam que servíssemos o sorvete.	1. Espelhei Dan quando ele se inclinou para mim! 2. Eu me inclinei para a frente e para baixo quando falava com Sam sobre as notas baixas. Deu certo! 3. Eu me inclinei para a frente para mostrar interesse numa videochamada.	Preciso acrescentar isso à minha próxima apresentação!

Agora é sua vez. Acompanhe sua decodificação e codificação de sinais e veja como se sente.

SINAIS DE CARISMA

Use estes sinais sempre que quiser ser considerado carismático.

SINAL	DECODIFICAR	CODIFICAR	INTERNALIZAR
Inclinação: Incline o corpo à frente para mostrar interesse, curiosidade e envolvimento.			
Antibloqueio: Corpo aberto indica mente aberta. Mantenha o corpo sem nenhum bloqueio – braços, computador, laptop, bolsa ou prancheta.			

Defrontação: Alinhe os dedos dos pés, o tronco e o alto do corpo na direção da pessoa com quem você está falando, para mostrar respeito não verbalmente.

Espaço: Observe e respeite as quatro zonas de espaço (íntima, pessoal, social e pública) de acordo com suas metas.

Tom de voz confiante: Use a extremidade natural mais grave de seu tom de voz para indicar confiança.

Pausa para respirar: Faça pausas entre as palavras para respirar, desacelerar e criar mistério.

Palavras carismáticas: Use palavras que combinem com suas metas de carisma.

SINAIS AMÁVEIS

Use estes sinais para estimular amabilidade, simpatia e confiança.

SINAL	DECODIFICAR	CODIFICAR	INTERNALIZAR
Assentir: para mostrar concordância e engajamento.			
Inclinar a cabeça: para mostrar que está interessado e escutando.			

Erguer as sobrancelhas: Para mostrar encanto e mistério.

Sorrir: Um sorriso genuíno aumenta e incentiva a felicidade.

Toque: Aumenta a química que nos ajuda a nos conectar.

Espelhar: Imite sutilmente a postura ou os gestos não verbais de alguém para mostrar respeito.

Permissão para a amabilidade: Comece seus telefonemas, conversas e e-mails com sinais de amabilidade.

Variedade vocal: Evite as dificuldades vocais e não soe ensaiado. Dê à sua voz personalidade e ênfase vocal.

Convites vocais: Faça sons de escuta, use cutucadas verbais e espelhe verbalmente as pessoas para aumentar a amabilidade.

Palavras amáveis: Provocam confiança, compaixão e empatia.

SINAIS COMPETENTES

Use estes sinais para transmitir competência, capacidade e eficiência.

SINAL	DECODIFICAR	CODIFICAR	INTERNALIZAR
Postura de poder: Ocupe espaço para mostrar confiança.			
Contração das pálpebras inferiores: Para mostrar que está escutando atentamente.			
Mãos em campanário: Para mostrar que está relaxado, que sua fala tem fundamento e que tem tudo sob controle.			
Gestos explicativos: Use-os para demonstrar questões.			
Dinamismo do volume: Use o volume da voz para reforçar seus pontos: fale mais alto quando for algo importante, mais baixo quando quiser reforçar a atenção das pessoas.			
Pausa do poder: Faça pausas antes de abordar uma questão importante, para gerar suspense.			
Palavras competentes: Transmitem inteligência, poder e credibilidade.			

SINAIS DA ZONA DO PERIGO

Não use estes, a menos que queira ser intencionalmente negativo. Mas fique atento caso decodifique ou, sem querer, codifique um deles.

SINAL	DECODIFICAR	CODIFICAR	INTERNALIZAR
Lábios franzidos: Mostram que você está fechado ou ocultando algo.			
Distanciamento: Quando não gostar de algo ou quiser que alguém se afaste, dê um passo para trás ou se recoste para criar distância.			
Ventilação: Quando ficamos nervosos, tentamos trazer ar para a pele para nos refrescar ou ganhar espaço.			
Gesto de consolo/autoconforto: Nós nos tocamos para nos acalmarmos ou nos consolarmos.			
Arrumar-se: Quando arrumamos o cabelo, a maquiagem, a roupa ou os acessórios para melhorar nossa aparência.			
Tocar a fúrcula esternal: Quando ficamos nervosos ou queremos nos consolar, tocamos a fúrcula entre as duas clavículas (ou a gravata, o colar ou a camisa nessa área).			

Bloqueio do corpo: Quando queremos nos proteger ou nos reconfortar, pomos uma barreira diante do corpo, da boca ou dos olhos.

Vergonha: Quando ficamos com vergonha, podemos tocar os lados da testa com a ponta dos dedos.

Raiva: Quando ficamos com raiva, franzimos as sobrancelhas, enrijecemos as pálpebras inferiores e contraímos os lábios.

Narinas dilatadas: Podemos dilatar as narinas quando ficamos com raiva.

Tristeza: Quando ficamos tristes, unimos e abaixamos o canto interno das sobrancelhas, baixamos o canto dos lábios e deixamos cair as pálpebras superiores.

Lábios franzidos: Puxar o canto da boca para baixo indica dúvida ou descrença.

Desprezo: Quando sentimos desprezo, puxamos um lado da boca num meio sorriso.

Entonação interrogativa: Quando fazemos uma pergunta, subimos a entonação no fim da frase. Tome cuidado para não fazer isso, sem querer, em frases afirmativas.

Voz basal: Quando perdemos o fôlego ou ficamos ansiosos, as cordas vocais se chocam e produzem a rascante voz basal.

Muletas verbais: Palavras e sons amorfos como "hum", "né" e "tipo" assinalam falta de confiança ou de conhecimento.

Negação vocal: Quando não gostamos de alguma coisa, fazemos sons de escuta negativos, como "uuuf", "eca" ou "argh". Eles indicam discordância.

Treine decodificar e codificar cada sinal em algumas situações com pessoas diferentes – no trabalho, em casa, com amigos. Aumente a amabilidade e a competência para ficar sempre no ponto perfeito da Zona do Carisma.

Faça todos os sinais trabalharem a seu favor. Modifique-os, adapte-os e acrescente seus toques e destaques – com cuidado para não parecer agressivo.

Pode contar com todo o meu incentivo. Mal posso esperar para ver como os sinais mudarão sua comunicação, suas interações e sua confiança como mudaram as minhas. Um único sinal pode fazer toda a diferença.

A seu sucesso,
Vanessa Van Edwards

P.S.: Obrigada. Obrigada por dedicar seu tempo a ler este livro. Obrigada por aprender comigo. Obrigada por me confiar seu tempo. Se gostou, por favor, divida esse conhecimento com mais alguém. Dê este livro de presente a um amigo, empreste-o, dê a quem precisa. Sou grata a você.

Bônus digital (em inglês)

Você pode acessar vídeos e materiais complementares gratuitamente. Basta se cadastrar no site scienceofpeople.com/bonus para receber seu bônus, que inclui:

- Modelos Minta pra Mim para seus amigos e familiares.
- Demonstrações em vídeo dos sinais estudados.
- Questões para discussão em clubes de leitura.
- Vídeos dos sinais de celebridades, políticos e pessoas citadas neste livro.
- Teste para descobrir onde você se encontra na Escala do Carisma.

AGRADECIMENTOS

Sou muito grata a muitas pessoas por este livro!
Primeiro, obrigada a VOCÊ pela leitura. Quero mandar um agradecimento sincero a todos os nossos leitores, alunos e espectadores do YouTube. Sem vocês, eu não seria capaz de escrever este livro. Seus likes, apoio, comentários e compartilhamentos na última década alimentaram esse negócio incrível e minha capacidade de escrever. Obrigada por me apoiarem.

Obrigada à estupenda equipe da Science of People, principalmente Rob Hwang, Vanessa Mae Rameer, Josh White, Haley Van Petten e Courtney Van Petten; obrigada por todo o apoio que me deram enquanto eu escrevia este livro. Muitíssimo obrigada a Maggie e Lacy Kirkland pelas fotos incríveis e pelo apoio amoroso.

Obrigada à minha fantástica equipe editorial! David Fugate, Niki Papadopoulos, Kimberly Meilun, Leah Trouwborst e, é claro, Adrian Zackheim, obrigada por me ajudar a dividir minhas ideias com o mundo.

Quero fazer um agradecimento enorme a toda a equipe da Impact Theory, principalmente Tom e Lisa Bilyeu e Chase Caprio. Obrigada a Joe Gebbia. Tive sorte de conhecer você. Também muito obrigada a Noah Zandan e à equipe da Quantified Communications.

Obrigada a todos que me ajudaram nesta jornada incrível. Um agradecimento especial a todos que me deram apoio e conselhos sábios de negócios: Dr. Paul Zak, Chris Guillebeau, Jayson Gaignard, Lewis Howes, Jordan

Harbinger, Zach Suchin, Charlie Gilkey, Nir Eyal, Shane Snow, Noah Kagan, Paige Hendrix Buckner, José Pina, Chase Jarvis e a equipe da Creative Live.

Obrigada aos que me ajudaram com citações, histórias e inspiração para este livro, principalmente David Nihill, Brian Dean, David Moldawer, Michelle Poler, Judi Holler, Nicholas Hutchison e Michelle Jones. Obrigada a Dax Shepard e Alan Alda; seus podcasts extraordinários foram a fonte de muitas dessas histórias.

Obrigada a toda a minha família, especialmente meus pais, Anita First e Vance e Stacy Van. A meus amigos e a minha rede de apoio, obrigada por todo o amor e todas as conversas animadas.

Scott Edwards, você é o melhor parceiro que alguém poderia ter na vida e nos negócios.

E, finalmente, sei que você ainda não sabe ler, mas um dia saberá: obrigada, Sienna Edwards, por me fazer rir, me dar inspiração e ser a alegria da minha vida.

NOTAS

Este conteúdo também pode ser encontrado em:
https://sextante.com.br/alinguagemsecretadocarisma/notas.pdf

Introdução: Os sinais que nos moldam secretamente

1. *Shark Tank*, 5ª temporada, 9º episódio, transmitido em 15 de novembro de 2013 pela emissora ABC, www.imdb.com/title/tt3263264.
2. "The Unstoppable March of the Upward Inflection?", *BBC News*, 11 de agosto de 2014, www.bbc.com/news/magazine-28708526.
3. Michel Belyk e Steven Brown, "Perception of Affective and Linguistic Prosody: An ALE Meta--Analysis of Neuroimaging Studies", *Social Cognitive and Affective Neuroscience*, 9, n. 9 (setembro de 2014), pp. 1395-403, https://doi.org/10.1093/scan/nst124.
4. Belyk e Brown, "Perception of Affective and Linguistic Prosody"; Maria del Mar Vanrell *et al.*, "Intonation as an Encoder of Speaker Certainty: Information and Confirmation Yes-No Questions in Catalan", *Language and Speech*, 56, n. 2, 2013, pp. 163-90, https://doi.org/10.1177/0023830912443942.
5. Desmond Morris, *Bodytalk: A World Guide to Gestures* (Londres: Jonathan Cape, 1994).
6. Aldert Vrij, *Detecting Lies and Deceit: Pitfalls and Opportunities*, 2. ed. (West Sussex, Inglaterra: John Wiley & Sons, 2008).
7. Konstantin O. Tskhay, Rebecca Zhu e Nicholas O. Rule, "Perceptions of Charisma from Thin Slices of Behavior Predict Leadership Prototypicality Judgments", *Leadership Quarterly*, 28, n. 4, março de 2017, pp. 555-62, https://doi.org/10.1016/jdeaqua.2017.03.003.
8. Jolene Simpson, "Does Nodding Cause Contagious Agreement? The Influence of Juror Nodding on Perceptions of Expert Witness Testimony" (dissertação de doutorado, Universidade do Alabama, 2009), www.semanticscholar.org/paper/Does-nodding-cause-contagious-agreement%3Athe-of-on--Simpson/f1175810c56ddf6cf798cec9cf2c2935c9549fa9.
9. Zijian Harrison Gong e Erik P. Bucy, "When Style Obscures Substance: Visual Attention to Display Appropriateness in the 2012 Presidential Debates", *Communication Monographs*, 83, n. 3, julho de 2016, pp. 349-72, https://doi.org/10.1080/03637751.2015.1119668.
10. Alex Pentland, *Honest Signals: How They Shape Our World* (Cambridge, MA: MIT Press, 2008).
11. Jacquelyn Crane e Frederick G. Crane, "Optimal Nonverbal Communications Strategies Physicians Should Engage in to Promote Positive Clinical Outcomes", *Health Marketing Quarterly*, 27, n. 3, agosto de 2010, p. 262-74, https://doi.org/10.1080/07359683.2010.495300.

Capítulo 1: Sinais de carisma

1. Susan T. Fiske, Amy J. Cuddy, Peter Glick e Jun Xu, "'A Model of (Often Mixed) Stereotype Content: Competence and Warmth Respectively Follow from Perceived Status and Competition': Correction to Fiske et al. (2002)", *Journal of Personality and Social Psychology*, 25 de abril de 2019, https://doi.org/10.1037/pspa0000163.
2. Chris Malone e Susan T. Fiske, *The Human Brand: How We Relate to People, Products, and Companies* (São Francisco, CA: Jossey-Bass, 2013).
3. Malone e Fiske, *The Human Brand*.
4. Malone e Fiske, *The Human Brand*.
5. *Shark Tank* (@ABCSharkTank), "Remember Jamie Siminoff? Well, he's back, but this time it's a little different! #SharkTank", Twitter, 4 de outubro de 2018.
6. Alan Alda e Goldie Hawn, "Goldie Hawn: She's Got Your Brain on Her Mind", 29 de setembro de 2020, *Clear+Vivid with Alan Alda*, podcast, 43min00, https://podcasts.apple.com/us/podcast/goldie-hawn-shes-got-your-brain-on-her-mind/id1400082430?i=1000492899514.
7. "Our Mission", MindUp, acessado em 15 de setembro de 2021, https://mindup.org/our-mission.
8. Wendy Levinson *et al.*, "Physician-Patient Communication. The Relationship with Malpractice Claims Among Primary Care Physicians and Surgeons", *JAMA*, 277, n. 7, 19 de fevereiro de 1997, pp. 553-9, https://doi.org/10.1001/jama.277.7.553.
9. Gordon T. Kraft-Todd *et al.*, "Empathic Nonverbal Behavior Increases Ratings of Both Warmth and Competence in a Medical Context", *PLoS ONE*, 12, n. 5, 15 de maio de 2017, e0177758, https://doi.org/10.1371/journal.pone.0177758.
10. Dana R. Carney, "The Nonverbal Expression of Power, Status, and Dominance", *Current Opinion in Psychology*, 33, junho de 2020, pp. 256-64, https://doi.org/10.1016/j.copsyc.2019.12.004.
11. "Jeff Bezos Takes Reporter on Exclusive Tour of Early Amazon HQ", *60 Minutes Australia*, 2000, vídeo, 11:46, www.youtube.com/watch?v=44XbHVRxnMA.
12. "Jeff Bezos Talks Amazon, Blue Origin, Family, and Wealth", *Business Insider*, 5 de maio de 2018, vídeo, 48:30, www.youtube.com/watch?v=SCpgKvZB-VQ.

Capítulo 2: Como funcionam os sinais

1. Michael H. Morgan e David R. Carrier, "Protective Buttressing of the Human Fist and the Evolution of Hominin Hands", *Journal of Experimental Biology*, 216, n. 2, 15 de janeiro de 2013, pp. 236-44, https://doi.org/10.1242/jeb.075713.
2. Massachusetts General Hospital, "Study Identifies Neurons That Help Predict What Another Individual Will Do", *PsyPost*, 1º de março de 2015, www.psypost.org/2015/03/study-identifies-neurons-that-help-predict-what-another-individual-will-do-32117.
3. Daniel Goleman, *Inteligência social: A ciência revolucionária das relações humanas* (Rio de Janeiro: Objetiva, 2019).
4. Dr. Srinivasan S. Pillay, *Your Brain and Business: The Neuroscience of Great Leaders* (Upper Saddle River, NJ: FT Press, 2010), p. 30.
5. *Queer Eye*, "The Anxious Activist", 5ª temporada, 5º episódio, transmitido em 5 de junho de 2020, www.imdb.com/title/tt12455268.
6. Elaine Hatfield, John T. Cacioppo e Richard L. Rapson, "Emotional Contagion". *Current Directions in Psychological Science*, 2, n. 3, 1993, pp. 96-100, https://doi.org/10.1111/1467-8721.ep10770953.
7. Madeleine L. Van Hecke, Lisa P. Callahan, Brad Kolar e Ken A. Paller, *The Brain Advantage: Become a More Effective Business Leader Using the Latest Brain Research* (Amherst, NY: Prometheus Books, 2010).
8. Sigal G. Barsade, "The Ripple Effect: Emotional Contagion and Its Influence on Group Behavior", *Administrative Science Quarterly*, 47, n. 4, 2002, pp. 644-75, https://doi.org/10.2307/3094912.

9. Matthew D. Lieberman, *Social: Why Our Brains Are Wired to Connect* (Oxford: Oxford University Press, 2013).
10. Ron Friedman *et al.*, "Motivational Synchronicity: Priming Motivational Orientations with Observations of Others' Behaviors", *Motivation and Emotion*, 34, n. 1, março de 2009, pp. 34-8, https://doi.org/10.1007/s11031-009-9151-3.
11. Pentland, *Honest Signals*.
12. Daniel Goleman, Richard E. Boyatzis e Annie McKee, *The New Leaders: Transforming the Art of Leadership into the Science of Results* (Nova York: Little, Brown, 2002).
13. Mary Seburn, "Encoding and Decoding of Meaning in Social Behavior", *McNair Scholars Journal*, 1, n. 1, 1º de janeiro de 1997, https://scholarworks.gvsu.edu/mcnair/vol1/iss1/8.
14. Laura P. Naumann *et al.*, "Personality Judgments Based on Physical Appearance", *Personality and Social Psychology Bulletin*, 35, n. 12, setembro de 2009, pp. 1661-71, https://doi.org/10.1177/0146167209346309.
15. Pessi Lyyra, James H. Wirth e Jari K. Hietanen, "Are You Looking My Way? Ostracism Widens the Cone of Gaze", *Quarterly Journal of Experimental Psychology*, 70, n. 8, agosto de 2017, pp. 1713-21, https://doi.org/10.1080/17470218.2016.1204327.
16. Mary P. Rowe, "Barriers to Equality: The Power of Subtle Discrimination to Maintain Unequal Opportunity", *Employee Responsibilities and Rights Journal*, 3, n. 2, 1990, pp. 153-63, https://doi.org/10.1007/BF01388340.
17. Pentland, *Honest Signals*.

Capítulo 3: A linguagem corporal dos líderes

1. "Meet Kofi Essel", Rise and Shine by Children's National Hospital, 21 de setembro de 2017, https://riseandshine.childrensnational.org/meet-kofi-essel-md-mph.
2. Eddie Harmon-Jones, Philip A. Gable e Tom F. Price, "Leaning Embodies Desire: Evidence That Leaning Forward Increases Relative Left Frontal Cortical Activation to Appetitive Stimuli", *Biological Psychology*, 87, n. 2, março de 2011, pp. 311-3, https://doi.org/10.1016/j.biopsycho.2011.03.009.
3. Albert Mehrabian, "Inference of Attitudes from the Posture, Orientation, and Distance of a Communicator", *Journal of Consulting and Clinical Psychology*, 32, n. 3, junho de 1968, pp. 296-308, https://doi.org/10.1037/h0025906.
4. Robert Gifford, Cheuk Fan Ng e Margaret Wilkinson, "Nonverbal Cues in the Employment Interview: Links Between Applicant Qualities and Interviewer Judgments", *Journal of Applied Psychology*, 70, n. 4, novembro de 1985, pp. 729-36, https://doi.org/10.1037/0021-9010.70.4.729.
5. Hillary Anger Elfenbein e Nalini Ambady, "On the Universality and Cultural Specificity of Emotion Recognition: A Meta-Analysis", *Psychological Bulletin*, 128, n. 2, abril de 2002, pp. 203-35, https://doi.org/10.1037/0033-2909.128.2.203.
6. Harmon-Jones, Gable e Price, "Leaning Embodies Desire".
7. Mehrabian, "Inference of Attitudes from the Posture, Orientation, and Distance of a Communicator".
8. Desmond Morris, *Peoplewatching: The Desmond Morris Guide to Body Language* (Nova York: Random House, 2012).
9. Mehrabian, "Inference of Attitudes from the Posture, Orientation, and Distance of a Communicator".
10. Evy Poumpouras, "About", www.evypoumpouras.com/about.
11. "Science and Communication: Alan Alda in Conversation with Neil deGrasse Tyson", 92nd Street Y, 8 de junho de 2017, vídeo, 36:54, www.youtube.com/watch?v=syIb73RQqVU.
12. Andrew J. Hale *et al.*, "Twelve Tips for Effective Body Language for Medical Educators", *Medical Teacher*, 39, n. 9, setembro de 2017, pp. 914-9, https://doi.org/10.1080/0142159X.2017.1324140.

13. Valentina Rita Andolfi, Chiara Di Nuzzo e Alessandro Antonietti, "Opening the Mind through the Body: The Effects of Posture on Creative Processes", *Thinking Skills and Creativity*, 24 de junho de 2017, pp. 20-8, https://doi.org/10.1016/j.tsc.2017.02.012.
14. Dave Blackwell, "Jazz Surprise by Taking Stockton", *Deseret News*, 19 de junho de 1984, https://news.google.com/newspapers?id=U-VSAAAAIBAJ&pg=5125%2C1607899; "John Stockton Stats", Basketball Reference, acessado em 15 de setembro de 2021, www.basketball-reference.com/players/s/stockjo01.html.
15. "NBA All-Time Assists Leaders", ESPN, acessado em 15 de setembro de 2021, www.espn.com/nba/history/leaders/-/stat/assists.
16. Marion K. Underwood, "III. Glares of Contempt, Eye Rolls of Disgust and Turning Away to Exclude: Non-Verbal Forms of Social Aggression Among Girls", *Feminism & Psychology*, 14, n. 3, agosto de 2004, pp. 371-5, https://doi.org/10.1177/0959353504044637; Rebecca P. Lawson, Colin W. G. Clifford e Andrew J. Calder, "About Turn: The Visual Representation of Human Body Orientation Revealed by Adaptation", *Psychological Science*, 20, n. 3, março de 2009, pp. 363-71, https://doi.org/10.1111/j.1467-9280.2009.02301.x; Jeffrey David Robinson, "Getting Down to Business: Talk, Gaze, and Body Orientation During Openings of Doctor-Patient Consultations", *Human Communication Research*, 25, n. 1, setembro de 1998, pp. 97-123. https://doi.org/10.1111/j.1468-2958.1998.tb00438.x.
17. Virginia M. Gunderson e Joan S. Lockard, "Human Postural Signals as Intention Movements to Depart: African Data", *Animal Behaviour*, 28, n. 3, 1980, pp. 966-7, https://doi.org/10.1016/S0003-3472(80)80159-X.
18. "John Stockton e Karl Malone", NBA, 9 de agosto de 2009, vídeo, 3:21, www.youtube.com/watch?v=cYOf4hYa5A0&list=PLqaqx66q9hd-H4-7NTabVEyK-wffKdzZp&index=44.
19. "Top 10 All-Time Point Guards", SI.com, galeria de fotos, 11 de março de 2009, web.archive.org/web/20090311053817/http://sportsillustrated.cnn.com/multimedia/photo-gallery/2005/11/22/gallery.alltimepointguards/content.6.html.
20. *Seinfeld*, 5ª temporada, episódio 18, "The Raincoats", transmitido em 28 de abril de 1994 pela NBC, www.youtube.com/watch?v=sRZ5RpsytRA.
21. Leslie A. Hayduk, "Personal Space: Understanding the Simplex Model", *Journal of Nonverbal Behavior*, 18, n. 3, 1994, pp. 245-60, https://doi.org/10.1007/BF02170028; Edward T. Hall, *The Hidden Dimension: An Anthropologist Examines Man's Use of Space in Public and Private* (Nova York: Anchor Books, 1969); Carlos E. Sluzki, "Proxemics in Couple Interactions: Rekindling an Old Optic", *Family Process*, 55, n. 1, 2016, pp. 7-15, https://doi.org/10.1111/famp.12196; Jorge Rios-Martinez, Anne Spalanzani e Christian Laugier, "From Proxemics Theory to Socially-Aware Navigation: A Survey", *International Journal of Social Robotics*, 7, n. 2, 2015, pp. 137-53, https://doi.org/10.1007/s12369-014-0251-1.
22. Edgar C. O'Neal *et al.*, "Effect of Insult upon Personal Space Preferences", *Journal of Nonverbal Behavior*, 5, n. 1, 1980, pp. 56-62, https://doi.org/10.1007/BF00987055.
23. Brant Pitre, *Jesus and the Last Supper* (Grand Rapids, MI: William B. Eerdmans Publishing Company, 2017).
24. Vanessa Van Edwards, "How to Pick the Right Seat in a Meeting EVERY Time", Science of People, 5 de março de 2020, www.scienceofpeople.com/seating-arrangement.
25. Karlton Lattimore, "The Effect of Seating Orientation and a Spatial Boundary on Students' Experience of Person-Centered Counseling" (tese de mestrado, Universidade Cornell, 19 de agosto de 2013), https://bit.ly/3VJWLxh.
26. Juliet Zhu e Jennifer Argo, "Exploring the Impact of Various Shaped Seating Arrangements on Persuasion", *Journal of Consumer Research*, 40, n. 2, agosto de 2013, pp. 336-49, https://doi.org/10.1086/670392.
27. Mark L. Knapp, Judith A. Hall e Terrence G. Horgan, *Nonverbal Communication in Human Interaction*, 8. ed. (Boston, Wadsworth: Cengage Learning, 2014).

28. Aeon, "How We Learn to Read Another's Mind by Looking into Their Eyes", PsyPost, 17 de julho de 2017, www.psypost.org/2017/07/learn-read-anothers-mind-looking-eyes-49330.
29. Tobias Grossmann, "The Eyes as Windows into Other Minds: An Integrative Perspective", *Perspectives on Psychological Science*, 12, n. 1, 2017, pp. 107-21, https://doi.org/10.1177/1745691616654457.
30. Sarah Jessen e Tobias Grossmann, "Unconscious Discrimination of Social Cues from Eye Whites in Infants", *PNAS*, 111, n. 45, 11 de novembro de 2014, pp. 16.208-13, https://doi.org/10.1073/pnas.1411333111.
31. P. J. Whalen *et al.*, "Human Amygdala Responsivity to Masked Fearful Eye Whites", *Science*, 306, n. 5704, 17 de dezembro de 2004, p. 2061, https://doi.org/10.1126/science.1103617.
32. Kai MacDonald, "Patient-Clinician Eye Contact: Social Neuroscience and Art of Clinical Engagement", *Postgraduate Medicine*, 121, n. 4, julho de 2009, pp. 136-44, https://doi.org/10.3810/pgm.2009.07.2039.
33. Universitaet Tübingen, "Tiny Eye Movements Highlight the World Around Us", PsyPost, 16 de julho de 2015, www.psypost.org/2015/07/tiny-eye-movements-highlight-the-world-around-us-35907.
34. Gregor Domes *et al.*, "Oxytocin Improves 'Mind-Reading' in Humans", *Biological Psychiatry*, 61, n. 6, 15 de março de 2007, pp. 731-3, https://doi.org/10.1016/j.biopsych.2006.07.015; Aeon, "How We Learn to Read Another's Mind by Looking into Their Eyes".
35. Takahiko Koike *et al.*, "Neural Substrates of Shared Attention as Social Memory: A Hyperscanning Functional Magnetic Resonance Imaging Study", *NeuroImage*, 125, 15 de janeiro de 2016, pp. 401-12, https://doi.org/10.1016/j.neuroimage.2015.09.076.
36. Steven Pace, "Gazing Up and to the Right of the Audience Gives a Heroic Impression", PsyPost, 18 de abril de 2016, www.psypost.org/2016/04/gazing-right-audience-gives-heroic-impression-42400.
37. University of Cambridge, "Eye Contact with Your Baby Helps Synchronize Your Brainwaves, Study Finds", PsyPost, 29 de novembro de 2017, www.psypost.org/2017/11/eye-contact-baby-helps-synchronize-brainwaves-study-finds-50285; Teresa Farroni, Gergely Csibra, Francesca Simion e Mark H. Johnson, "Eye Contact Detection in Humans from Birth", *PNAS*, 99, n. 14, 9 de julho de 2002, pp. 9602-5, https://doi.org/10.1073/pnas.152159999; Mary Jane Maguire-Fong, *Teaching and Learning with Infants and Toddlers: Where Meaning-Making Begins* (Nova York: Teachers College Press, 2015).
38. Hironori Akechi *et al.*, "Attention to Eye Contact in the West and East: Autonomic Responses and Evaluative Ratings", *PLoS ONE*, 8, n. 3, 13 de março de 2013, e59312, https://doi.org/10.1371/journal.pone.0059312.
39. Emily Shemanski, "Cultures Perceive Direct Eye Contact Differently", PsyPost, 22 de junho de 2015, www.psypost.org/2015/06/cultures-perceive-direct-eye-contact-differently-35291; Academia da Finlândia, "Personality Shapes the Way Our Brains React to Eye Contact", PsyPost, 6 de junho de 2015, www.psypost.org/2015/06/personality-shapes-the-way-our-brains-react-to-eye-contact-34929.

Capítulo 4: O fator Uau

1. Brooks Barnes, "Disneyland Map Is Headed to Auction", *New York Times*, 11 de maio de 2017, www.nytimes.com/2017/05/11/movies/walt-disney-hand-drawn-map-of-disneyland-is-headed-to-auction.html.
2. Brady MacDonald, "How Many People Will Disneyland Admit with Reduced Capacity?", *Orange County Register*, 14 de julho de 2020, www.ocregister.com/2020/07/14/how-many-people-will-disneyland-admit-with-reduced-capacity.
3. Disney Institute, *O jeito Disney de encantar os clientes*, ed. rev. (São José dos Campos: Benvirá, 2012).
4. Richard E. Nisbett e Timothy D. Wilson, "The Halo Effect: Evidence for Unconscious Alteration of Judgments", *Journal of Personality and Social Psychology*, 35, n. 4, 1977, pp. 250-6, https://doi.org/10.1037/0022-3514.35A250.
5. Camiel J. Beukeboom, "When Words Feel Right: How Affective Expressions of Listeners Change a

Speaker's Language Use", *European Journal of Social Psychology*, 39, n. 5, agosto de 2009, pp. 747-56, https://doi:10.1002/ejsp.572.
6. Emma Otta *et al.*, "The Effect of Smiling and of Head Tilting on Person Perception", *Journal of Psychology*, 128, n. 3, 1994, pp. 323-31, https://doi.org /10.1080/00223980.1994.9712736.
7. Otta *et al.*, "The Effect of Smiling and of Head Tilting on Person Perception".
8. Kimberly Schneiderman, "Using LinkedIn to Connect", *Career Planning and Adult Development Journal*, 32, n. 3, 2016, pp. 32-7, www.careerthoughtleaders.com/resources/Documents/Papers%20 and%20Journals/Journal%20Volume%2032,%20Number%203,%20FALL%202016%20Job%20Search%206.0%20(1).pdf.
9. Marco Costa, Marzia Menzani e Pio Enrico Ricci Bitti, "Head Canting in Paintings: An Historical Study", *Journal of Nonverbal Behavior*, 25, n. 1, março de 2001, pp. 63-73, https://doi.org/10.1023/A:1006737224617.
10. Otta *et al.*, "The Effect of Smiling and of Head Tilting on Person Perception".
11. Erving Goffman, "Gender Advertisements", *Studies in the Anthropology of Visual Communication*, 3, n. 2 (Filadélfia, Pensilvânia: Society for the Anthropology of Visual Communication, 1976).
12. Barry M. Bloom, "A-Rod Signals Support for Salary Cap Along with Mets Bid", *Sportico* (blog), 17 de julho de 2020, www.sportico.com/leagues/baseball/2020/a-rod-signals-support-for-salary-cap-along-with-mets-bid-1234609420.
13. "Eye to Eye: A-Rod Speaks Out", *60 Minutes*, 17 de dezembro de 2007, vídeo, 2:13, www.youtube.com/watch?v=oVcqLt9sJLs.
14. Jay Weaver, "Alex Rodriguez's DEA Confession: Yes, I Used Steroids from Fake Miami Doctor", *Miami Herald*, 5 de novembro de 2014, www.miamiherald.com/sports/mlb/article3578762.html.
15. Jolene Simpson, "Does Nodding Cause Contagious Agreement? The Influence of Juror Nodding on Perceptions of Expert Witness Testimony", dissertação de doutorado, University of Alabama, 2009, www.semanticscholar.org/paper/Does-nodding-cause-contagious-agreement%3Athe-of-on-Simpson/f1175810c56ddf6cf798cec9cf2c2935c9549fa9.
16. Marie Helweg-Larsen, Stephanie J. Cunningham, Amanda Carrico e Alison M. Pergram, "To Nod or Not to Nod: An Observational Study of Nonverbal Communication and Status in Female and Male College Students", *Psychology of Women Quarterly*, 28, n. 4, dezembro de 2004, pp. 358-61, https://doi.org/10.1111/j.1471-6402.2004.00152.x.
17. *Dating in the Dark Australia*, 1ª temporada, episódio 7, transmitido em 19 de janeiro de 2011 na emissora Fox8, vídeo, 43:51, www.youtube.com/watch?v=bHvNBMSPyss.
18. Karen L. Schmidt e Jeffrey F. Cohn, "Human Facial Expressions as Adaptations: Evolutionary Questions in Facial Expression Research", *American Journal of Physical Anthropology*, 116, n. S33, janeiro de 2001, pp. 3-24, https://doi.org/10.1002/ajpa.20001.
19. Chris Frith, "Role of Facial Expressions in Social Interactions", *Philosophical Transactions of the Royal Society B: Biological Sciences*, 364, n. 1535, 12 de dezembro de 2009, pp. 3453-8, https://doi.org/10.1098/rstb.2009.0142.
20. María L. Flecha-García, "Eyebrow Raises in Dialogue and Their Relation to Discourse Structure, Utterance Function and Pitch Accents in English", *Speech Communication*, 52, n. 6, 2010, pp. 542-54, https://doi.org/10.1016/j.specom.2009.12.003.
21. Karl Grammer *et al.*, "Patterns on the Face: The Eyebrow Flash in Cross-Cultural Comparison", *Ethology*, 77, n. 4, 1988, pp. 279-99, doi: 10.1111/j.1439-0310.1988.tb00211.x.
22. "Science and Communication: Alan Alda in Conversation with Neil deGrasse Tyson", 92nd Street Y, 8 de junho de 2017, vídeo, 36:54, www.youtube.com/watch?v=syIb73RQqVU.
23. Knapp *et al.*, *Nonverbal Communication in Human Interaction*.
24. Takashi Tsukiura e Roberto Cabeza, "Orbitofrontal and Hippocampal Contributions to Memory for Face-Name Associations: The Rewarding Power of a Smile", *Neuropsychologia*, 46, n. 9, 2008, pp. 2310-19, https://doi.org/10.1016/j.neuropsychologia.2008.03.013.

25. Beatrice Biancardi, Angelo Cafaro e Catherine Pelachaud, "Analyzing First Impressions of Warmth and Competence from Observable Nonverbal Cues in Expert-Novice Interactions", *ICMI 17: Proceedings of the 19th ACM International Conference on Multimodal Interaction*, novembro de 2017, pp. 341-9, https://doi.org/10.1145/3136755.3136779.

26. Simone Schnall e James Laird, "Keep Smiling: Enduring Effects of Facial Expressions and Postures on Emotional Experience and Memory", *Cognition and Emotion*, 17, n. 5, setembro de 2003, pp. 787-97, https://doi.org/10.1080/02699930302286.

27. Ron Gutman, "The Hidden Power of Smiling", filmado em março de 2011, vídeo TED, 7:10, www.ted.com/talks/ron-gutman-the-hidden-power-of-smiling.

28. Barbara Wild, Michael Erb e Mathias Bartels, "Are Emotions Contagious? Evoked Emotions While Viewing Emotionally Expressive Faces: Quality, Quantity, Time Course and Gender Differences", *Psychiatry Research*, 102, n. 2, julho de 2001, pp. 109-24, https://doi.org/10.1016/S0165-1781(01)00225-6.

29. Ulf Dimberg, Monika Thunberg e Kurt Elmehed, "Unconscious Facial Reactions to Emotional Facial Expressions", *Psychological Science*, 11, n. 1, janeiro de 2000, pp. 86-9, https://doi.org/10.1111/1467-9280.00221.

30. Laura E. Kurtz e Sara B. Algoe, "When Sharing a Laugh Means Sharing More: Testing the Role of Shared Laughter on Short-Term Interpersonal Consequences", *Journal of Nonverbal Behavior*, 41, n. 1, 1º de março de 2017, pp. 45-65, https://doi.org/10.1007/s109019-016-0245-9.

31. Marianne Sonnby-Borgstrom, "Automatic Mimicry Reactions as Related to Differences in Emotional Empathy", *Scandinavian Journal of Psychology*, 43, n. 5, dezembro de 2002, pp. 433-43, https://doi.org/10.1111/1467-9450.00312.

32. Scott Cacciola, "Dallas's Secret Weapon: High Fives", *Wall Street Journal*, 9 de junho de 2011, https://online.wsj.com/article/SB1000 1424052702304392704576373641168929846.html.

33. Paul J. Zak, *The Moral Molecule: The Source of Love and Prosperity* (Nova York: Dutton, 2012).

34. Alberto Gallace e Charles Spence, "The Science of Interpersonal Touch: An Overview", *Neuroscience & Biobehavioral Reviews*, 34, n. 2, 2010, pp. 246-59, https://doi.org/10.1016/jmeubiorev.2008.10.004.

35. L. Gebauer *et al.*, "Oxytocin Improves Synchronisation in Leader-Follower Interaction", *Scientific Reports*, 6, n. 1, 8 de dezembro de 2016, pp. 38416, https://doi.org/10.1038/srep38416.

36. Michael Lynn, Joseph-Mykal Le e David S. Sherwyn, "Reach Out and Touch Your Customers", *Cornell Hospitality Quarterly*, 39, n. 3, 1º de junho de 1998, pp. 60-5, https://doi.org/10.1177/001088049803900312.

37. Martin S. Remland, Tricia S. Jones e Heidi Brinkman, "Proxemic and Haptic Behavior in Three European Countries", *Journal of Nonverbal Behavior*, 15, n. 4, dezembro de 1991, pp. 215-32, https://doi.org/10.1007/BF00986923.

38. Erwan Codrons, Nicolo F. Bernardi, Matteo Vandoni e Luciano Bernardi, "Spontaneous Group Synchronization of Movements and Respiratory Rhythms", *PLoS ONE*, 9, n. 9, 12 de setembro de 2014, e107538, https://doi.org/10.1371/journal.pone.0107538; Tamami Nakano e Shigeru Kitazawa, "Eyeblink Entrainment at Breakpoints of Speech", *Experimental Brain Research*, 205, n. 4, 2010, pp. 577-81, https://doi.org/10.1007/s00221-010-2387-z.

39. Pentland, *Honest Signals*.

40. Ap Dijksterhuis, Pamela K. Smith, Rick B. van Baaren e Daniel H. J. Wigboldus, "The Unconscious Consumer: Effects of Environment on Consumer Behavior", *Journal of Consumer Psychology*, 15, n. 3, dezembro de 2005, pp. 193-202, https://doi.org/10.1207/s15327663jcp1503-3.

41. Robert W. Levenson e Anna M. Ruef, "Empathy: A Physiological Substrate", *Journal of Personality and Social Psychology*, 63, n. 2, agosto de 1992, pp. 234-46, https://doi.org/10.1037/0022-3514.63.2.234.

Capítulo 5: Como parecer poderoso

1. "The Kennedy-Nixon Debates", History, atualizado em 10 de junho de 2019, www.history.com/topics/us-presidents/kennedy-nixon-debates.
2. "The Kennedy-Nixon Debates".
3. Bill Newcott, "Behind the Scenes of the First Televised Presidential Debates 60 Years Ago", *National Geographic*, 25 de setembro de 2020, www.nationalgeographic.com/history/article/behind-scenes-first-televised-presidential-debates-nixon-jfk-1960.
4. Tanya Vacharkulksemsuk *et al.*, "Dominant, Open Nonverbal Displays Are Attractive at Zero-Acquaintance", *PNAS*, 113, n. 15, 12 de abril de 2016, pp. 4009-14, https://doi.org/10.1073/pnas.1508932113.
5. Dana R. Carney, "The Nonverbal Expression of Power, Status, and Dominance", *Current Opinion in Psychology*, 33, junho de 2020, pp. 256-64, https://doi.org/10.1016/j.copsyc.2019.12.004.
6. John H. Riskind e Carolyn C. Gotay, "Physical Posture: Could It Have Regulatory or Feedback Effects on Motivation and Emotion?", *Motivation and Emotion*, 6, n. 3, setembro de 1982, pp. 273-98, https://doi.org/10.1007/BF00992249.
7. Maarten W. Bos e Amy J. C. Cuddy, "iPosture: The Size of Electronic Consumer Devices Affects Our Behavior", Harvard Business School, *Working Paper 13-097*, 20 de maio de 2013, https://dash.harvard.edu/handle/U10646419.
8. Daniel H. Lee e Adam K. Anderson, "Reading What the Mind Thinks from How the Eye Sees", *Psychological Science*, 28, n. 4, fevereiro de 2017, pp. 494-503, https://doi.org/10.1177/0956797616687364.
9. Fiona Ellis, "Will Ferrell: The Zoolander Look Was a Blue Steel from Pierce Brosnan", *Irish Sun*, 13 de fevereiro de 2016, www.thesun.ie/archives/bizarre/142684/will-ferrell-the-zoolander-look-was-a-blue-steel-from-pierce-brosnan.
10. Linda Talley e Samuel Temple, "Silent Hands: A Leader's Ability to Create Nonverbal Immediacy", *Journal of Social, Behavioral, & Health Sciences*, 12, n. 1, 2018, https://doi.org/10.5590/JSBHS.2018.12.1.09.
11. Andrew J. Hale *et al.*, "Twelve Tips for Effective Body Language for Medical Educators", *Medical Teacher*, 39, n. 9, 14 de maio de 2017, pp. 914-9, https://doi.org/10.1080/0142159X.2017.1324140.
12. "2018 PokerStars Caribbean Adventure: $1,650 National Championship", PokerNews, 9 de janeiro de 2018, www.pokernews.com/tours/pca/2018-pca/1650-no-limit-holdem; Maria Konnikova, *The Biggest Bluff: How I Learned to Pay Attention, Master Myself, and Win* (Nova York: Penguin Press, 2020).
13. Linda Talley e Samuel Temple, "How Leaders Influence Followers Through the Use of Nonverbal Communication", *Leadership & Organization Development Journal*, 36, n. 1, março de 2015, pp. 69-80, https://doi.org/10.1108/LODJ-07-2013-0107.
14. Stephen Porter e Mary Ann Campbell, "A. Vrij, Detecting Lies and Deceit: The Psychology of Lying and Implications for Professional Practice", *Expert Evidence*, 7, n. 3, 1999, pp. 227-32, https://doi.org/10.1023/A:1008978705657.
15. Geoffrey Beattie, *Visible Thought: The New Psychology of Body Language* (Londres: Routledge, 2003).
16. William Harms, "Susan Goldin-Meadow on What Gesture Says about How Our Minds Work", American Association for the Advancement of Science, 27 de outubro de 2014, www.aaas.org/susan-goldin-meadow-what-gesture-says-about-how-our-minds-work.
17. Allan Pease e Barbara Pease, *Desvendando os segredos da linguagem corporal* (Rio de Janeiro: Sextante, 2005).
18. Susan Goldin-Meadow, *Hearing Gesture: How Our Hands Help Us Think* (Cambridge, MA: Harvard University Press, 2003).
19. Beattie, *Visible Thought*; David McNeill e Elena T. Levy, "Conceptual Representations in Language Activity and Gesture", em *Speech, Place, and Action: Studies in Deixis and Related Topics*, Robert J.

Jarvella e Wolfgang Klein (orgs.) (Nova York: John Wiley & Sons, 1982), pp. 271-95; Geoffrey Beattie e Heather Shovelton, "What Properties of Talk Are Associated with the Generation of Spontaneous Iconic Hand Gestures?", *British Journal of Social Psychology*, 41, n. 3, outubro de 2002, pp. 403-17, https://doi.org/10.1348/014466602760344287.

20. Beattie, *Visible Thought*; McNeill e Levy, "Conceptual Representations in Language Activity and Gesture"; Beattie e Shovelton, "What Properties of Talk Are Associated with the Generation of Spontaneous Iconic Hand Gestures?"

21. "Eva Peron's Final Speech (1951)", YouTube, 2 de abril de 2012, vídeo, 1:38, www.youtube.com/watch?v=Dr7ymWtnHWc.

22. Daniel J. Siegel, *Mindsight: The New Science of Personal Transformation* (Nova York: Bantam Books, 2010).

23. Vanessa Van Edwards, "How to Get Someone to Stop Talking to You, Nicely", Science of People, 30 de junho de 2017, www.scienceofpeople.com/stop-talking.

24. Annick Darioly e Marianne Schmid Mast, "The Role of Nonverbal Behavior for Leadership: An Integrative Review", em *Leader Interpersonal and Influence Skills: The Soft Skills of Leadership*, Ronald E. Riggio e Sherylle J. Tan (orgs.)(Londres, Routledge, 2014), pp. 73-100.

Capítulo 6: Como identificar "vilões"... e não ser um deles

1. "'2005: Lance Armstrong Denies Doping", *Larry King Live*, CNN, transmitido em 25 de agosto de 2005, vídeo, 2:10, www.cnn.com/videos/sports/2011/05/20/vault.2005.lkl.armstrong.cnn.

2. David DeSteno *et al.*, "Detecting the Trustworthiness of Novel Partners in Economic Exchange", *Psychological Science*, 23, n. 12, novembro de 2012, pp. 1549-56, https://doi.org/10.1177/0956797612448793.

3. "Richard Nixon Associated Press Q and A Session 1973", Buyout Footage Historic Film Archive, vídeo. Citação em 35:08, www.youtube.com/watch?v=NqPAixaBFOQ.

4. Nalini Ambady, Jasook Koo, Robert Rosenthal e Carol H. Winograd, "Physical Therapists' Nonverbal Communication Predicts Geriatric Patients' Health Outcomes", *Psychology and Aging*, 17, n. 3, setembro de 2002, pp. 443-52, https://doi.org/10.1037/0882-7974.17.3.443.

5. James A. Roberts e Meredith E. Daniel, "Put Down Your Phone and Listen to Me: How Boss Phubbing Undermines the Psychological Conditions Necessary for Employee Engagement", *Computers in Human Behavior*, 75, 2017, pp. 206-17, https://doi.org/10.1016/j.chb.2017.05.021; Beth Elwood, "'Phubbing' Study Finds Ignoring Others for Your Phone Screen Is Linked to Increased Anxiety and Depression", PsyPost, 27 de abril de 2020, www.psypost.org/2020/04/phubbing-study-finds-ignoring--others-for-your-phone-screen-is-linked-to-increased-anxiety-and-depression-56624.

6. Severine Koch, Rob W. Holland, Maikel Hengstler e Ad van Knippenberg, "Body Locomotion as Regulatory Process: Stepping Backward Enhances Cognitive Control", *Psychological Science*, 20, n. 5, maio de 2009, pp. 549-50, https://doi.org/10.1111/j.1467-9280.2009.02342.x.

7. "Dateline Special Interview with Britney Spears, Part 02", *Dateline*, NBC, transmitido em 15 de junho de 2006, vídeo. 9:49, www.youtube.com/watch?v=-Q8dFKDeNjg.

8. Elizabeth G. Shreve, Jinni A. Harrigan, John R. Kues e Denise K. Kagas, "Nonverbal Expressions of Anxiety in PhysicianPatient Interactions", *Psychiatry*, 51, n. 4, dezembro de 1988, pp. 378-84, https://doi.org/10.1080/00332747.1988.11024414.

9. John A. Daly *et al.*, "Sex and Relationship Affect Social Self-Grooming", *Journal of Nonverbal Behavior*, 7, n. 3, 1983, pp. 183-9, https://doi.org/10.1007/BF00986949.

10. Lee Moran, " 'Pinocchio Effect': Lying Sends Nose-Tip Temperature Soaring, but Size Unchanged: Scientists", *New York Daily News*, 24 de novembro de 2012, www.nydailynews.com/life-style/health/pinocchio-effect-lying-sends-nose-tip-temperature-soaring-scientists-article-1.1206872.

11. A. R. Hirsch e C. J. Wolf, "Practical Methods for Detecting Mendacity: A Case Study", *Journal of* *the American Academy of Psychiatry and the Law*, 29, n. 4, dezembro de 2001, pp. 438-44, http://jaapl.org/content/29/4/438.

12. Jehanne Almerigogna, James Ost, Lucy Akehurst e Mike Fluck, "How Interviewers' Nonverbal Behaviors Can Affect Children's Perceptions and Suggestibility", *Journal of Experimental Child Psychology*, 100, n. 1, 1º de maio de 2008, pp. 17-39, https://doi.org/10.1016/j.jecp.2008.01.006; Erin A. Heerey e Ann M. Kring, "Interpersonal Consequences of Social Anxiety", *Journal of Abnormal Psychology*, 116, n. 1, março de 2007, pp. 125-34, https://doi.org/10.1037/0021-843X.116.1.125; Randall A. Gordon, Daniel Druckman, Richard M. Rozelle e James C. Baxter, "Non-Verbal Behaviour as Communication: Approaches, Issues, and Research", em *The Handbook of Communication Skills*, 3ª ed., Owen Hargie (org.)(Londres: Routledge, 2006), pp. 73-120, www.routledgehandbooks.com/doi/10.43 24/9781315436135-4.

13. Tony W. Buchanan, Christina N. White, Mary Kralemann e Stephanie D. Preston, "The Contagion of Physiological Stress: Causes and Consequences", *European Journal of Psychotraumatology*, 3, 10 de setembro de 2012, https://doi.org/10.3402/ejpt.v3i0.19380.

14. "How to Conquer Your Fears with Kindness", Vanessa Van Edwards, 11 de novembro de 2016, vídeo. 8:15, www.youtube.com/watch?v=l8ByY5-Po50.

15. Katherine Gould, "The Vagus Nerve: Your Body's Communication Superhighway", Live Science, 12 de novembro de 2019, www.livescience.com/vagus-nerve.html.

16. Donald R. Meyer, Harry P. Bahrick e Paul M. Fitts, "Incentive, Anxiety, and the Human Blink Rate", *Journal of Experimental Psychology*, 45, n. 3, março de 1953, pp. 183-87, https://doi.org/10.1037/h0058609.

17. "Brain's Punctuation Marks: Blink Research Pioneer Says We Don't Blink at Random", *Washington University Record*, 4 de fevereiro de 1988, https://digitalcommons.wustl.edu/record/433.

18. "Ashton Kutcher vs. Allen Iverson, Jermaine O'Neal, George Lopez & Tyrese | Punk'd", *Punk'd*, 5ª temporada, episódio 2, transmitido em 3 de julho de 2005 pela MTV, vídeo. 19:19, www.youtube.com/watchPvHdP0O9GXCUE.

19. Jason P. Martens, Jessica L. Tracy e Azim F. Shariff, "Status Signals: Adaptive Benefits of Displaying and Observing the Nonverbal Expressions of Pride and Shame", *Cognition & Emotion*, 26, n. 3, abril de 2012, pp. 390-406, https://doi.org/10.1080/02699931.2011.645281; Carlos F. Benitez-Quiroz, Ramprakash Srinivasan e Aleix M. Martinez, "Facial Color Is an Efficient Mechanism to Visually Transmit Emotion", *PNAS*, 115, n. 14, 3 de abril de 2018, pp. 3581-6, https://doi.org/10.1073/pnas.1716084115.

20. Pentland, *Honest Signals*.

21. Chris Frith, "Role of Facial Expressions in Social Interactions", *Philosophical Transactions of the Royal Society B: Biological Sciences*, 364, n. 1535, 12 de dezembro de 2009, pp. 3453-8, https://doi.org/10.1098/rstb.2009.0142.

22. Andrew N. Meltzoff, "'Like Me': A Foundation for Social Cognition", *Developmental Science*, 10, n. 1, fevereiro de 2007, pp. 126-34, https://doi.org/10.1111/j.1467-7687.2007.00574.x.

23. Sandra E. Duclos e James D. Laird, "The Deliberate Control of Emotional Experience Through Control of Expressions", *Cognition & Emotion*, 15, n. 1, 2001, pp. 27-56, https://doi.org/10.1080/02699930126057.

24. Michael B. Lewis e Patrick J. Bowler, "Botulinum Toxin Cosmetic Therapy Correlates with a More Positive Mood", *Journal of Cosmetic Dermatology*, 8, n. 1, março de 2009, pp. 24-6, https://doi.org/10.1111/j.1473-2165.2009.00419.x.

25. Daniele Marzoli *et al.*, "Sun-Induced Frowning Fosters Aggressive Feelings", *Cognition & Emotion*, 27, n. 8, 2013, pp. 1513-21, https://doi.org/10.1080/02699931.2013.801338.

26. Drew Westen, *The Political Brain: The Role of Emotion in Deciding the Fate of the Nation* (Nova York: PublicAffairs, 2008).

27. "George W.'s Smirk: A Chatterbox Investigation", *Slate*, 8 de dezembro de 1999, https://slate.com/news-and-politics/1999/12/george-w-s-smirk-a-chatterbox-investigation.html.

28. Linda Talley e Samuel Temple, "How Leaders Influence Followers Through the Use of Nonverbal

Communication", *Leadership & Organization Development Journal*, 36, n. 1, março de 2015, pp. 69-80, https://doi.org/10.1108/LODJ-07-2013-0107.
29. Aaron Sell, Leda Cosmides e John Tooby, "The Human Anger Face Evolved to Enhance Cues of Strength", *Evolution and Human Behavior*, 35, n. 5, maio de 2014, pp. 425-9, https://doi.org/10.1016/j.evol humbehav.2014.05.008.
30. John M. Gottman, "A Theory of Marital Dissolution and Stability", *Journal of Family Psychology*, 7, n. 1, 1993, pp. 57-75, https://doi.org/10.1037/0893-3200.7.1.57; John M. Gottman, *What Predicts Divorce? The Relationship Between Marital Processes and Marital Outcomes* (Hove, Reino Unido, Psychology Press, 2014; https://doi.org/10.4324/9781315806808); John M. Gottman e Robert Wayne Levenson, "How Stable Is Marital Interaction Over Time?", *Family Process*, 38, n. 2, junho de 1999, pp. 159-65, https://doi.org/10.1111/j.1545-5300.1999.00159.x.
31. Paul Ekman e Wallace V. Friesen, *Unmaking the Face: A Guide to Recognizing Emotions from Facial Clues* (Nova York: Prentice-Hall, 1975).
32. Lisa Feldman Barrett e Elizabeth A. Kensinger, "Context Is Routinely Encoded During Emotion Perception", *Psychological Science*, 21, n. 4, abril de 2010, pp. 595-9, https://doi.org/10.1177/0956797610363547.
33. Naomi B. Rothman e Gregory B. Northcraft, "Unlocking Integrative Potential: Expressed Emotional Ambivalence and Negotiation Outcomes", *Organizational Behavior and Human Decision Processes*, 126, janeiro de 2015, pp. 65-76, https://doi.org/10.1016/j.obhdp.2014.10.005.
34. Barrett e Kensinger, "Context Is Routinely Encoded During Emotion Perception".
35. Gordon, Druckman, Rozelle, Baxter, "Non-Verbal Behaviour as Communication".

Capítulo 7: Soe poderoso

1. *Love Is Blind*, 1ª temporada, episódio 1, "Is Love Blind?", lançado em 13 de fevereiro de 2020 na Netflix, www.netflix.com/title/80996601.
2. Anna Oleszkiewicz, Katarzyna Pisanski, Kinga Lachowicz-Tabaczek e Agnieszka Sorokowska, "Voice-Based Assessments of Trustworthiness, Competence, and Warmth in Blind and Sighted Adults", *Psychonomic Bulletin & Review*, 24, n. 3, junho de 2017, pp. 856-62, https://doi.org/10.3758/s13423-016-1146-y.
3. William J. Mayew e Mohan Venkatachalam, "The Power of Voice: Managerial Affective States and Future Firm Performance", *Journal of Finance*, 67, n. 1, janeiro de 2012, pp. 1-43, https://doi.org/10.1111/j.1540-6261.2011.01705.x.
4. Pavel Sebesta, Vit Trebicky, Jitka Fialova e Jan Havlicek, "Roar of a Champion: Loudness and Voice Pitch Predict Perceived Fighting Ability but Not Success in MMA Fighters", *Frontiers in Psychology*, 10, abril de 2019, p. 859, https://doi.org/10.3389/fpsyg.2019.00859.
5. Nalini Ambady *et al.*, "Surgeons' Tone of Voice: A Clue to Malpractice History", *Surgery*, 132, n. 1, julho de 2002, pp. 5-9, https://doi.org/10.1067/msy.2002.124733.
6. Alan Alda e Betty White, "Betty White and Alan Alda Fall Desperately in Love", *Clear+Vivid with Alan Alda*, podcast, 40:00, https://omny.fm/shows/clear-vivid-with-alan-alda/betty-white-and-alan-alda-fall-desperately-in-love.
7. Gina Villar, Joanne Arciuli e Helen Paterson, "Vocal Pitch Production During Lying: Beliefs about Deception Matter", *Psychiatry, Psychology and Law*, 20, n. 1, fevereiro de 2013, pp. 123-32, https://doi.org/10.1080/13218719.2011.633320.
8. Timothy DeGroot e Stephan J. Motowidlo, "Why Visual and Vocal Interview Cues Can Affect Interviewers' Judgments and Predict Job Performance", *Journal of Applied Psychology*, 84, n. 6, dezembro de 1999, pp. 986-93, https://doi.org/10.1037/0021-9010.84.6.986; Timothy DeGroot, Federico Aime, Scott G. Johnson e Donald Kluemper, "Does Talking the Talk Help Walking the Walk? An Examination of the Effect of Vocal Attractiveness in Leader Effectiveness", *Leadership Quarterly*, 22, n. 4, 2011, pp. 680-9, https://doi.org/10.1016/j.jdeaqua.2011.05.008.

9. L. A. McCoy, "The Power of Your Vocal Image", *Journal of the Canadian Dental Association*, 62, n. 3, março de 1996, pp. 231-4.
10. Villar, Arciuli e Paterson, "Vocal Pitch Production During Lying".
11. J. J. Kevin Nugent *et al.*, *Understanding Newborn Behavior and Early Relationships* (Baltimore: Brookes Publishing, 2007).
12. Eric Bucy, "Nonverbal Cues", em *The International Encyclopedia of Media Effects*, Patrick Rossler, Cynthia A. Hoffner e Liesbet van Zoonen (orgs.)(West Sussex, Reino Unido, John Wiley & Sons, 2017); Casey A. Klofstad, Rindy C. Anderson e Stephen Nowicki, "Perceptions of Competence, Strength, and Age Influence Voters to Select Leaders with Lower-Pitched Voices", *PLoS ONE*, 10, n. 8, 7 de agosto de 2015, e013377, https://doi.org/10.1371/journal.pone.0133779.
13. Marielle Stel *et al.*, "Lowering the Pitch of Your Voice Makes You Feel More Powerful and Think More Abstractly", *Social Psychological and Personality Science*, 3, n. 4, julho de 2012, pp. 497-502, https://doi.org/10.1177/1948550611427610.
14. Katie Heaney, "What Kind of Person Fakes Their Voice?", *The Cut*, 21 de março de 2019, www.thecut.com/2019/03/why-did-elizabeth-holmes-use-a-fake-deep-voice.html.
15. Michel Belyk e Steven Brown, "Perception of Affective and Linguistic Prosody: An ALE Meta-Analysis of Neuroimaging Studies", *Social Cognitive and Affective Neuroscience*, 9, n. 9, 2014, pp. 1395-403, https://doi.org/10.1093/scan/nst124.
16. "The Unstoppable March of the Upward Inflection?", *BBC News*, 11 de agosto de 2014, www.bbc.com/news/magazine-28708526.
17. Villar, Arciuli e Paterson, "Vocal Pitch Production During Lying".
18. "Vocal Fry: What It Is and How to Get Rid of It", Science of People, 14 de setembro de 2018, www.scienceofpeople.com/vocal-fry.
19. Rindy C. Anderson, Casey A. Klofstad, William J. Mayew e Mohan Venkatachalam, "Vocal Fry May Undermine the Success of Young Women in the Labor Market", *PLoS ONE*9, n. 5, 28 de maio de 2014, e97506, https://doi.org/10.1371/journal.pone.0097506; Lesley Wolk, Nassima B. Abdelli-Beruh e Dianne Slavin, "Habitual Use of Vocal Fry in Young Adult Female Speakers", *Journal of Voice*, 26, n. 3, maio de 2012, e111-16, https://doi.org/10.1016/j.jvoice.2011.04.007.
20. Laetitia Bruckert *et al.*, "Vocal Attractiveness Increases by Averaging", *Current Biology*, 20, n. 2, janeiro de 2010, pp. 116-20, https://doi.org/10.1016/j.cub.2009.11.034.
21. Alex B. Van Zant e Jonah Berger, "How the Voice Persuades", *Journal of Personality and Social Psychology*, 118, n. 4, abril de 2020, pp. 661-82, https://doi.org/10.1037/pspi0000193.
22. Rachel Hosie, "Study Reveals the Most Annoying Filler Words British People Use", *The Independent*, 26 de setembro de 2018, www.independent.co.uk/life-style/uk-british-slang-urban-dictionary-filler-words-a8555681.html.
23. Universidade de Gotemburgo, "Pauses Can Make or Break a Conversation", PsyPost, 30 de setembro de 2015, www.psypost.org/2015/09/pauses-can-make-or-break-a-conversation-38070.
24. Brown University, "Whether Our Speech Is Fast or Slow, We Say about the Same", PsyPost, 17 de janeiro de 2017, www.psypost.org/2017/01/whether-speech-fast-slow-say-46941.
25. Abdullah A. Khuwaileh, "The Role of Chunks, Phrases and Body Language in Understanding Co-Ordinated Academic Lectures", *System*, 27, n. 2, 1999, pp. 249-60, https://doi.org/10.1016/S0346-251X(99)00019-6.
26. Andrew J. Hale *et al.*, "Twelve Tips for Effective Body Language for Medical Educators", *Medical Teacher*, 39, n. 9, 14 de maio de 2017, pp. 914-9, https://doi.org/10.1080/0142159X.2017.1324140.
27. University of Chicago Booth School of Business, "The Sound of Intellect: Job Seeker's Voice Reveals Intelligence", PsyPost, 21 de fevereiro de 2015, www.psypost.org/2015/02/the-sound-of-intellect-job-seekers-voice-reveals-intelligence-31900.

Capítulo 8: Simpatia vocal

1. Max Fisher, "'Irony Lady': How a Moscow Propagandist Gave Margaret Thatcher Her Famous Nickname", *Washington Post*, 8 de abril de 2013, www.washingtonpost.com/news/worldviews/wp/2013/04/08/irony-lady-how-a-moscow-propagandist-gave-margaret-thatcher-her-famous-nickname.
2. Anne Karpf, *The Human Voice: The Story of a Remarkable Talent* (Londres: Bloomsbury, 2006).
3. "Question Time", Parlamento Britânico, acessado em 16 de setembro de 2021, www.parliament.uk/about/how/business/questions.
4. Karpf, *The Human Voice*.
5. Xiaoming Jiang e Marc D. Pell, "On How the Brain Decodes Vocal Cues about Speaker Confidence", *Cortex* 66, 1º de maio de 2015, pp. 9-34, https://doi.org/10.1016/fcortex.2015.02.002.
6. "How to Speak with Confidence and Sound Better", Science of People, 20 de abril de 2020, www.scienceofpeople.com/speak-with-confidence.
7. Steve Ayan, "Nine Things You Don't Know about Yourself", *Greater Good*, 4 de junho de 2018, https://greatergood.berkeley.edu/article/item/nine–things–you–dont–know–about–yourself; Rebecca Kleinberger, "Why You Don't Like the Sound of Your Own Voice", filmado em novembro de 2017, vídeo TED. 12:42, www.youtube.com/watch?v=g3vSYbT1Aco.
8. Christer Gobl e Ailbhe Ni Chasaide, "The Role of Voice Quality in Communicating Emotion, Mood and Attitude", *Speech Communication*, 40, n. 1-2, abril de 2003, pp. 189-212, https://doi.org/10.1016/S0167-6393(02)00082-1; McGill University, "Human Sounds Convey Emotions Clearer and Faster Than Words", PsyPost, 18 de janeiro de 2016, www.psypost.org/2016/01/human-sounds-convey-emotions-clearer-and-faster-than-words-40283.
9. Springer Select, "Words Have Feelings", PsyPost, 12 de dezembro de 2012, www.psypost.org/2012/12/words-have-feelings-15507.
10. Fergus Lyon, Guido Mollering e Mark Saunders, *Handbook of Research Methods on Trust*, 2. ed. (Northampton, Massachusetts, Edward Elgar Publishing, 2016).
11. Matt Abrahams, "A Big Data Approach to Public Speaking", Stanford Graduate School of Business, 4 de abril de 2016, www.gsb.stanford.edu/insights/big-data-approach-public-speaking.
12. Jared R. Curhan e Alex Pentland, "Thin Slices of Negotiation: Predicting Outcomes from Conversational Dynamics Within the First 5 Minutes", *Journal of Applied Psychology*, 92, n. 3, junho de 2007, pp. 802-11, https://doi.org/10.1037/0021-9010.92.3.802.
13. Rebecca K. Ivic e Robert J. Green, "Developing Charismatic Delivery Through Transformational Presentations: Modeling the Persona of Steve Jobs", *Communication Teacher*, 26, n. 2, janeiro de 2012, pp. 65-8, https://doi.org/10.1080/17404622.2011.643808.
14. Vanessa Van Edwards, "5 Vocal Warm Ups Before Meetings, Speeches and Presentations", Science of People, 25 de janeiro de 2019, www.scienceofpeople.com/vocal-warm-ups.

Capítulo 9: Como se comunicar com carisma

1. Frank Luntz, *Palavras que funcionam* (Rio de Janeiro: Alta Books, 2013).
2. Adam L. Penenberg, "PS: I Love You. Get Your Free Email at Hotmail", *TechCrunch*, 18 de outubro de 2009, https://social.techcrunch.com/2009/10/18/ps-i-love-you-get-your-free-email-at-hotmail.
3. Varda Liberman, Steven M. Samuels e Lee Ross, "The Name of the Game: Predictive Power of Reputations versus Situational Labels in Determining Prisoner's Dilemma Game Moves", *Personality and Social Psychology Bulletin*, 30, n. 9, outubro de 2004, pp. 1175-85, https://doi.org/10.1177/0146167204264004.
4. Penn State, "Emoticons May Signal Better Customer Service", PsyPost, 21 de maio de 2015, www.psypost.org/2015/05/emoticons-may-signal-better-customer-service-34525.

5. Roderick I. Swaab, William W. Maddux e Marwan Sinaceur, "Early Words That Work: When and How Virtual Linguistic Mimicry Facilitates Negotiation Outcomes", *Journal of Experimental Social Psychology*, 47, n. 3, maio de 2011, pp. 616-21, https://doi.org/10.1016/j.jesp.2011.01.005.
6. Kate Muir *et al.*, "When Asking 'What' and 'How' Helps You Win: Mimicry of Interrogative Terms Facilitates Successful Online Negotiations", *Negotiation and Conflict Management Research*, 14, n. 2, 2021, https://doi.org/10.1111/ncmr.12179.
7. "Jennifer Aniston's First Text During Her Plane Scare Was from Ellen", *Ellen DeGeneres Show*, NBC, transmitido em 5 de junho de 2019, vídeo. 6:48, www.youtube.com/watch?v=NUjlpiEF9DE.
8. Lisa A. Williams e Monica Y. Bartlett, "Warm Thanks: Gratitude Expression Facilitates Social Affiliation in New Relationships via Perceived Warmth", *Emotion*, 15, n. 1, fevereiro de 2015, pp. 1-5, https://doi.org/10.1037/emo0000017.

Capítulo 10: Como criar uma presença visual poderosa

1. Richard E. Nisbett and Timothy D. Wilson, "Telling More Than We Can Know: Verbal Reports on Mental Processes", *Psychological Review* 84, n. 3, março de 1977, pp. 231-59, https://doi.org/10.1037/0033-295X.84.3.231.
2. Allan M. Collins e Elizabeth F. Loftus, "A SpreadingActivation Theory of Semantic Processing", *Psychological Review* 82, n. 6, novembro de 1975, pp. 407-28, https://doi.org/10.1037/0033-295X.82.6.407.
3. Rebecca Adams, "The Story of How Two Candy Lovers Found Business Partners (and Love) on Match.com", *HuffPost*, 28 de abril de 2014, www.huffpost.com/entry/sugarfina-candy-n-5191870.
4. Elisabeth Donahue, "Font Focus: Making Ideas Harder to Read May Make Them Easier to Retain", Princeton University, 28 de outubro de 2010, www.princeton.edu/news/2010/10/28/font-focus--making-ideas-harder-read-may-make-them-easier-retain; Aditya Shukla, "Font Psychology: New Research & Practical Insights", *Cognition Today*, 28 de maio de 2018, https://cognitiontoday.com/font-psychology-research-and-application.
5. Connor Diemand-Yauman, Daniel M. Oppenheimer e Erikka B. Vaughan, "Fortune Favors the **Bold** (*and the Italicized*). Effects of Disfluency on Educational Outcomes", *Cognition* 118, n. 1, 2011, pp. 111-5, https://doi.org/10.1016/j.cognition.2010.09.012.
6. Joshua M. Ackerman, Christopher C. Nocera e John A. Bargh, "Incidental Haptic Sensations Influence Social Judgments and Decisions", *Science*, 328, n. 5986, 25 de junho de 2010, pp. 1712-5, https://doi.org/10.1126/science.1189993.
7. Eric W. Dolan, "Cold Temperatures Make People Cold-Hearted, Study on Moral Judgments Finds", PsyPost, 8 de outubro de 2014, www.psypost.org/2014/10/cold-temperatures-make-people-cold--hearted-study-moral-judgments-finds-28614.
8. Judith Simon Prager e Judith Acosta, *Verbal First Aid: Help Your Kids Heal from Fear and Pain – and Come Out Strong* (Nova York, Berkley Books, 2010), p. 13.
9. Anne Trafton, "In the Blink of an Eye", MIT News, 16 de janeiro de 2014, https://news.mit.edu/2014/in-the-blink-of-an-eye-0116.
10. Robert B. Cialdini, *Pré-suasão: A influência começa antes mesmo da primeira palavra* (Rio de Janeiro: Sextante, 2017).
11. Elizabeth Segran, "Netflix Knows Which Pictures You'll Click On – and Why", *Fast Company*, 3 de maio de 2016, www.fastcompany.com/3059450/netflix-knows-which-pictures-youll-click-on-and-why.
12. "Kevin Hart on Quarantine with Pregnant Wife & Backyard Camping with Kids", *Jimmy Kimmel Live*, ABC, 22 de maio de 2020, vídeo. 6:44, www.youtube.com/watch?v=WzpXypS1ihs.
13. Richard E. Mayer, "Applying the Science of Learning: Evidence-Based Principles for the Design of Multimedia Instruction", *American Psychologist*, 63, n. 8, novembro de 2008, pp. 760-9, https://doi.org/10.1037/0003-066X.63.8.760.

14. James C. Humes, *Speak Like Churchill, Stand Like Lincoln: 21 Powerful Secrets of History's Greatest Speakers* (Nova York, Crown, 2002).
15. Johanna Neuman, "Robert Byrd Dies at 92; U.S. Senator from West Virginia", *Los Angeles Times*, 29 de junho de 2010, www.latimes.com/archives/la-xpm-2010-jun-29-la-me-byrd-20100628-story.html.
16. Travis J. Carter, Melissa J. Ferguson e Ran R. Hassin, "A Single Exposure to the American Flag Shifts Support Toward Republicanism up to 8 Months Later", *Psychological Science*, 22, n. 8, julho de 2011, pp. 1011-8, https://doi.org/10.1177/0956797611414726.
17. "Lee Tomlinson – Cancer Survivor Sparking the C.A.R.E. Effect Movement", discurso no Eagles Talent Speakers Bureau, 23 de fevereiro de 2018, vídeo. 3:33, www.youtube.com/watch?v=-48DHHBTljA4.
18. Eric W. Dolan, "Women Rate Men as Less Masculine and Less Dateable When They've Got a Cat in Their Lap", PsyPost, 19 de agosto de 2020, www.psypost.org/2020/08/women-rate-men-as-less--masculine-and-less-dateable-when-theyve-got-a-cat-in-their-lap-57738.
19. Darren Bridger, *Neuromarketing: como a neurociência aliada ao design pode aumentar o engajamento e a influência sobre os consumidores* (São Paulo: Autêntica Business, 2018).
20. Satyendra Singh, "Impact of Color on Marketing", *Management Decision*, 44, n. 6, julho de 2006, pp. 783-9, https://doi.org/10.1108/00251740610673332.
21. Andrew J. Elliot, "Color and Psychological Functioning: A Review of Theoretical and Empirical Work", *Frontiers in Psychology*, 6, 2 de abril de 2015, p. 368, https://doi.org/10.3389/fpsyg.2015.00368.
22. Anton J. M. de Craen *et al.*, "Effect of Colour of Drugs: Systematic Review of Perceived Effect of Drugs and of Their Effectiveness", *BMJ* 313, n. 7072, dezembro de 1996, pp. 1624-6, https://doi.org/10.1136/bmj.313.7072.1624.
23. Qiao Wang (@QwQiao), "Notice that on Fox the 'presidential' in 'presidential debate' is red, and on MSNBC the 'presidential' is blue", Twitter, 22 de outubro de 2020, https://twitter.com/qwqiao/status/1319453677434904579.
24. Danielle Levesque, "Psychology Research Reveals the Connection between Color and Emotion", PsyPost, 30 de janeiro de 2016, www.psypost.org/2016/01/psychology-research-reveals-the-connection-between-color-and-emotion-40586.
25. Andrew J. Elliot e Markus A. Maier, "Color Psychology: Effects of Perceiving Color on Psychological Functioning in Humans", *Annual Review of Psychology*, 65, n. 1, janeiro de 2014, pp. 95-120, https://doi.org/10.1146/annurev-psych-010213-115035.
26. Michael Price, "You Can Thank Your Fruit-Hunting Ancestors for Your Color Vision", *Science*, 19 de fevereiro de 2017, www.science.org/content/article/you-can-thank-your-fruit-hunting-ancestors--your-color-vision.
27. Lu Ann Ahrens, "Color Psychology: Does It Affect How You Feel?", *Lu Ann Ahrens* (blog), 17 de abril de 2018, https://luannahrens.com/color-psychology-does-it-affect-how-you-feel.
28. Zena O'Connor, "Colour Psychology and Colour Therapy: Caveat Emptor", *Color Research & Application*, 36, n. 3, junho de 2011, pp. 229-34, https://doi.org/10.1002/col.20597.
29. Lauren I. Labrecque e George R. Milne, "Exciting Red and Competent Blue: The Importance of Color in Marketing", *Journal of the Academy of Marketing Science*, 40, n. 5, setembro de 2012, pp. 711-27, https://doi.org/10.1007/s11747-010-0245-y.
30. Elliot, "Color and Psychological Functioning".
31. University of Oregon, "Research Suggests Color Affects Ethical Judgments of Brands", PsyPost, 3 de dezembro de 2015, www.psypost.org/2015/12/research-suggests-color-affects-ethical-judgments--of-brands-39676; Aparna Sundar e James J. Kellaris, "How Logo Colors Influence Shoppers' Judgments of Retailer Ethicality: The Mediating Role of Perceived Eco-Friendliness", *Journal of Business Ethics*, 146, n. 3, 2017, pp. 685-701, https://doi.org/10.1007/s10551-015-2918-4.
32. Walid Briki e Olivier Hue, "How Red, Blue, and Green Are Affectively Judged: Affective Judgments of Colors", *Applied Cognitive Psychology*, 30, n. 2, 2016, pp. 301-4, https://doi.org/10.1002/acp.3206.

33. Briki e Hue, "How Red, Blue, and Green Are Affectively Judged".
34. Domicele Jonauskaite e Christine Mohr, "A Commentary: The Sun Is No Fun Without Rain: Reply to 'The Sun and How Do We Feel about the Color Yellow? Methodological Concerns'", *Journal of Environmental Psychology*, 67, 1º de fevereiro de 2020, p. 101379, https://doi.org/10.1016/j.jenvp.2019.101379.
35. Kendra Cherry e Amy Morin, "The Color Psychology of Yellow", Very Well Mind, 25 de março de 2020, www.verywellmind.com/the-color-psychology-of-yellow-2795823.
36. Kizza Chadiha, "State of Science on Unconscious Bias", UCSF Office of Diversity and Outreach, https://diversity.ucsf.edu/resources/state-science-unconscious-bias.
37. Corinne A. Moss-Racusin *et al.*, "Science Faculty's Subtle Gender Biases Favor Male Students", *PNAS* 109, n. 41, 9 de outubro de 2012, pp. 16474-9, https://doi.org/10.1073/pnas.1211286109.
38. "People with 'Gay-Sounding' Voices Face Discrimination and Anticipate Rejection", *Academic Times*, 11 de fevereiro de 2021, https://academictimes.com/people-with-gay-sounding-voices-face--particular-discrimination.
39. Eric W. Dolan, "Women Viewed as More Trustworthy When Wearing Makeup – and Receive Larger Money Transfers in an Economic Game", PsyPost, 3 de maio de 2020, www.psypost.org/2020/05/women-viewed-as-more-trustworthy-when-wearing-makeup-and-receive-larger-money-transfers--in-an-economic-game-56679.
40. Christy Zhou Koval e Ashleigh Shelby Rosette, "The Natural Hair Bias in Job Recruitment", *Social Psychological and Personality Science*, 12, n. 5, maio de 2021, pp. 741-50, https://doi.org/10.1177/1948550 620937937.
41. Nilanjana Dasgupta, "Implicit Attitudes and Beliefs Adapt to Situations", *Advances in Experimental Social Psychology*, 47, dezembro de 2013, pp. 233-79, https://doi.org/10.1016/B978-0-12-407236-7.00005-X.
42. Regan A. R. Gurung *et al.*, "Can Success Deflect Racism? Clothing and Perceptions of African American Men", *Journal of Social Psychology*, 161, n. 1, 2021, pp. 119-28, https://doi.org/10.1080/002 24545.2020.1787938.

Conclusão: As melhores práticas com sinais

1. The Editors of Encyclopaedia Britannica, "Radio Wave", acessado em 16 de setembro de 2021, www.britannica.com/science/radio-wave; "Heinrich Rudolf Hertz", Universidade Hebraica de Jerusalém, atualizado em 30 de julho de 2004, https://web.archive.org/web/20090925102542/http://chem.ch.huji.ac.il/history /hertz.htm.
2. Nancy L. Carter e J. Mark Weber, "Not Pollyannas: Higher Generalized Trust Predicts Lie Detection Ability", *Social Psychological and Personality Science*, 1, n. 3, julho de 2010, pp. 27479, https://doi.org/10.1177/1948550609360261.

CONHEÇA ALGUNS DESTAQUES DE NOSSO CATÁLOGO

- Augusto Cury: Você é insubstituível (2,8 milhões de livros vendidos), Nunca desista de seus sonhos (2,7 milhões de livros vendidos) e O médico da emoção
- Dale Carnegie: Como fazer amigos e influenciar pessoas (16 milhões de livros vendidos) e Como evitar preocupações e começar a viver
- Brené Brown: A coragem de ser imperfeito – Como aceitar a própria vulnerabilidade e vencer a vergonha (600 mil livros vendidos)
- T. Harv Eker: Os segredos da mente milionária (2 milhões de livros vendidos)
- Gustavo Cerbasi: Casais inteligentes enriquecem juntos (1,2 milhão de livros vendidos) e Como organizar sua vida financeira
- Greg McKeown: Essencialismo – A disciplinada busca por menos (400 mil livros vendidos) e Sem esforço – Torne mais fácil o que é mais importante
- Haemin Sunim: As coisas que você só vê quando desacelera (450 mil livros vendidos) e Amor pelas coisas imperfeitas
- Ana Claudia Quintana Arantes: A morte é um dia que vale a pena viver (400 mil livros vendidos) e Pra vida toda valer a pena viver
- Ichiro Kishimi e Fumitake Koga: A coragem de não agradar – Como se libertar da opinião dos outros (200 mil livros vendidos)
- Simon Sinek: Comece pelo porquê (200 mil livros vendidos) e O jogo infinito
- Robert B. Cialdini: As armas da persuasão (350 mil livros vendidos)
- Eckhart Tolle: O poder do agora (1,2 milhão de livros vendidos)
- Edith Eva Eger: A bailarina de Auschwitz (600 mil livros vendidos)
- Cristina Núñez Pereira e Rafael R. Valcárcel: Emocionário – Um guia lúdico para lidar com as emoções (800 mil livros vendidos)
- Nizan Guanaes e Arthur Guerra: Você aguenta ser feliz? – Como cuidar da saúde mental e física para ter qualidade de vida
- Suhas Kshirsagar: Mude seus horários, mude sua vida – Como usar o relógio biológico para perder peso, reduzir o estresse e ter mais saúde e energia

sextante.com.br